У 5529.
Собр.1.

ŒUVRES

COMPLÈTES

DE MOLIÈRE.

I.

ŒUVRES
COMPLÈTES
DE MOLIÈRE,
AVEC
DES REMARQUES GRAMMATICALES,
DES AVERTISSEMENS
ET DES OBSERVATIONS SUR CHAQUE PIÈCE,
Par M. BRET.

TOME PREMIER.

OYES,

T, IMPRIMEUR DU ROI

ET LIBRAIRE, PRÈS L'HÔTEL-DE-VILLE, N.º 31.

1819.

A MONSEIGNEUR
LE DUC DE LA VRILLIÈRE,

MINISTRE ET SECRÉTAIRE D'ÉTAT.

MONSEIGNEUR,

LE protecteur, je dirai plus, l'ami du célèbre auteur de la Métromanie, eut à coup sûr été celui de l'inimitable Molière. C'est à ce titre de soutien et d'ami des arts que vous ont transmis tant de secrétaires d'État de votre nom, vos prédécesseurs et vos modèles; c'est à ce titre, dis-je, autant qu'à votre naissance illustre et à la dignité de vos fonctions, que je fais aujourd'hui l'hommage de la nouvelle édition du père de la scène comique française.

Je suis avec le plus profond respect,

MONSEIGNEUR,

Votre très-humble et très-obéissant serviteur,
BRET.

DISCOURS
PRÉLIMINAIRE.

Le Commentaire sur Déspréaux, celui qu'un homme de génie n'a pas dédaigné de faire sur le grand Corneille, ont dû naturellement conduire à l'espérance d'en voir un sur Molière.

Peintre exact et sûr du cœur de l'homme, Molière ne peut vieillir à cet égard; ce ne sont point des finesses qu'il a aperçues, ce sont des traits caractéristiques qu'il a approfondis, c'est la nature, dont sa main habile a écarté le voile auquel s'arrêtent les vues foibles et peu perçantes.

Un portrait de *Van-dick*, une tête de *Rhimbrandt*, ne passeront jamais au garde-meuble, malgré la différence des ajustemens modernes avec ceux du tems de ces grands hommes. La langue dont s'est servi *Montaigne*, est à peine la nôtre; mais ses Essais admirables seront toujours l'histoire la plus précieuse et la plus complette de nos sottes opinions, de nos inconséquences et de nos travers, parce qu'il les a puisés dans la nature de l'homme.

Aussi philosophe, aussi fidèle scrutateur que Montaigne, Molière, du côté du ridicule, de la sottise, du mauvais goût, et de tous les abus de la raison et de l'esprit, a vu l'homme civilisé tel qu'il est, et tel qu'il sera toujours essentiellement ; ses portraits ne different de nous aujourd'hui que par des nuances légères, et qui regardent plus la superficie que le fond des choses.

On ne cherche pas à donner à ce commentaire plus d'importance qu'il n'en a ; cette différence de superficie en doit être le principal objet.

Molière devient chaque jour plus étranger parmi nous pour les détails de mode et d'ajustemens, et nous voyons que nos acteurs le naturalisent sur ce point le plus qu'ils peuvent, soit par le retranchement, soit par le changement de quelques mots, auxquels ils en substituent d'équivalens lorsqu'ils le peuvent avec facilité.

On se souvient d'avoir vu jouer, au commencement de ce siècle, l'*Ecole des Maris*, par le fameux Baron, habillé comme le seroit aujourd'hui un citoyen du caractère et de l'âge de *Sganarelle*.

Cette épreuve n'a pu se faire sans plusieurs altérations dans le dialogue de la pièce ; mais comme l'essai de cet acteur n'a point été suivi, on est revenu, pour ce personnage seulement, à la *fraise*, à la perruque à calotte, et à tous les ajustemens du costume de 1650.

C'est une contradiction peu soutenable dans la représentation de quelques pièces de cet auteur, de voir les personnages ridicules y conserver la vieille manière de s'habiller, tandis qu'aucun des autres acteurs n'y suit cet ancien usage.

Avec quelques changemens convenus dans le dialogue de ces comédies, on feroit disparoître ce contre-sens, et leur effet moral ne pourroit qu'y gagner. *Harpagon*, vêtu comme un de nos avares, feroit plus d'impression sur nous. Son pourpoint, ses aiguillettes et son vieux haut-de-chausses, nous empêchent de retrouver sous ses traits l'avare de notre quartier : lui-même se méconnoît à la faveur des différences extérieures qu'il voit entre *Harpagon* et lui, et il se dispense de rougir.

Dans la scène première du second acte du *Misantrope*, Molière peint *Clitandre* d'une façon à le faire connoître dès qu'il paroîtra. *Sa perruque blonde, ses grands canons, son amas de rubans, sa vaste ringrave*, doivent le distinguer de ceux avec lesquels il doit entrer dans la scène cinquième; mais rien de tout cela ne paroît aujourd'hui, et l'acteur chargé du rôle de ce fat, n'en imitera tout au plus *que sa façon de rire et son ton de fausset* (1).

Peut-être seroit-il à souhaiter qu'on pût remplacer ces détails, qui ne peignent plus rien, par d'autres qui nous ressemblassent davantage ; mais à quelle main pardonneroit-on d'avoir osé toucher à Molière ?

Dans l'impossibilité où ce grand homme avoit

(1) Nos acteurs suppriment aujourd'hui ce détail, et bien des gens voyent avec peine la licence qu'ils prennent à cet égard ; cependant il vaut encore mieux retrancher quelque chose du dialogue de Molière, que d'y ajouter, comme on ose le faire quelquefois dans les représentations de l'Avare, où quelques acteurs s'efforcent, bien ridiculement, d'avoir plus d'esprit que ce grand homme.

toujours été de corriger ses ouvrages, il avoit permis à sa troupe d'y faire quelques retranchemens de son vivant, et auxquels il se plioit dans ses rôles. L'édition de 1682, donnée par son camarade *la Grange* et son ami *Vinot*, marque, par des guillemets, tous ces retranchemens, quelquefois assez considérables, et même dans ses meilleures pièces, comme dans le *Tartufe*.

Les éditions subséquentes jusqu'à nous ont supprimé ces guillemets, et on les imitera sur ce point aujourd'hui pour l'entière netteté du texte; mais on consignera dans les observations tous ces endroits notés, parce qu'ayant eu l'aveu de l'auteur même, on peut les regarder comme les seules corrections qu'il nous ait laissées.

Cette docilité qu'on ne sauroit trop admirer dans ce grand homme, et qui n'a pas eu plus d'imitateurs que ses talens, doit faire présumer que, s'il eût paru nécessaire à sa troupe de faire quelques corrections plus essentielles, il les eût également avouées.

A l'égard de la langue, qui depuis notre auteur a éprouvé des révolutions comme les modes, on trouvera dans cette édition des remarques grammaticales sur quatorze pièces (1). Elles seront distinguées des observations de l'Editeur, parce qu'elles ne sont pas son ouvrage.

---

(1) Ces quatorze pièces sont l'Ecole des Maris, les Fâcheux, l'Ecole des Femmes, la Critique de l'Ecole des Femmes, le Misantrope, le Sicilien, le Tartufe, Amphytrion, l'Avare, George-Dandin, Pourceaugnac, le Bourgeois Gentilhomme, les Femmes Savantes, et le Malade imaginaire.

PRÉLIMINAIRE.

On gêne ici sa reconnoissance, en ne lui permettant pas d'en nommer les auteurs; mais si le public reconnoît le législateur à la loi, l'éditeur qui se tait avec peine, aura-t-il quelque chose à se reprocher ? Ces remarques seront toujours imprimées à part et avec des guillemets.

On s'est efforcé de suppléer à ce qui manque, à cet égard, aux pièces qui n'ont point été examinées. Il faut que notre jeunesse, et surtout les étrangers, sachent ce que nous appelons une faute de langue, même chez nos plus grands écrivains.

La grammaire ne sera pas le seul objet de ce Commentaire. Les usages, les modes, les allusions, les imitations, les anecdotes relatives à chaque comédie, y tiendront leur place. On a lu des recueils et des manuscrits de toute espèce, pour y trouver quelquefois une ligne, un mot essentiel sur Molière. On a consulté même les insipides critiques qui ont été faites de ses chefs-d'œuvre, et l'on a été étonné de voir que le faux goût de notre tems n'a fait que répéter ce que l'ignorance et l'envie avoient suggéré jadis contre Molière.

C'est un des inconvéniens de notre curiosité littéraire, de faire revivre des noms consacrés à l'oubli. Les *Somaise*, les *Rochemont*, les *Chevalier*, les *Chalussay*, les *Devisé*, et tant d'autres sots ennemis de Molière, étoient faits pour rester inconnus : aussi répondra-t-on rarement à leurs inepties. C'est aux détracteurs de ce grand homme, qui vivent encore, qu'on se fera un devoir de répondre, mais avec tous les égards qu'on doit à des contemporains chez lesquels une erreur de goût, relativement à l'art dramatique, n'entraîne pas, à beaucoup près, la privation des autres talens.

On ne trouvera point, dans cette édition, la comédie de l'*Ombre de Molière*, par le sieur *Brecour*; cette inutile et misérable pièce a déjà été retranchée de la belle édition de Molière *in-4.º*

On ne l'a point augmentée non plus des extraits des divers auteurs qui ont parlé de Molière; ce qu'ils ont dit d'essentiel sur ce grand homme, a dû trouver place dans les Commentaires, ou étoit inutile.

Quant à la vie de Molière à laquelle le lecteur devoit s'attendre, celle qu'a faite M. de Voltaire sera, avec les remarques grammaticales dont on vient de parler, une des richesses de cette édition; on s'est contenté, pour l'avide curiosité de nos Biographes, d'y ajouter un supplément.

On s'est fait surtout un devoir de faire remarquer cette étendue et cette variété de génie, qui assignent à Molière le premier rang parmi les auteurs comiques de tous les pays et de tous les siècles, puisqu'il est plus naturel et aussi gai qu'Aristophane, aussi décent et plus utile dans le comique des mœurs que Térence, et beaucoup plus heureux que Plaute dans le comique de situation, et par le sel de la vraie plaisanterie.

C'est par-là surtout que cette édition peut être de quelque utilité, en ramenant les esprits aux principes d'un art qui se perd tous les jours parmi nous, et qu'une admiration peu raisonnée des hardiesses de nos voisins dans ce genre, a dénaturé au point d'être entièrement méconnoissable.

La comédie, si nous en croyons Cicéron, est l'imitation de la vie, le miroir de l'usage, et le tableau de la vérité. C'est louer cet art et non pas le définir, dit *Pontanus* : *quæ verba non tàm ad comœdiæ notionem evolvendam, quàm ad eam commendandam pertinent.* Ce moine littérateur dit, dans ses Institutions, que c'est un poëme qui, pour nous instruire des usages de la vie, imite avec grâce et avec gaîté les actions privées de la société: *ob docendam vitæ consuetudinem, civiles et privatas actiones non sine leporibus et facetiis imitatur.* Il est singulier que ce soit un homme de sa robe qui, dans l'art de la comédie, nous fasse une nécessité des grâces de la gaîté! Si c'est avoir défini la comédie de Molière qui n'existoit pas encore (1), c'est avoir rejeté bien loin celle de nos jours.

La malignité naturelle aux hommes, a dit M. Marmontel *est le principe de la comédie;* je croirois plutôt qu'elle est un de ses moyens, et qu'un ordre de justice sociale en est le vrai principe; c'est dans ce point-de-vue qu'on peut trouver la raison morale de l'ancien usage d'avoir des fous dans les Cours, car, comme dit La Fontaine,

(1) Jacques Pontanus, Jésuite, mourut à Ausbourg en 1626. Ses Institutions poétiques sont de 1597.

. . . . Ils donnent toujours
Quelques traits aux fripons, aux sots, aux ridicules (1).

Aucun Législateur humain n'a pu pourvoir à tout ; il n'est aucun d'eux qui n'ait laissé dans la société plus ou moins de défauts impunis, et qui en blessent à chaque instant l'harmonie. Les bons mots, la raillerie telle qu'on la vit s'établir naturellement à Sparte, furent les premiers vengeurs de la raison et du bon ordre.

Ce furent ces principes et ce besoin relatif à de plus grands intérêts, qui d'abord donnèrent la naissance à la Tragédie. Les lois ne pouvoient arrêter dans leurs écarts les chefs d'une nation chez qui le pouvoir, qui leur avoit été confié pour le bonheur de tous, ne produisoit que l'impunité et la tyrannie d'un seul. On essaya de les effrayer par l'image de leurs crimes et de leurs malheurs (2), et c'est à ce dessein caché que nous devons les chefs-d'œuvre des Sophocles et des Euripides.

Ce que l'esprit humain avoit imaginé contre la violation des lois, il le produisit bientôt sous une autre forme contre l'oubli des bienséances, et telle fut l'origine de la Comédie faite pour suppléer au défaut de la loi civile ; mais cet art né dans la Démocratie, en contracta malheureusement la licence.

Une ville où la haine du mérite supérieur en

(1) Fable 8. Liv. 3. Le fou qui vend la sagesse.

(2) *Stultorum regum et populorum continet iras.* Horat.

tout genre s'étoit impérieusement établie, laissoit à la plume hardie des auteurs une étendue peu limitée; aussi *Cratinus*, *Eupolis* et *Aristophane* ne mirent-ils point de bornes à leurs premiers essais dans Athènes (1).

Si la Comédie s'y étoit présentée sous la sévère magistrature de *Dracon*, elle eût atteint dès le premier pas la perfection à laquelle la science des mœurs devoit la porter. La législation veilloit à tout sous cet archonte sanguinaire, et le poëte comique n'eût vu qu'un très-petit nombre de vices impunis, et le ridicule surtout, qui redoutassent son coup-d'œil et sa plaisanterie.

On ne grossira point inutilement ce discours de ce qu'on trouve partout sur la comédie ancienne et moyenne, et l'on passera au tems où Molière écrivit.

L'autorité souveraine étoit dans toute sa force; les lois venoient de rentrer dans toute leur vigueur, et Molière, en imaginant de rendre l'art de la scène plus utile qu'il ne l'étoit en France, vit que c'étoit au ridicule qu'il falloit déclarer la guerre; que c'étoit aux seuls vices impunis qu'il falloit faire porter la peine dont ils étoient dignes, et qu'il étoit inutile d'affliger la société

(1) Aristophane, en plus d'un endroit, accuse du vice le plus infâme un certain *Ariphrade* : c'étoit passer le but de la comédie. Dès que Socrate est encore jugé parmi nous le plus sage des Grecs, Aristophane outragea son art par sa pièce des nuées; mais lorsqu'il fit rire aux dépens des sang-sues de sa patrie et de l'avarice de ses juges, il mérita d'être le modèle de Molière même.

par l'image de ces vices faits pour paroître devant un tribunal plus sérieux que celui de Thalie. *Ejusmodi cives à censore melius est quàm à poëta notari*. Cicer. *de Rep.*

Mais quelle idée doit-on se faire de cet ennemi de Molière, du ridicule qu'il poursuivit toujours avec tant de gaîté? Voici ce qu'on trouve dans une lettre sur l'*Imposteur*, imprimée le 20 août 1667, et à laquelle on ne peut guères douter qu'il n'ait eu grande part, puisqu'elle offre un plan suivi et détaillé de cette comédie qui étoit encore dans ses mains, et qui n'avoit paru qu'une seule fois à Paris le 5 août de la même année.

Le ridicule, dit cette lettre, p. 98, *est la forme extérieure et sensible attachée à tout ce qui est déraisonnable, pour nous obliger à le fuir.*

Pour connoître ce ridicule, il faut connoître la raison dont il signifie le défaut, et voir en quoi elle consiste. Son caractère n'est autre dans le fond que la convenance, et sa marque sensible, la bienséance ; c'est-à-dire, le fameux quod decet *des anciens : de sorte que la bienséance est à l'égard de la convenance ce que les Platoniciens disent de la beauté à l'égard de la bonté, qu'elle en est la fleur, le dehors, le corps et l'apparence extérieure.*

La bienséance est donc la raison apparente, et la convenance la raison essentielle. De là vient que ce qui sied bien est toujours fondé sur quelque raison de convenance, comme l'indécence sur quelque disconvenance, c'est-à-dire, le ridicule sur quelque manque de raison.

Cette définition, plus claire et plus précise que tout ce qu'on a écrit sur le ridicule, est faite pour remettre sur les traces de Molière ceux qui auroient encore de notre tems un assez bon esprit pour chercher à l'imiter. Elle nous paroît renfermer le secret de son art.

Corneille avoit paru : mais la tragédie, parvenue sous sa main à ce point d'élévation où l'esprit humain s'étonne encore de la voir portée, laissoit loin d'elle le genre de la Comédie. Les romans espagnols, les canevas italiens n'offrirent long-tems que des incidens bizarres et multipliés sans ordre, des aventures nocturnes, des déguisemens bouffons, des lettres interceptées, sans art, et des méprises de nom sans vraisemblance. Le *Matamore* avoit pris chez nous la place que le Parasite ancien occupoit dans toutes les pièces, et ce personnage fantastique l'avoit cédée à un être plus chimérique et plus extravagant encore, à celui des *Jodelets* et des *Dom Japhets* (1).

Quelques lueurs passagères de vrai comique, telles qu'on en avoit vues dans la charmante farce de *Patelin*, dans quelques scènes de Rotrou et de Scarron, dans le *Pédant joué*, et même dans les *Visionnaires*, avoient éclairé, par inter-

___

(1.) Il faut en convenir, c'est à cette gaîté, quoique peu naturelle, des Jodelets, que la nation dut son heureux et premier dégoût pour les fables romanesques et fades des Scudéris, des Sallebrais, des Gilbert, des de Brosse, etc., etc. On doit même à Scarron la justice d'ajouter que dans plusieurs de ses pièces on trouve des traits de caractère excellens.

valles, le chaos obscur de la Comédie. Le grand Corneille avoit fait le *Menteur* en 1642; il avoit donc porté la science des mœurs sur la scène: pas immense dans la carrière des arts; mais Molière devoit avoir la gloire de l'y fixer sous le règne immortel de Louis-le-Grand (1).

Ce Prince aima Molière dès qu'il le connut, et le protégea toutes les fois que son art en eut besoin. Il seroit difficile de concevoir que notre auteur, sous un règne moins propre aux lumières de l'esprit, eût pu se livrer, comme il a fait, à tout l'essor de son génie et de sa gaîté.

Louis XIV, aussi ennemi du ridicule que Molière, eut le bon esprit de résister aux plaintes que lui firent sans doute les fats, les hypocrites et les médecins de sa cour. Il prévit que ces derniers en deviendroient, comme ils sont aujourd'hui, moins charlatans et plus instruits, et il n'aperçut, pour la société en général, qu'un grand avantage à laisser démasquer le fourbe, et à rire de tous les originaux qui peuploient sa cour et la société. On sait qu'il indiqua à Molière des caractères que ce dernier n'avoit point encore aperçus.

Si, de notre tems, on avoit tenu les écrivains trop loin de cette liberté nécessaire à la vraie comédie, si l'on avoit écouté d'injustes murmures, si des gens vraiment faits pour les plaisirs de la scène avoient eu le crédit de mettre

---

(1) . . . . Vestigia Græca
Ausus deserere, et celebrare domestica facta.

PRÉLIMINAIRE.

leurs ridicules, leur faste ou leurs prétentions à l'abri de la censure théâtrale, on auroit à se reprocher notre décadence sur ce point; on se seroit rendu coupable d'une espèce de déni de justice sociale.

Quel bien ne produisit pas la liberté dont on laissa jouir Molière pendant quatorze ans! Nous lui devons, ainsi qu'à Despréaux, et notre goût et notre urbanité, et notre amour pour le vrai en tout genre.

Toujours plaisant, toujours naturel, toujours varié (1), toujours utile, quelle douce société n'eût-il pas fondée, si l'on parvenoit plus généralement à corriger les hommes, et si, par la voie du ridicule, il avoit entièrement banni du sein de sa nation et l'esprit faux, et le jargon, et l'équivoque, et les pointes, et la jalousie folle, et l'amour honteux des vieillards, et la haine de l'humanité, et la coquetterie, et la médisance, et la pruderie, et la fatuité, et la disproportion des mariages, et la basse avarice, et l'esprit de chicane, et la frivolité des magistrats, et la petitesse qui fait aspirer à paroître plus grand qu'on n'est, et l'empirisme ignorant des médecins, et la risible imposture des faux dévots?

Beaucoup de gens s'étonnent de ce que parmi

---

(1) Il y a dans le théâtre de Molière plusieurs rôles de suivantes, en est-il deux qui se ressemblent? Georgette, Dorine, Nicole, Marine et Toinette, seront toujours pour nos auteurs un exemple de la nécessité de varier le même personnage. Les soubrettes de Regnard sont toutes uniformes, ainsi que celles de ses successeurs.

les désordres impunis de la société, ceux qui résultoient d'une profession dont l'intérêt et l'avidité furent de tout tems les principes, aient moins frappé les yeux de notre contemplateur ; mais il faut observer que, lorsqu'il jetta ses regards sur la société pour la rendre meilleure, il existoit un homme de génie, un ministre éclairé, vigilant et laborieux, dont toute l'application et les lumières tendoient ouvertement à rendre, s'il étoit possible, la perception des revenus publics plus simple, plus connue, et, conséquemment, moins odieuse. On avoit donc à cette époque tout à espérer de ce côté-là, et si le grand Colbert eût réussi, comme il le désiroit, M. le Sage n'eût pas trouvé dans le siècle suivant le portrait excellent de *Turcaret* à faire.

Ajoutons même que Molière, sur la fin de sa carrière, dans sa petite Comédie de *la Comtesse d'Escarbagnas*, traça le rôle plaisant de M. *Harpin*, comme une esquisse qu'il laissoit à perfectionner à ses successeurs.

Tel est en raccourci le tableau des vices qu'attaqua Molière, en faisant servir à l'utilité de sa nation les momens qu'elle donnoit à ses délassemens, et toujours en entretenant sa gaîté naturelle et précieuse : *Non sine leporibus et facetiis*.

L'instruction sérieuse ou triste convient peu à la nation française (1) ; l'affliger, c'est risquer de la corrompre, c'est la calomnier, si on ose le

---

(1) Le célèbre Addisson appelle les Français une nation comique, parce qu'elle est généralement gaie, portée à rire, et faite pour tous les agrémens de la société.

dire, aux yeux de l'étranger ; c'est vouloir lui faire perdre ces graces naturelles qu'elle a portées dans l'esprit de sociabilité que lui doit toute l'Europe.

Déjà l'on croit s'apercevoir qu'elle n'est plus la même depuis que notre esprit dissertateur et enthousiaste en tout genre, notre engouement pour les contre-épreuves anglaises, et l'impuissance d'imiter Molière, nous ont jetés dans le goût de la Comédie purement romanesque.

Un homme de beaucoup d'esprit s'est écrié de nos jours : *Malheur à l'homme de génie qui franchira les barrières que l'usage et le tems ont prescrites aux productions des arts, et qui foulera aux pieds le protocole et ses formules !*

Il ne nous semble pas que sa menace ait effrayé personne, elle a été au contraire le signal des nouveautés ; on s'est livré aux plus grandes hardiesses, et si le retour du goût n'y met quelques obstacles, les noms de Molière, de Corneille, de Racine et de quelques-uns de leurs successeurs, ne seront plus dans notre mémoire que pour servir d'époque aux jours brillans de la nation française.

Que *Richardson* (1) ait été naturalisé parmi nous, c'est un bonheur pour nos écrivains de romans qui doivent apprendre de ce génie supérieur à ne voir et à ne peindre que la nature ; mais quel besoin réel avoit la scène françoise des drames étrangers ?

(1) Auteur du roman immortel de Clarisse.

Le théâtre n'est plus étroitement lié à la chose publique, comme il l'étoit sous Aristophane; cependant le drame tiendra toujours partout à l'esprit du gouvernement et au caractère national : qu'on voye les distances de ce double objet par rapport à nous et par rapport à nos voisins; et qu'on décide si les prétendues richesses que nous allons chercher chez eux peuvent être à notre usage.

Il faut, pour plaire aux Français et pour les instruire, ne sortir qu'avec bien de la circonspection de leurs principes et de leur façon d'être. Ce sont leurs travers et leurs ridicules dont il faut leur offrir l'image; ce ne sont pas surtout leurs vices grossiers ou leurs crimes qu'il faut porter dans leurs jeux scéniques (1).

Le Français n'a point permis indifféremment à tous les particuliers d'être les organes de ses premiers devoirs. Ses lois, sa police ont leurs temples et leurs magistrats séparés qu'il respecte : il a dit à ses poëtes comiques, ce n'est point une justice légale que vous exercez, c'est une censure civile; vous ne serez que le supplé-

---

(1) L'auteur d'un petit traité *des moyens de rendre la comédie utile aux mœurs*, imprimé chez Debure, en 1767, dit, p. 20, que *la comédie qui a beaucoup fait rire, a manqué son effet*, parce que *c'est une preuve que l'auteur n'aura pris du vice que ce qu'il renfermoit de ridicule*; il est vrai qu'il laisse à ses lecteurs la liberté de trouver son opinion singulière. Dans son système exagéré et dangereux, il étoit convenable qu'il définît, comme il l'a fait, la comédie, *la Satire des mœurs*. S'il eût mieux connu cet art, il ne l'eût appelé que la Raillerie des Mœurs.

ment des lois ; lorsqu'elles se taisent, montez sur nos théâtres, mais surtout élevez, comme Licurgue, une statue au rire (1), pour adoucir la fatigue des travaux, les peines de la vie ; et rendez-nous meilleurs en nous amusant.

Le peuple remplit quelquefois les cirques anglais ; laissons les auteurs de cette nation lui offrir le tableau détestable d'un amant effréné, qu'une femme perdue conduit à assassiner son oncle et son bienfaiteur ; mais estimons assez nos spectateurs, comme fit Molière, pour croire qu'ils n'ont besoin d'aucunes leçons sur le vol et sur l'assassinat (2).

Offrez à l'homme intelligent le théâtre comique d'une nation, il en reconnoîtra le caractère par ceux que ses poëtes auront dessinés ; il jugera de sa législation et de sa police par les bienséances qui seront observées dans la manière de traiter ces caractères. Ainsi le théâtre espagnol lui donnera le résultat d'un peuple autrefois grave et paresseux par orgueil, occupé d'intrigues amoureuses, unissant, par un mélange

(1) Plutarque, en parlant de Licurgue, dit : *et vouloit-il que les enseignemens même fussent donnés par manière de jeu et avec risée, laquelle emportoit toujours, quant à elle, un doux admonêtement et une correction. Ainsi, écrit Sosibius, que ce fut lui qui dédia la petite image du Ris qui est à Lacédémone,* etc.

(2) Nos auteurs devroient se rappeler la fable d'Esope sur le parricide ; les dieux, dans la crainte de déshonorer leurs coups, l'avertissent du danger qu'il court d'être écrasé sous la voûte de leur Temple prête à tomber.

bizarre, la superstition à la galanterie, les idées religieuses aux idées profanes, et manquant par conséquent de lois sages qui aient séparé pour jamais ce qui ne peut s'allier sans se dénaturer mutuellement. Lope de Vega nous apprend lui-même que, pour plaire à sa nation, il éloignoit de lui tous les bons modèles qu'il auroit pu se proposer. *Encierro los preceptos con seis llaves.*

Le théâtre italien ne lui offrira que des scènes triviales, qui ne peindront qu'une nature uniforme et bizarre, parce qu'il y auroit du danger pour le poëte à rendre la nature telle qu'elle est autour de lui; il n'y verra qu'un dialogue, qui ne portera sur aucun objet essentiel et utile, et qui n'annoncera aucune vérité, parce que l'auteur dramatique de cette nation a, comme la nation même, plus de licence que de liberté.

L'indécence des scènes et du dialogue anglais lui représentera un peuple chez qui la législation incertaine et tremblante peut se voir forcée de plier devant une liberté susceptible de se porter à bien des excès (1). Il verra dans le défaut de police de nos voisins, la source de tous les écarts dramatiques, et ne s'étonnera pas que tel vice social soit repris par un plus grand vice, par la saleté des images et des mots.

Quelle idée donneroient un jour de nos Français d'aujourd'hui les drames de fabrique nou-

(1) *Quoique le royaume d'Angleterre ait beaucoup de lois sages, c'est peut-être le pays d'Europe où elles sont moins en vigueur*, dit un grand Prince de ce siècle, aussi brave et aussi savant que l'Empereur Julien.

velle, si nous les voyions sur nos théâtres aussi fréquemment que sous la presse? Croiroit-on que ce fut le même peuple, gai, doux, humain et poli, à qui parloit Molière, *le législateur des bienséances*, comme l'appelle M. de Voltaire?

Mais si la nature, à ce que dit le même auteur, n'avoit qu'une douzaine tout au plus de caractères vraiment comiques et marqués de grands traits; si Molière avoit employé toutes ces couleurs éclatantes et primitives, ne seroit-on pas fondé à se frayer une route nouvelle, et la tragédie bourgeoise ne seroit-elle pas justifiée?

Elle le sera toujours, à titre de nouveauté, chez un peuple que le même objet fatigue aisément. Elle le sera, à plus juste titre encore, si elle ne s'écarte point de la vraisemblance; si elle intéresse vivement par la peinture vraie de nos mœurs et de nos passions; si, comme deux ou trois pièces de ce goût moderne, elle offre à la société de grandes leçons, des tableaux intéressans du malheur où peuvent nous plonger nos imprudences; si elle n'exagère rien; si elle ne forge pas de fausses vertus; si elle respecte les bienséances; si la nature et la vérité la guident, et si elle ne se met pas orgueilleusement et contre toute sorte de raison, au-dessus d'un genre mille fois plus difficile et plus utile qu'elle, celui d'instruire en amusant.

Les spectateurs, (dit le P. Brumoy) *pour peu qu'ils aient de connoissances et de lumières, sont presque tous réduits au même niveau pour le tragique, mais ils font trois classes au moins pour* le comique : le peuple, les savans et la cour. Si tout le monde est peuple en certaines choses, il ne l'est guère en ce genre. Quoi qu'en dise le P. Rapin, on admire plus volontiers encore qu'on ne rit..... L'auteur intéressant n'a guère qu'à se replier sur lui-même, pour y puiser dans son cœur des sentimens qu'il est assuré de faire entrer dans tous les cœurs, s'il les a trouvés dans le sien. L'auteur comique doit, au contraire, se multiplier et se reproduire, presqu'en autant de personnes qu'il en veut avoir à contenter et à divertir. Tel fut Molière, dont l'heureuse plaisanterie fit rire également et le courtisan, et l'homme d'esprit, et le simple citoyen : mais revenons aux comédies intéressantes, et romanesques.

Plaute, dans ses Captifs, a laissé un modèle à suivre pour cette espèce de drame, dont l'invention est, mal à propos, attribuée à notre siècle (1). Il n'est pas aisé, sans doute, de combiner des situations et des événemens aussi

---

(1) Ce n'est point dans les deux pièces de ce genre que donna Térence, qu'il faut l'admirer. *L'Hecyre* ou la belle-mère, tomba chez les Romains, et le *bourreau de lui-même* dut offenser les mœurs par le caractère du père surpris de retrouver sa fille, qu'il avoit jadis livrée à une nourrice pour lui donner la mort. Il est vrai que cette barbarie s'exerçoit quelquefois chez les Athéniens, si l'on en croit l'histoire ; mais quelle indignation ne devoit-elle pas exciter chez un peuple qui se transportoit d'admiration à ce beau vers de Térence ?

Homo sum, humani nihil à me alienum puto.

Je suis homme, et rien de ce qu'inspire l'humanité ne m'est étranger.

intéressans ; mais qu'on observe surtout que de faux principes, une fausse éloquence, une chaleur factice, une boursouflure morale (1), n'en corrompent point le dialogue naturel et facile.

D'ailleurs, si nous ouvrons la Poétique de M. Marmontel, nous verrons qu'il est bien éloigné de l'avis de M. de Voltaire. *On prétend, dit-il, que les grands traits ont été rendus, et qu'il ne reste plus que des nuances imperceptibles ; c'est avoir bien peu étudié les mœurs du siècle, que de n'y voir aucun nouveau caractère à peindre.... le fat modeste, le petit seigneur, le faux magnifique, le défiant, l'ami de cour, et tant d'autres, viennent s'offrir en foule à qui aura le courage et le talent de les traiter.*

Molière, dit M. de Saint-Lambert, est celui de tous les philosophes qui a le mieux vu les défauts qui s'opposent à l'esprit de société, et il les a combattus par le ridicule. Il nous faudroit aujourd'hui un poëte qui combattît les défauts qui naissent de l'esprit de société..... *Il y a peu de maris jaloux, mais il y a peu de maris ; les pères tyranniques sont rares, les pères indifférens ne le sont pas..... Les gens de lettres ne sont plus pédans, mais il y a beaucoup de pédans chez les gens du monde. On pourroit peindre le voluptueux de mauvais goût, l'homme qui craint à l'excès le ridicule, le faux modeste,*

---

(1) C'est ce que les anciens appeloient *linguæ fastus*, γλώσσης χόμποι, car ils ont eu leurs pédans comme nous.

le défiant de caractère, le défiant par principe, le tracassier, le connoisseur, le bienfaisant par intérêt, le donneur d'idées..... L'homme d'un *goût difficile, parce qu'il n'a pas de quoi sentir le beau, l'hypocrite d'humanité, les préventions, les prétentions,* etc. (1).

C'est depuis Molière que Regnard a trouvé le *Joueur,* Brueys *le Grondeur,* Le Sage *Turcaret,* Destouches *le Glorieux,* Boissi *l'Homme du Jour,* et Piron *l'immortelle Métromanie,* etc. C'est donc le talent, c'est l'étude du monde qui manquent à nos écrivains, que la facilité de dialoguer un roman écarte de la pénible route qu'a frayée Molière (2).

Heureusement la postérité sera instruite par

(1) On pourroit ajouter *le dédaigneux, le superficiel, le malheureux imaginaire, le désabusé,* etc., etc.

(2) Il est honorable autant qu'heureux de pouvoir fortifier les raisons qu'on a alléguées contre la comédie larmoyante, par le sentiment d'un des grands Princes qui règnent aujourd'hui dans l'Europe. *Ce genre ne m'a jamais plu,* dit-il; *je conçois bien qu'il y a beaucoup de spectateurs qui aiment beaucoup mieux entendre des douceurs à la comédie, que d'y voir jouer leurs défauts, et qui sont intéressés à préférer un dialogue insipide à cette plaisanterie fine qui attaque les mœurs. Rien n'est plus désolant que de ne pouvoir être impunément ridicule. Ce principe posé, il faut renoncer à l'art charmant des Térences, des Plautes et des Molières, et ne se servir du théâtre que comme d'un bureau général de fadeurs.... mais mon zèle pour la bonne, pour la véritable comédie, va si loin, que j'aimerois mieux y être joué que de donner mon suffrage à ce monstre bâtard que le mauvais goût de mon siècle a remis au monde.* Lettre du R. de P. à M. de Voltaire, au sujet de *Nanine.*

plus d'un écrit, qu'une grande partie de la nation réclamoit contre cet abus; elle apprendra que c'est au milieu des efforts du mauvais goût que l'Académie Française a proposé à l'Europe l'éloge de Molière (1), pour rappeler tous les esprits au seul modèle qu'ils aient à suivre.

Puissent ses vœux être écoutés! puisse l'art du théâtre revenir à ses vrais principes qu'avoit fixés Molière, et ne nous présentant que nos défauts de société et nos ridicules, ne disputer que rarement à Melpomène le privilège de nous arracher des larmes (2)!

(1) L'éloge couronné a été celui de M. de Champfort, jeune homme de la plus grande espérance.

(2) Nous aurions grand besoin, à cet égard, de la tyrannie, connue des *Maldives*, où les Rois avoient mis au nombre des crimes d'Etat de paroître triste.

VIE DE MOLIÈRE,

PAR M. DE VOLTAIRE.

Le goût de bien des lecteurs pour les choses frivoles, et l'envie de faire un volume de ce qui ne devroit remplir que peu de pages, sont cause que l'histoire des hommes célèbres est presque toujours gâtée par des détails inutiles et des contes populaires aussi faux qu'insipides. On y ajoute souvent des critiques injustes de leurs ouvrages. C'est ce qui est arrivé dans l'édition de Racine, faite à Paris en 1728. On tâchera d'éviter cet écueil dans cette courte histoire de la vie de Molière ; on ne dira, de sa propre personne, que ce qu'on a cru vrai et digne d'être rapporté ; et on ne hasardera sur ses ouvrages rien qui soit contraire aux sentimens du public éclairé.

Jean-Baptiste Poquelin naquit à Paris, en 1620, dans une maison qui subsiste encore sous les pilliers des Halles. Son père, Jean-Baptiste Poquelin, valet-de-chambre tapissier chez le roi, marchand frippier, et Anne Boulet, sa mère, lui donnèrent une éducation trop conforme à leur état, auquel ils le destinoient : il resta jusqu'à quatorze ans dans leur boutique, n'ayant rien appris, outre son métier, qu'un peu à lire et à écrire. Ses parens obtinrent pour lui la survivance de leur charge chez le roi ; mais son génie l'appeloit ailleurs. On a remarqué que presque tous ceux qui se sont fait un nom dans les beaux-arts, les ont cultivés malgré leurs parens, et que la nature a toujours été en eux plus forte que l'éducation.

Poquelin avoit un grand-père qui aimoit la comédie, et qui le menoit quelquefois à l'hôtel de Bourgogne. Le jeune homme sentit bientôt une aversion invincible pour sa profession. Son goût pour l'étude se développa ; il pressa son grand-père d'obtenir qu'on le mît au collège, et il arracha enfin le consentement de son père, qui le mît dans une pension, et l'envoya externe aux Jésuites, avec la répugnance d'un bourgeois qui croyoit la fortune de son fils perdue, s'il étudioit.

Le jeune Poquelin fit au collège les progrès qu'on devoit attendre de son empressement à y entrer. Il y étudia cinq années ; il y suivit le cours des classes d'Armand de Bourbon, premier prince de Conti, qui depuis fut le protecteur des lettres et de Molière.

Il y avoit alors dans ce collège deux enfans, qui eurent depuis beaucoup de réputation dans le monde. C'étoit *Chapelle* et *Bernier* : celui-ci connu par ses voyages aux Indes ; et l'autre célèbre par quelques vers naturels et aisés, qui lui ont fait d'autant plus de réputation, qu'il ne rechercha pas celle d'auteur.

L'Huilier, homme de fortune, prenoit un soin singulier de l'éducation du jeune Chapelle, son fils naturel; et pour lui donner de l'émulation, il faisoit étudier avec lui le jeune Bernier, dont les parens étoient mal à leur aise. Au lieu même de donner à son fils naturel un précepteur ordinaire et pris au hasard, comme tant de pères en usent avec un fils légitime qui doit porter leur nom, il engagea le célèbre Gassendi à se charger de l'instruire.

Gassendi ayant démêlé de bonne heure le génie de Poquelin, l'associa aux études de Chapelle et de Bernier. Jamais plus illustre maître n'eut de plus dignes disciples. Il leur enseigna sa philosophie d'Epicure, qui, quoiqu'aussi fausse que les autres, avoit au moins plus de méthode et plus de vraisemblance que celle de l'école, et n'en avoit pas la barbarie.

Poquelin continua de s'instruire sous Gassendi. Au sortir du collège, il reçut de ce philosophe les principes d'une morale plus utile que sa physique, et il s'écarta rarement de ces principes dans le cours de sa vie.

Son père étant devenu infirme et incapable de servir, il fut obligé d'exercer les fonctions de son emploi auprès du roi. Il suivit Louis XIII dans Paris. Sa passion pour la comédie, qui l'avoit déterminé à faire ses études, se réveilla avec force.

Le théâtre commençoit à fleurir alors : cette partie des belles-lettres, si méprisée quand elle est médiocre, contribue à la gloire d'un Etat, quand elle est perfectionnée.

Avant l'année 1625, il n'y avoit point de comédiens fixes à Paris. Quelques farceurs alloient, comme en Italie, de ville en ville. Ils jouoient les pièces de *Hardy*, de *Moncrétien*, ou de *Balthazar-Baro*. Ces auteurs leur vendoient leurs ouvrages dix écus pièce.

Pierre Corneille tira le théâtre de la barbarie et de l'avilissement, vers l'année 1630. Ses premières comédies, qui étoient aussi bonnes pour son siècle, qu'elles sont mauvaises pour le nôtre, furent cause qu'une troupe de comédiens s'établit à Paris. Bientôt après, la passion du Cardinal de Richelieu pour les spectacles mit le goût de la comédie à la mode ; et il y avoit plus de sociétés particulières qui représentoient alors, que nous n'en voyons aujourd'hui.

Poquelin s'associa avec quelques jeunes gens qui avoient du talent pour la déclamation ; ils jouoient au faubourg Saint-Germain et au quartier Saint-Paul. Cette société éclipsa bientôt toutes les autres ; on l'appella *l'illustre théâtre*. On voit par une tragédie de ce tems-là, intitulée *Artaxerce*, d'un nommé *Magnon*, et imprimée en 1645, qu'elle fut représentée sur *l'illustre théâtre*.

Ce fut alors que Poquelin, sentant son génie, se résolut de s'y livrer tout entier, d'être à la fois comédien et auteur, et de tirer de ses talens de l'utilité et de la gloire.

On sait que, chez les Athéniens, les auteurs jouoient souvent dans leurs pièces, et qu'ils n'étoient point déshonorés pour parler avec graces en public devant leurs concitoyens. Il fut plus encouragé par cette idée, que retenu par les préjugés de son siècle. Il prit le nom de *Molière*, et il ne fit en changeant de nom, que suivre l'exemple des comédiens d'Italie, et de ceux de l'hôtel de Bourgogne. L'un, dont le nom de famille étoit *Le Grand*, s'appeloit *Belleville* dans la tragédie, et *Turlupin* dans la farce; d'où vient le mot *turlupinade*. Hugues Guéret étoit connu dans les pièces sérieuses sous le nom de *Fléchelles;* dans la farce il jouoit toujours un certain rôle qu'on appeloit *Gautier-Garguille*. De même, *Arlequin et Scaramouche* n'étoient connus que sous ce nom de théâtre. Il y avoit déjà eu un comédien appelé *Molière* (1), auteur de la tragédie de *Polixène*.

Le nouveau Molière fut ignoré pendant tout le tems que durèrent les guères civiles en France : il employa ces années à cultiver son talent, et à préparer quelques pièces. Il avoit fait un recueil de scènes italiennes, dont il faisoit de petites comédies pour les provinces. Ces premiers essais très-informes tenoient plus du mauvais théâtre italien où il les avoit pris, que de son génie, qui n'avoit pas encore eu l'occasion de se

___

(1) La Bibliographie nous fait connoître un autre François de Molière, sieur d'Essertines, qui, en 1620, publia un roman *in-*8.º sous le titre de *la Semaine amoureuse*.

développer tout entier. Le génie s'étend et se resserre par tout ce qui nous environne. Il fit donc, pour la province, le *Docteur amoureux*, les *trois Docteurs rivaux*, le *Maître d'Ecole*: ouvrages dont il ne reste que le titre. Quelques curieux ont conservé deux pièces de Molière dans ce genre; l'une est le *Médecin volant*, et l'autre, la *Jalousie de Barbouillé*. Elles sont en prose, et écrites en entier. Il y a quelques phrases et quelques incidens de la première, qui nous sont conservés dans le *Médecin malgré lui*; et on trouve dans la *Jalousie de Barbouillé* un canevas, quoiqu'informe, du troisième acte de *George-Dandin*.

La première pièce régulière en cinq actes qu'il composa, fut l'*Etourdi*. Il représenta cette comédie à Lyon, en 1653. Il y avoit dans cette ville une troupe de comédiens de campagne, qui fut abandonnée dès que celle de Molière parut.

Quelques acteurs de cette ancienne troupe se joignirent à Molière, et il partit de Lyon pour les états de Languedoc; avec une troupe assez complette, composée principalement de deux frères nommés *Gros-René*, de *Duparc*, d'un pâtissier de la rue Saint-Honoré, de la *Duparc*, de la *Béjart* et de la *de Brie*.

Le prince de Conti, qui tenoit les états de Languedoc à Béziers, se souvint de Molière qu'il avoit vu au collège; il lui donna une protection distinguée. Il joua devant lui l'*Etourdi*, le *Dépit amoureux*, et les *Précieuses ridicules*.

Cette petite pièce des Précieuses faite en province, prouve assez que son auteur n'avoit eu en vue que les ridicules des Provinciales. Mais il se trouva depuis que l'ouvrage pouvoit corriger la cour et la ville.

Molière avoit alors trente-quatre ans ; c'est l'âge où Corneille fit le Cid. Il est bien difficile de réussir avant cet âge dans le genre dramatique, qui exige la connoissance du monde et du cœur humain.

On prétend que le prince de Conti voulut alors faire Molière son secrétaire, et qu'heureusement pour la gloire du théâtre français Molière eut le courage de préférer son talent à un poste honorable. Si ce fait est vrai, il fait également honneur au prince et au comédien.

Après avoir couru quelque tems toutes les provinces, et avoir joué à Grenoble, à Lyon, à Rouen, il vint enfin à Paris en 1558. Le prince de Conti lui donna accès auprès de Monsieur, frère unique du roi Louis XIV. Monsieur le présenta au Roi et à la Reine-mère. Sa troupe et lui représentèrent la même année devant leurs majestés la tragédie de *Nicomède*, sur un théâtre élevé par ordre du roi dans la salle des gardes du vieux Louvre.

Il y avoit depuis quelque tems des comédiens établis à l'hôtel de Bourgogne. Ces comédiens assistèrent au début de la nouvelle troupe. Molière, après la représentation de *Nicomède*, s'avança sur le bord du théâtre, et prit la liberté de faire au roi un discours, par lequel il remercioit sa majesté de son indulgence, et louoit adroitement les comédiens de l'hôtel de Bourgogne, dont il devoit craindre la jalousie : il finit en demandant la permission de donner une pièce d'un acte, qu'il avoit jouée en province.

La mode de représenter ces petites farces après de grandes pièces étoit perdue à l'hôtel de Bourgogne. Le roi agréa l'offre de Molière, et l'on joua dans l'instant le *Docteur amoureux*. Depuis ce tems l'usage a toujours continué de donner de ces pièces d'un acte, ou de trois, après les pièces de cinq.

On permit à la troupe de Molière de s'établir à Paris; ils s'y fixèrent; et partagèrent le théâtre du petit Bourbon avec les comédiens italiens, qui en étoient en possession depuis quelques années.

La troupe de Molière jouoit sur le théâtre les mardis, les jeudis et les samedis ; et les Italiens les autres jours.

La troupe de l'hôtel de Bourgogne ne jouoit aussi que trois fois la semaine, excepté lorsqu'il y avoit des pièces nouvelles.

Dès-lors la troupe de Molière prit le titre de *la Troupe de Monsieur*, qui étoit son protecteur. Deux ans après, en 1660, il leur accorda la salle du palais royal. Le cardinal de Richelieu l'avoit fait bâtir pour la représentation de *Mirame* tragédie, dans laquelle ce ministre avoit composé plus de cinq cents vers. Cette salle est aussi mal construite (1) que la pièce pour laquelle elle fut bâtie ; et je suis obligé de remarquer à cette occasion, que nous n'avons aujourd'hui aucun théâtre supportable ; c'est une barbarie Gothique, que les Italiens nous reprochent avec raison. Les bonnes pièces sont en France, et les belles salles en Italie.

La troupe de Molière eut la jouissance de cette salle jusqu'à la mort de son chef. Elle fut alors accordée à ceux qui eurent le privilège de l'opéra, quoique ce vaisseau soit moins propre encore pour le chant, que pour la déclamation.

Depuis l'an 1658 jusqu'à 1673, c'est-à-dire, en quinze années de tems, il donna toutes ses pièces, qui sont au nombre de trente. Il voulut jouer dans le tragique, mais il n'y réussit pas ; il avoit une volubilité dans la voix, et une espèce de hoquet, qui ne pouvoit convenir au genre sérieux, mais qui rendoit son jeu comique plus plaisant. La femme d'un des meilleurs comédiens que nous ayons eus (2), a donné ce portrait-ci de Molière.

« Il n'étoit ni trop gras, ni trop maigre ; il

(1) Cette salle existoit lorsque M. de Voltaire publia cette vie ; elle a été reconstruite par les soins de M. Moreau, architecte de la ville, et brûlée une seconde fois ; la critique qui suit ne regarde que nos salles anciennes de théâtre qui n'existent plus.

(2) Mademoiselle Poisson, morte il y a quelques années à Saint-Germain-en-Laye, elle avoit joué d'original une des Graces dans *Psyché* en 1671.

» avoit la taille plus grande que petite, le port
» noble, la jambe belle; il marchoit gravement,
» avoit l'air très-sérieux, le nez gros, la bouche
» grande, les lèvres épaisses, le teint brun, les
» sourcils noirs et forts; et les divers mouve-
» mens qu'il leur donnoit, lui rendoient la phy-
» sionomie extrêmement comique. A l'égard de
» son caractère, il étoit doux, complaisant,
» généreux, il aimoit fort à haranguer; et quand
» il lisoit ses pièces aux comédiens, il vouloit
» qu'ils y amenassent leurs enfans, pour tirer
» des conjectures de leur mouvement naturel. »

Molière se fit dans Paris un très-grand nombre de partisans, et presque autant d'ennemis. Il accoutuma le public, en lui faisant connoître la bonne comédie, à le juger lui-même très-sévèrement. Les mêmes spectateurs qui applaudissoient aux pièces médiocres des autres auteurs, relevoient les moindres défauts de Molière avec aigreur. Les hommes jugent de nous par l'attente qu'ils en ont conçue; et le moindre défaut d'un auteur célèbre, joint avec les malignités du public, suffit pour faire tomber un bon ouvrage. Voilà pourquoi *Britannicus* et les *Plaideurs* de M. Racine furent si mal reçus; voilà pourquoi l'*Avare*, le *Misantrope*, les *Femmes savantes*, l'*Ecole des femmes* n'eurent d'abord aucun succès.

Louis XIV, qui avoit un goût naturel et l'esprit très-juste, sans l'avoir cultivé, ramena souvent par son approbation la cour et la ville aux pièces de Molière. Il eût été plus honorable pour la nation, de n'avoir pas besoin des décisions de son maître pour bien juger. Molière eut des ennemis cruels, surtout les mauvais auteurs du tems, leurs protecteurs, et leurs cabales : ils suscitèrent contre lui les dévots; on lui imputa des livres scandaleux; on l'accusa d'avoir joué des hommes puissans, tandis qu'il n'avoit joué que les vices en général; et il eût succombé sous ces accusations, si ce même roi, qui encouragea et qui soutint Racine et Despréaux, n'eût pas aussi protégé Molière.

Il n'eut à la vérité qu'une pension de mille livres, et sa troupe n'en eut qu'une de sept. La fortune qu'il fit par le succès de ses ouvrages, le mit en état de n'avoir rien de plus à souhaiter : ce qu'il retiroit du théâtre, avec ce qu'il avoit placé, alloit à trente mille livres de rente; somme qui, en ce tems-là, faisoit presque le double de la valeur réelle de pareille somme d'aujourd'hui.

Le crédit qu'il avoit auprès du roi, paroît assez par le canonicat qu'il obtint pour le fils de son médecin. Ce médecin s'appeloit Mauvillain. Tout le monde sait qu'étant un jour au dîné du roi : *Vous avez un médecin*, dit le roi à Molière; *que vous fait-il ? Sire*, répondit Molière, *nous causons ensemble, il m'ordonne des remèdes, je ne les fais point, et je guéris.*

Il faisoit de son bien un usage noble et sage : il recevoit chez lui des hommes de la meilleure compagnie, les Chapelles, les Jonsacs, les Desbarreaux, etc., qui joignoient la volupté et la philosophie. Il avoit une maison de campagne à Auteuil, où il se délassoit souvent avec eux des fatigues de sa profession, qui sont bien plus grandes qu'on ne pense. Le maréchal de Vivonne, connu par son esprit et par son amitié pour Despréaux, alloit souvent chez Molière, et vivoit avec lui comme Lélius avec Térence. Le grand Condé exigeoit de lui qu'il le vînt voir souvent, et disoit qu'il trouvoit toujours à apprendre dans sa conversation.

Molière employoit une partie de son revenu en libéralités qui alloient beaucoup plus loin que ce qu'on appelle dans d'autres hommes des charités. Il encourageoit souvent par des présens considérables de jeunes auteurs qui marquoient du talent : c'est peut-être à Molière que la France doit Racine. Il engagea le jeune Racine, qui sortoit du Port-Royal, à travailler pour le théâtre dès l'âge de dix-neuf ans. Il lui fit composer la tragédie de *Théagène et Chariclée*; et quoique cette pièce fût trop foible pour être jouée, il fit présent au jeune auteur de cent louis, et lui donna le plan des *Frères ennemis*.

Il n'est peut-être pas inutile de dire, qu'environ dans le même tems, c'est-à-dire en 1661, Racine ayant fait une ode sur le mariage de Louis XIV, M. Colbert lui envoya cent louis au nom du roi.

Il est très-triste pour l'honneur des lettres que Molière et Racine aient été brouillés depuis; de si grands génies, dont l'un avoit été le bienfaiteur de l'autre, devoient être toujours amis.

Il éleva et il forma un autre homme, qui, par la supériorité de ses talens, et par les dons singuliers qu'il avoit reçus de la nature, mérite d'être connu de la postérité. C'étoit le comédien Baron, qui a été unique dans la tragédie et dans la comédie. Molière en prit soin comme de son propre fils.

Un jour Baron vint lui annoncer qu'un comédien de campagne, que la pauvreté empêchoit de se présenter, lui demandoit quelque léger secours pour aller joindre sa troupe. Molière ayant sû que c'étoit un nommé Mondorge, qui avoit été son camarade, demanda à Baron combien il croyoit qu'il falloit lui donner? Celui-ci répondit au hasard: *Quatre pistoles. Donnez-lui quatre pistoles pour moi*, lui dit Molière, *en voilà vingt qu'il faut que vous lui donniez pour vous*; et il joignit à ce présent celui d'un habit magnifique. Ce sont de petits faits, mais ils peignent le caractère.

Un autre trait mérite plus d'être rapporté. Il venoit de donner l'aumône à un pauvre. Un instant après le pauvre court après lui, et lui dit: *Monsieur, vous n'aviez peut-être pas dessein de me donner un louis d'or, je viens vous le rendre. Tiens, mon ami*, dit Molière, *en voilà un autre*; et il s'écria: *Où la vertu va-t-elle se nicher!* Exclamation qui peut faire voir qu'il réfléchissoit sur tout ce qui se présentoit à lui, et qu'il étudioit partout la nature en homme qui vouloit la peindre.

Molière, heureux par ses succès et par ses

protecteurs, par ses amis et par sa fortune, ne le fut pas dans sa maison. Il avoit épousé, en 1661, une jeune fille née de la Béjart et d'un gentilhomme nommé Modène. On disoit que Molière en étoit le père : le soin avec lequel on avoit répandu cette calomnie, fit que plusieurs personnes prirent celui de la réfuter. On prouva que Molière n'avoit connu la mère qu'après la naissance de cette fille. La disproportion d'âge, et les dangers auxquels une comédienne jeune et belle est exposée, rendirent ce mariage malheureux; et Molière, tout philosophe qu'il étoit d'ailleurs, essuya dans son domestique les dégoûts, les amertumes, et quelquefois les ridicules qu'il avoit si souvent joués sur le théâtre (1). Tant il est vrai que les hommes qui sont au-dessus des autres par les talens, s'en rapprochent presque toujours par les foiblesses. Car pourquoi les talens nous mettroient-ils au-dessus de l'humanité ?

La dernière pièce qu'il composa, fut le *Malade imaginaire*. Il y avoit quelque tems que sa poitrine étoit attaquée, et qu'il crachoit quelquefois du sang. Le jour de la troisième représentation, il se sentit plus incommodé qu'auparavant : on lui conseilla de ne point jouer; mais il voulut faire un effort sur lui-même, et cet effort lui coûta la vie.

Il lui prit une convulsion en prononçant *juro*,

(1) C'est ici qu'on pourroit appliquer ce que dit Quintilien : *Risum fecit, sed ridiculus fuit.*

dans le divertissement de la réception du *Malade imaginaire*. On le rapporta mourant chez lui, rue de Richelieu. Il fut assisté quelques momens par deux de ces sœurs religieuses qui viennent quêter à Paris pendant le Carême, et qu'il logeoit chez lui. Il mourut entre leurs bras, étouffé par le sang qui lui sortoit par la bouche, le 17 février 1673, âgé de cinquante-trois ans. Il ne laissa qu'une fille qui avoit beaucoup d'esprit. Sa veuve épousa un comédien nommé Guérin.

Le malheur qu'il avoit eu de ne pouvoir mourir avec les secours de la religion, et la prévention contre la comédie, déterminèrent M. Harlay de Chanvalon (1), archevêque de Paris, si connu par ses intrigues galantes, à refuser la sépulture à Molière. Le roi le regrettoit; et ce monarque, dont il avoit été le domestique et le pensionnaire, eut la bonté de prier l'archevêque de Paris de le faire inhumer dans une église. Le curé de Saint-Eustache, sa paroisse, ne voulut point s'en charger. La populace, qui ne connoissoit dans Molière que le comédien, et qui ignoroit qu'il avoit été un excellent auteur, un philosophe, un grand homme en son genre, s'attroupa en foule à la porte de sa maison le jour du convoi : sa veuve fut obligée de jeter de l'argent par les fenêtres; et ces misérables qui auroient,

---

(1) Voyez son portrait dans le *Segraisiana*, pag. 24, il finit par ces mots : *c'étoit une grande happelourde...... Il n'étoit propre qu'à attraper de petites femmes.*

sans savoir pourquoi, troublé l'enterrement, accompagnèrent le corps avec respect.

La difficulté qu'on fit de lui donner la sépulture, et les injustices qu'il avoit essuyées pendant sa vie, engagèrent le fameux père Bouhours à composer cette espèce d'épitaphe, qui, de toutes celles qu'on fit pour Molière, est la seule qui mérite d'être rapportée, et la seule qui ne soit pas dans cette fausse et mauvaise histoire qu'on a mise jusqu'ici au-devant de ses ouvrages.

> Tu réformas et la ville et la cour;
> Mais quelle en fut la récompense?
> Les Français rougiront un jour
> De leur peu de reconnoissance.
> Il leur fallut un comédien,
> Qui mît à les polir sa gloire et son étude;
> Mais, Molière, à ta gloire il ne manqueroit rien,
> Si, parmi les défauts que tu peignis si bien,
> Tu les avois repris de leur ingratitude.

Non-seulement j'ai omis dans cette vie de Molière les contes populaires touchant Chapelle et ses amis; mais je suis obligé de dire que ces contes adoptés par Grimarest sont très-faux. Le feu duc de Sully, le dernier prince de Vendôme, l'abbé de Chaulieu, qui avoient beaucoup vécu avec Chapelle, m'ont assuré que toutes ces historiettes ne méritoient aucune créance.

AVERTISSEMENT

Sur le Supplément à la Vie de MOLIÈRE.

Aucune main ne devoit oser toucher au tableau qu'on vient de voir; il peint Molière par tous les grands traits de sa vie, et l'on ne s'est livré à la recherche de quelques autres détails, que pour satisfaire à la curiosité d'un ordre de lecteurs avides de tout ce qui regarde les grands hommes de la nation.

Les avertissemens et les observations de l'Editeur contiennent plusieurs anecdotes qui, s'y étant placées naturellement, n'ont pas dû grossir ce Supplément.

SUPPLÉMENT

A LA VIE DE MOLIÈRE.

En faisant des recherches plus exactes que l'on n'en a fait jusqu'à présent sur la famille de Molière, on a appris qu'il s'y conservoit une tradition qui donneroit, au nom de Poquelin, plus d'importance civile qu'il n'en a eu; mais la plus grande gloire de ce nom sera toujours d'avoir été celui du père de notre théâtre comique.

Un nommé Poquelin, écossois, fut un de ceux qui composèrent la garde que Charles VII attacha à sa personne, sous le commandement du général *Patilloc*. Les descendans de ce Poquelin s'établirent, les uns à Tournai, les autres à Cambrai, où ils ont joui long-tems des droits de la noblesse : les malheurs des tems leur firent une nécessité du commerce, dans lequel quelques-uns d'entr'eux vinrent faire oublier leurs priviléges à Paris.

Tels sont les faits qu'on a appris de quelques personnes qui portent encore parmi nous le nom de Poquelin; mais qu'importe aux parens collatéraux de Molière la notoriété mieux constatée d'une noblesse que leurs ancêtres avoient perdue? Ils ont acquis un plus beau titre, et que les tems ne peuvent effacer, celui d'appartenir à un des plus grands hommes qu'aient produit les lettres.

L'éditeur a sous les yeux un arbre généalogique de la famille des Poquelins établis à Paris; qui le croiroit! Jean-Baptiste Poquelin, dit Molière, ne s'y trouve point : sa profession de comédien l'en a exclus. Il n'y avoit pourtant que l'orgueil bien pardonnable de vouloir tenir à lui, qui pût justifier la peine qu'on a prise de faire une généalogie. Qu'est-ce que le nom de Poquelin séparé de celui de Molière?

On trouve beaucoup de contes assez incertains sur l'effroi que causa dans la famille de Poquelin son envie d'embrasser le métier de comédien (1); ce que nous remarquerons, c'est qu'une déclaration du roi, du 16 avril 1641, enregistrée au Parlement le 24 du même mois, défendoit que *l'état d'acteur pût être désormais imputé à blâme, et préjudiciât à la réputation du comédien dans le commerce public.* Il n'est pas du ressort de ces additions d'examiner pourquoi cette déclaration, enregistrée, n'a été que la loi d'un moment; il suffit pour le jeune Poquelin qu'elle ait existé et qu'elle ait pu le défendre alors contre les vaines résistances de sa famille.

(1) *Voyez* vie de Molière par Grimarest, les hommes illustres de Perrault, et le Dictionnaire de Bayle. La singularité des anecdotes inspiroit rarement à ce dernier le désir d'en justifier la réalité.

Reçu en survivance dans la charge de son père auprès du roi, il n'en perdit jamais ni l'exercice ni les avantages.

On a ouï dire souvent à M. le président de Montesquieu, d'après une ancienne tradition de Bordeaux, que Molière, encore comédien de campagne, avoit fait représenter dans cette ville une tragédie de sa façon, qui avoit pour titre *la Thébaïde*, mais que le peu de succès qu'elle avoit eu, l'avoit détourné du genre tragique (1). Nous savons que le jeune Racine alla offrir à Molière, de retour à Paris, sa tragédie de *Théagène et Chariclée*, qui se ressentoit trop de l'âge de l'auteur et de la source romanesque où elle avoit été puisée; et que Molière entrevoyant le génie du jeune homme, lui donna le plan des *Frères ennemis*. C'étoit, sans doute, celui dont il avoit tiré si peu de parti à Bordeaux.

Il y a grande apparence que la traduction de Lucrèce fut le premier ouvrage de Molière. L'historien de sa vie dit qu'il n'avoit mis en vers que les endroits qui pouvoient prêter davantage à la poésie.

Cet ouvrage, dont il ne nous a conservé qu'un morceau dans la scène cinquième du second acte du Misantrope, cessa de lui plaire dès qu'il eut

(1) Nous avions Corneille; qu'importoient à la muse tragique de nouveaux efforts, qui ne pouvoient humainement égaler les premiers? Le bonheur de la France écarta Molière de cette route, afin que le sublime auteur de *Cinna*, de *Rodogune* et des *Horaces*, vît la comédie portée aussi haut qu'il avoit placé la tragédie.

acquis quelque réputation à Paris. On sait qu'en 1664 il refusa, chez le comte du Broussin, d'en faire la lecture, *dans la crainte qu'elle ne le fît paroître indigne des louanges que venoit de lui donner son ami Despréaux dans la satire que ce dernier lui avoit adressée.*

Le style de Molière étoit si défectueux dans ses premiers essais, qu'il a fait probablement le sacrifice de cette traduction à son goût perfectionné, et au bonheur qu'il eut, par la suite, d'être difficilement content de ce qu'il avoit fait.

On sait qu'à la lecture de ce vers de Boileau parlant de lui :

Il plaît à tout le monde et ne sauroit se plaire,

il s'écria, en serrant la main du satirique, *voilà la plus grande vérité que vous ayez jamais dite : je ne suis pas du nombre de ces esprits sublimes dont vous parlez, mais tel que je suis, je n'ai jamais rien fait dont je sois véritablement content.* Ce qui doit faire admirer encore plus la modestie de Molière, c'est qu'il a tenu ce discours dans la même année où les trois premiers actes du *Tartufe* ont été joués à la Cour.

Les différentes courses que Molière fit dans le Languedoc avec sa troupe, lui procurèrent la connoissance d'un artiste avec lequel il contracta l'amitié la plus étroite. Avignon fut le lieu où il rencontra le célèbre Mignard qui, revenant d'Italie, s'occupoit dans le Comtat à dessiner les antiques *d'Orange et de S. Remi.* A l'union vive et durable qui s'établit entre eux, il sembloit que tous deux devinassent leur célébrité future, et combien leur gloire mutuelle devoit ajouter au plaisir qu'ils trouvoient à s'aimer.

Réunis depuis à Paris, ils se donnèrent tous deux des preuves de leur attachement. Mignard laissa à la postérité le portrait de son ami; et Molière, dans son poëme du Val-de-Grace, rendit, comme l'Arioste au Titien, l'immortalité qu'il venoit d'en recevoir.

L'auteur des observations critiques sur différens poëmes (1), né pour la critique, s'il veut bien ne pas l'exagérer et n'en pas séparer l'hommage qu'on doit aux vraies beautés, prétend que *Molière, avec un génie très-rare, n'a pu parvenir à se faire lire, quand il a voulu, par les vers du poëme de la peinture.* On remarquera ici contre cette décision trop généralement exprimée, qu'il falloit n'y pas comprendre les morceaux excellens sur la fresque et sur la peinture à l'huile, ainsi que quelques autres endroits sur l'art du dessin et sur le coloris, dans lesquels il y a les vers les plus heureux et les beautés les plus décidées.

On trouve dans l'*Anonymiana* une critique de ce poëme. Le rédacteur inconnu de ces mélanges nous révèle que Molière aimoit la fille de son ami, devenue depuis madame *de Feuquières*.

(1) M. Clément.

On y attribue à une femme cette critique, entreprise, dit-on, pour faire plaisir à M. de Colbert, qui préféroit le Brun à Mignard.

Cette critique est suivie d'un envoi qui en fut fait à Molière; l'auteur s'y excuse du peu de talent qu'elle vient de montrer pour la poësie; mais, ajoute la dame prétendue,

. . . . . . *Ca n'est pas merveille*
Que l'on soit ignorant dans le métier d'autrui,

. . . .
Si tu fais bien des vers, tu sais peu la peinture, etc.

Cette anecdote de la préférence ouverte que donnoit le Ministre à M. le Brun sur Mignard, et du manège du premier de ces peintres, est aperçue dans le poëme du Val-de-Grace, lorsque Molière dit avec adresse :

Les grands hommes, Colbert, sont mauvais courtisans.

. . . .
Ils ne sauroient quitter les soins de leur métier,
Pour aller chaque jour fatiguer ton portier, etc.

Colbert étoit trop grand pour faire un crime à Molière de son amitié pour Mignard, et nous voyons qu'en 1666 un de ses parens fut associé à MM. *Ranchin* et *Pecquot* pour l'établissement de la manufacture des glaces, et que, trois ans après, ce même Poquelin fut un des trente associés de la Compagnie des assurances, fondée par le même Ministre. Le nom de Molière, qui se trouve dans cette liste, pourroit faire penser que notre auteur avoit lui-même un intérêt dans cette affaire.

Mais, pour dire un mot encore de la critique du poëme du Val-de-Grace, nous remarquerons qu'elle n'est qu'une espèce de parodie bouffonne de toutes les beautés du plafond de Mignard.

L'auteur de l'*Anonymiana*, dans l'annonce qu'il fait de cette critique, ajoute qu'on la donne avec tous ses défauts, parce que M. de Colbert, qu'elle a réjoui, n'a pas voulu qu'on y touchât. Il dit encore que les soixante ou quatre-vingts premiers vers de la dame auteur sont sur les mêmes rimes que celles de Molière, et rien n'est moins vrai. Comment tombe-t-on dans des erreurs aussi aisées à éviter ?

Ménage préféroit le poëme de Perrault sur la peinture à celui de Molière, quoiqu'il trouvât celui de son ami *un peu obscur en quelques endroits, et trop négligé dans d'autres*. L'avis de Ménage est suspect à l'égard de Molière, et généralement il est de peu de poids en fait de vers.

M. de Puimorin, frère de Despréaux, ayant essayé de tourner en épigramme un mot assez malin qu'il avoit dit à Pradon, n'avoit pu faire que ces deux vers :

Hélas ! pour mes péchés, je n'ai su que trop lire
Depuis que tu fais imprimer.

Ce fut à son frère et à MM. Racine et Molière rassemblés, qu'il demanda deux autres vers pour rimer aux siens, et voici ceux qu'ils lui donnèrent :

> *Froid, sec, dur, rude auteur, digne objet de satire ;*
> *De ne savoir pas lire oses-tu me blâmer ?*
> *Hélas !* etc.

Ce qu'il y a de particulier dans ce fait peu intéressant par lui-même, c'est que Racine et Molière eurent une petite querelle sur le premier hémistiche du second vers. Le poëte tragique vouloit qu'on écrivît,

> *De mon peu de lecture oses-tu me blâmer ?*

pour éviter sans doute la consonnance de la rime *satire* avec le mot *lire* qui termine cet hémistiche : mais Molière soutint qu'il falloit s'en tenir à la première expression, et que la raison et l'art même demandoient et autorisoient souvent le sacrifice d'une plus grande perfection du vers à une plus grande justesse. Despréaux, dit son commentateur, n'oublia pas cette décision de Molière, et en fit un précepte dans son art poétique, chant 4.

> Quelquefois dans sa course un esprit vigoureux,
> Trop resserré par l'art, sort des règles prescrites,
> Et de l'art même apprend à franchir leurs limites.

Racine, ami de Molière, à qui il avoit des obligations de plus d'une espèce, donna, le 15 décembre 1665, sa tragédie *d'Alexandre*. L'abbé de Bernay, chez lequel il demeuroit, souhaitoit qu'elle fût représentée à l'hôtel de Bourgogne ; mais Racine étoit trop reconnoissant pour ne pas se défendre d'abord de faire cette injure au théâtre de Molière ; Despréaux fut consulté, et l'abbé de Bernay se rendit à son avis. Malheureusement cette pièce qu'on ne joue plus, eut peu de succès (1), et les amis du poëte le forcèrent à retirer sa tragédie et à la confier aux acteurs de l'hôtel de Bourgogne, qui la firent réussir. C'est de là que vint la brouillerie de Racine et de Molière (dit le Boleana).

Ce fait, qui se trouve en plusieurs endroits, n'est désavoué nulle part. Comment le concilier avec la gazette en vers de Robinet, qui nous apprend, dans sa lettre du 20 décembre, qu'Alexandre

>Paroît, comme on sait, à la fois
>Sur nos deux théâtres françois,

et qui ajoute que

>. . . . Pour ce vainqueur de la Grèce
>Ce n'est pas trop de ces deux lieux.

L'Alexandre avoit donc été distribué aux deux théâtres, comme nous avons vu en 1725 *la Force du sang*, comédie de *Bruéis*, jouée en même tems chez les comédiens français et chez les italiens, et avoir chez les derniers quelques représentations de plus.

Ce qui fâcha Molière dans cette occasion, ce fût de perdre la meilleure de ses actrices, *la Duparc*, qui passa à l'hôtel de Bourgogne, et qu'il soupçonna y avoir été entraînée par les

---

(1) Ce fut sur la lecture de cette pièce que le grand Corneille lui conseilla d'abandonner le genre de la tragédie. Ce fait peut être cru, parce que l'*Alexandre* n'étoit pas digne de Racine.

amis de Racine, ou peut-être par lui-même. Au reste, leur petite désunion, qui ne fut que trop réelle, ne les rendit jamais injustes l'un envers l'autre; et leur refroidissement ne fit point la honte des lettres.

Racine regarda toujours Molière comme un homme unique. Louis XIV lui demandant un jour quel étoit le premier des grands hommes qui avoient illustré son règne, il lui nomma Molière. *Je ne le croyois pas*, répondit le roi; *mais vous vous y connoissez mieux que moi.*

L'Euripide français avoit, comme on le voit, bien oublié sa brouillerie avec Molière. La prééminence accordée à notre auteur par Racine, ne peut trouver pour contradicteur qu'un esprit médiocre. Mais comment Louis XIV osa-t-il dire *qu'il ne le croyoit pas*, lui qui avoit été le protecteur fidèle de Molière ! Le sens supérieur qui guidoit toujours ce prince, semble l'avoir abandonné dans cette circonstance. C'étoit sans doute à Racine lui-même que ce prince accordoit le premier rang. La noblesse du genre en imposoit au monarque. A mérite égal entre l'auteur comique et l'auteur tragique, le peuple et les grands sont entraînés vers le dernier.

Molière n'approuva point dans l'épître de Despréaux, sur le passage du Rhin, le vers cinquantième :

Il apprend qu'un héros conduit par la victoire,
A de ses bords fameux flétri l'antique gloire,

Ce dernier vers peut faire entendre, disoit

il, que la présence du roi a déshonoré le fleuve; Despréaux se défendit, Molière ne se rendit point, et le vers resta. Molière osoit donc disputer même de vers avec Despréaux, au moins pour la justesse. L'auteur du *Misantrope* et des quatre premiers actes du *Tartufe*, pouvoit ne reconnoître aucun poëte français au-dessus de lui.

On a ouï dire à Boileau que Molière, après lui avoir lu le *Misantrope*, lui avoit dit : *vous verrez bien autre chose*. Il mettoit alors la dernière main au *Tartufe*; ce trait décide presque la préférence qu'il donnoit à ce dernier ouvrage sur l'autre.

Molière quelquefois consultoit sa servante, a dit le sublime auteur de la *Métromanie*, d'après la tradition. On sait de plus que Molière voulant un jour éprouver l'instinct de la vieille *Laforest*, lui fit lecture de quelques scènes du comédien Brécour, comme étant de lui; mais que la bonne femme ne fut point sa dupe, et ne reconnut point l'heureuse main de son maître. Ce trait la fait juger digne de l'honneur singulier que lui faisoit Molière. Il est inutile, sans doute, d'ajouter ici que ce n'étoit pas le *Misantrope*, par exemple, qu'il lisoit à cette servante, qui n'étoit bonne au plus qu'à lui faire préjuger l'impression de gaîté qu'il devoit faire sur le public dans ses scènes comiques.

Ne dissimulons rien, voici un tort de Molière; c'est le cœur qui nuisit à l'esprit. Lorsque les *deux Jocondes* parurent, on osa balancer entre ces deux contes, on gagea même et pour l'un et pour l'autre; l'abbé le Vayer fut pour La Fontaine, et M. de Saint-Gille pour le poëte Bouillon; on prit Molière pour arbitre, et la franchise de son goût ne décida point la gageure; il n'alla point jusqu'à se déclarer contre La Fontaine, mais il refusa de prononcer contre M. de Saint-Gille, son ami. Boileau décida cette querelle aussi inconcevable que le déni de justice de Molière.

Despréaux, en composant sa seconde satire, trouvoit difficile de faire un vers qui rimât à celui-ci :

Dans mes vers recousus mettre en pièce Malherbe.

Il consulta La Fontaine et Molière, qui tous deux jugèrent la chose peu faisable. Despréaux en vint cependant à bout, en ajoutant même à son idée; voici ce vers :

Et transposant cent fois et le nom et le verbe,
Dans mes vers recousus, etc.

Quelqu'un a écrit que la comédie du *Tartufe* avoit été faite à la prière du grand Condé, qui vouloit se venger du P. *de la Chaise*, confesseur du roi, et que le personnage de l'imposteur fut joué la première fois en soutane et en chapeau à grands bords. Mais cette anecdote tombe dès qu'on se rappelle que le P. *de la Chaise* ne devint confesseur qu'en 1675, après la mort de Molière. Il avoit été précédé dans cette place par le P. *Ferrier* en 1670, et le prédécesseur de celui-ci avoit été le P. *Annat*, à qui le caractère du Tartufe étoit bien étranger, puisqu'au rapport de l'abbé de Choisi, *trouvant le poids trop pesant, il s'en déchargea sur le P. Ferrier, et eut l'honneur et la consolation de mourir simple religieux.*

Comment après cela ne pas se tenir dans la plus grande défiance sur le compte des compilateurs ?

Le célèbre abbé de Longuerue nous paroît le seul qui ait écrit que Molière avoit inventé le nom de *Tartufe* d'après le mot allemand *Der Teüfel*, qui se prononce vulgairement *Terteif*, et qui signifie le diable. Nous croyons cependant que l'anecdote qu'on trouvera sur ce nom, qui a fait un mot de plus dans la langue française, est plus vraisemblable. Voyez le *Tartufe*.

M. Joly, évêque d'Agen, prêchoit à Paris avec beaucoup d'action. On le comparoît à Molière ; ce dernier, disoit-on, est plus grand prédicateur, et l'autre plus grand comédien. Molière avoit dit de lui-même, à l'occasion du reproche que lui faisoient les ennemis du *Tartufe*, d'avoir porté sur le théâtre une morale trop saine : *Pourquoi ne me seroit-il pas permis de faire des sermons, tandis qu'on permet au P. M. B. G.* (1) *de faire des farces ?*

Molière étoit fort ami du célèbre Avocat Fourcroi, homme très-redoutable dans la con-

---

(1) Le P. Maimbourg.

versation par la capacité et la force de ses poulmons, ils eurent une dispute à table en présence de Despréaux, à qui Molière disoit : *Qu'est-ce que la raison avec un filet de voix, contre une gueule comme celle-là!*

Lully, fais-nous rire, disoit Molière à cet excellent musicien, qu'il ne regardoit hors de son talent que comme un bouffon. Il falloit qu'il montât sur un tabouret pour jouer ses contes, dont la pantomime faisoit le principal mérite.

Dans le poëme du siècle de Louis-le-Grand, de ce Perrault si vanté de notre tems, et si méprisé du sien, de ce profond Littérateur qui demandoit à un de ses amis quelles étoient les plus belles odes de Pindare, d'Horace, et de Malherbe même; il est singulier de trouver Molière placé sur la ligne de Tristan et de Rotrou, et surtout de l'entendre vanter par sa naïveté dans ce pitoyable vers :

Les Molières naïfs, les Rotrou, les Tristan.

Quelle compagnie et quel éloge! Inimitable Molière! s'écrie l'auteur des Variétés amusantes et sérieuses, les âges qui ont suivi n'ont pas été si injustes envers vous.

Un an après la mort de Molière, on ne sait quel particulier s'avisa de mettre en vers *le Mariage forcé*, qui ne parut imprimé chez la veuve Dupont qu'en 1676, quoique la permission de M. de la Reynie soit datée de 1674. Cette pièce est devenue fort rare, et mérite peu la peine d'être recherchée. Si Somaise qui, en 1660, avoit mis en vers détestables *les Précieuses ridicules*, vivoit encore en 1674, il ne faut pas chercher un autre auteur pour celle dont nous parlons, et qu'on nous a communiquée depuis l'impression du troisième volume de cette édition, où se trouve le *Mariage forcé*.

Lorsque Molière, dans la scène huitième de *Sganarelle* avec *Marphurius*, fait dire au premier, j'ai une grande inclination pour la fille; voici comme on le travestit dans la scène cinquième de la traduction :

SGANARELLE.

. . . . Son air
Me force adroitement d'en devenir le pair.

Et dans la scène de *Dorimène* et de *Lycaste*, qui, chez Molière est la treizième, et chez le traducteur la septième, *Dorimène* dit :

Je ne dois pas au ciel long-tems demander *trêve*,
Ni soupirer après l'heureux état de *veuve*.

Ces deux traits suffisent pour donner l'idée de cette misérable traduction.

Louis XIV demandant à Despréaux quels auteurs avoient le mieux réussi dans l'art de la comédie : Je n'en connois qu'un, dit le satirique, tous les autres n'ont fait que des farces. Si bien donc, reprit le roi, que Despréaux n'estime que Molière; il n'y a aussi que lui, Sire, répondit-il, qui soit estimable dans son genre.

C'est d'après ces jugemens que le même Prince disoit au commencement du siècle présent, qu'il avoit perdu deux hommes qu'il ne répareroit jamais, Lully et Molière.

Bien des gens se rappellent d'avoir ouï dire à M. de la Motte, que l'Académie Française avoit souhaité de compter Molière au nombre de ses membres ; mais cette loi de 1641, dont on a parlé, sans avoir été révoquée, étoit restée dans l'oubli. En vain lui proposa-t-on de quitter sa profession, tout fut inutile, et l'Académie n'orna point sa liste de ce nom fameux. Son éloge qu'elle a proposé à l'Europe, et pour lequel M. de Champfort a été couronné, est une preuve des regrets qu'elle en a. C'est se l'associer autant qu'il est en elle aujourd'hui, de l'avoir choisi le premier pour servir de modèle aux gens de lettres. La place honorable qu'elle fit prendre le jour de la lecture publique de l'éloge de ce grand homme à deux de ses neveux (1), marque encore avec plus d'intérêt la considération qu'il a conservée dans ce corps.

Il y a un point d'honneur pour moi à ne point quitter, disoit-il à son ami Despréaux, qui le sollicitoit d'abandonner l'action théâtrale, nuisible même à sa santé, et de s'en tenir à la composition de ses pièces.

M. de Colbert avoit témoigné, dit-on, sa surprise de ce que Molière n'étoit pas de l'Académie. M. Perrault fit part de cet étonnement si juste

---

(1) M. Poquelin, âgé de plus de 80 ans, et M. l'abbé de la Fosse, fils d'une Poquelin, et petit-fils du célèbre de la Fosse, de l'Académie de Peinture.

à ses confrères, qui répondirent qu'un homme tel que Molière étoit sans doute au-dessus des règles et méritoit des distinctions; mais qu'il falloit obtenir de lui de ne plus jouer que des personnages graves, et d'abandonner les rôles comiques, à cause du petit inconvénient des coups de bâton. Molière, ajoute-t-on, se refusa même à cet accommodement qui nous paroît peu vraisemblable. Comment imaginer en effet que des gens sensés aient vu une différence essentielle entre l'acteur qui reçoit des coups de bâton et celui qui les donne?

N'est-ce point ici le lieu de faire remarquer la fatalité attachée au plus grand nombre des auteurs comiques, relativement à l'Académie Française; Brueis, Palaprat, Regnard, Lesage, Dufresny, Autereau, Jolly, de Lisle, Fagan, Piron, Saintfoix, Collé, l'auteur *du Complaisant, du Fat puni, des Tuteurs*, etc., etc. (1), ne sont point sur les listes, tandis que des auteurs de tragédies absolument oubliées, tels que celui des *Tindarides*, y sont inscrits.

Il arriva en 1669 une aventure à un jeune médecin, chez un barbier de son voisinage, jaloux des visites trop fréquentes que le docteur rendoit à sa femme. Le médecin échappé du danger qu'il avoit couru, avoit rendu plainte contre le barbier, et Gui-Patin, dans sa lettre 504, dit que le bruit couroit que Molière vouloit faire

---

(1) On ne parle point de Montfleuri, Dancourt, le Grand et Baron, à cause de leur profession de comédien.

une comédie de cette histoire ; *ce qui pourroit bien arriver*, ajoute-t-il, *et ce qui n'arriva point.* On prétendoit que la comédie que devoit faire notre auteur auroit pour titre : *le Médecin fouetté, et le Barbier cocu.* Voyez lettre 507.

Molière, en portant ce vaudeville au théâtre, n'eût fait qu'une satire, et non point une comédie ; si Gui-Patin eût mieux connu et l'artiste et l'art, il n'eût point accrédité ce bruit. Souvenons-nous du mot du comte de Bussi-Rabutin. *Despréaux attaqua le vice à force ouverte, et Molière plus finement que lui.*

Un jour Molière soupoit, dit M. l'abbé d'Olivet, avec Racine, Despréaux, La Fontaine et Descoteaux, fameux joueur de flûte. La Fontaine étoit ce jour-là, encore plus qu'à son ordinaire, plongé dans ses distractions ; Racine et Despréaux, pour le tirer de sa léthargie, se mirent à le railler, et si vivement, qu'à la fin Molière trouva que c'étoit passer les bornes. Au sortir de table il poussa Descoteaux dans l'embrâsure d'une fenêtre, et lui parlant de l'abondance du cœur : *Nos beaux esprits*, dit-il, *ont beau se trémousser, ils n'effaceront pas le bon homme.*

Le fameux souper d'Auteuil (1) est la principale anecdote de la vie de Molière, sur laquelle M. de Voltaire a voulu répandre du doute. Ce-

---

(1) *Ce fameux souper*, dit M. Racine le fils, *quoique peu croyable, est très-véritable.* Cet auteur nous apprend que le grave Despréaux étoit de la partie, et qu'il a raconté plus d'une fois cette folie de sa jeunesse.

pendant on trouve encore des gens qui se souviennent de l'avoir ouï raconter à Despréaux, à Baron, et à plusieurs anciens habitans du lieu de la scène.

Il est très-possible que l'amitié qu'avoient pour Chapelle le duc de Sully, le prince de Vendôme et l'abbé de Chaulieu, les ait engagés à nier un fait qui n'annonçoit ni la sobriété, ni la sagesse de leur ami; mais cette historiette, fût-elle incertaine, n'honore-t-elle pas assez Molière pour nous mettre dans l'obligation de la conserver?

Heureux celui sur lequel la tradition laisse des faits qui le peignent avec avantage. A les supposer faux, la fiction a eu besoin pour leur donner la vogue d'une opinion avantageuse pour celui qui en est l'objet. Ce sont des traits qui appartiennent au portrait qu'on en veut faire; ils achèvent la ressemblance. C'est ainsi que la jolie fable du Nain de mademoiselle Lenclos, est une preuve qu'elle conserva ses charmes bien au-delà du tems ordinaire.

D'après cette réflexion, on peut, je crois, sans manquer aux égards qu'on doit aux opinions de M. de Voltaire, raconter un fait qu'il n'a peut-être rejeté que par l'éloignement qu'il a quelquefois pour les choses un peu singulières. Le voici.

Molière avoit dans le village d'Auteuil une maison où il donnoit des soupers à la meilleure compagnie de la cour et de la ville; mais comme sa santé languissante exigeoit presque toujours qu'il fût au lait pour toute nourriture, c'étoit son ami Chapelle qui faisoit les honneurs de sa maison. Un jour que ce dernier y étoit allé avec MM. de Nantouillet, Jonsac, Despréaux (1), Baron, et quelques autres; Molière, qui avoit assisté au commencement du souper, se retira, et laissa ses amis se livrer au plaisir de causer et de boire aussi long-tems qu'ils le voudroient.

Le feu de la conversation, et surtout les fumées du vin, échauffèrent par degrés les esprits, et la conversation étant tombée sur les misères humaines, nos gens exhalèrent bientôt les tristes rêves d'une philosophie sombre et noire. Nous sommes tous des lâches, dit Chapelle, que ne cessons-nous de murmurer et de vivre? La rivière est à cent pas, allons nous y précipiter.

L'enthousiasme du poëte ivre passa rapidement dans toutes les têtes. Déjà on se lève en applaudissant, on se prépare, en s'embrassant pour la dernière fois, à terminer des jours qui paroissent d'un poids et d'un ennui insupportables. Le célèbre Baron, heureusement avoit conservé plus de sang-froid; il court au lit de

---

(1) Chapelle avoit rendu Boileau presqu'aussi buveur que lui; on sait qu'il l'enivra une fois, en écoutant ses conseils sur la sobriété, mais peu de gens connoissent le quatrain qu'il fit un jour sur le plaisir qu'il avoit à déranger quelquefois la raison du satirique. Le voici:

> O Dieux! que j'épargne de bile
> Et d'injures au genre humain,
> Lorsque versant ta lampe d'huile,
> Je te mets le verre à la main!

Molière, qui bientôt paroît au milieu de ses amis. Eh quoi! leur dit-il, j'apprends que vous avez conçu le projet le plus courageux et le plus sage, et je ne devrai qu'à Baron l'honneur de le partager? Est-ce donc pour moi que la vie a des douceurs? et suis-je fait pour la mépriser moins que vous? Il a raison s'écria Chapelle, il nous manquoit, qu'il vienne.... Un moment, reprit Molière, n'abandonnons point une résolution si belle aux fausses interprétations qu'on peut lui donner. On sauroit qu'à la suite d'un long souper nous aurons fait le sacrifice de notre vie, et la calomnie avide de tout dénigrer, répandra le bruit que l'ivresse nous a plus inspirés que la philosophie. Amis, sauvons notre sagesse, attendons le retour prochain du soleil; alors, aux yeux de tout le monde, nous donnerons cette leçon publique du juste mépris de la vie. Parbleu, dit Chapelle, sa réflexion est de bon sens, donnons au repos le reste de la nuit, notre sagesse n'en sera que plus pure et plus éclatante. Molière en fut cru; on dormit, et le réveil, comme il l'avoit prévu, fit trouver à ses convives assez de plaisir à vivre pour les exciter à rire de leur ridicule saillie de la nuit.

Despréaux, qu'on se peint souvent plus triste qu'il n'étoit, s'amusoit quelquefois à contrefaire très-heureusement les gens qu'il voyoit. Un jour qu'il avoit diverti le roi en contrefaisant devant lui tous les comédiens, Louis XIV voulut qu'il contrefît aussi Molière qui étoit présent, et lui demanda ensuite s'il s'étoit reconnu. Nous ne pouvons, répondit Molière, juger de notre ressemblance ; mais la mienne est parfaite, s'il m'a aussi bien imité qu'il a imité les autres.

Molière s'étant un jour présenté en sa qualité de valet-de-chambre pour faire le lit du roi, un autre valet-de-chambre qui devoit le faire avec lui se retira brusquement, en disant qu'il n'avoit point de service à partager avec un comédien. Bellocq, autre valet-de-chambre, homme d'esprit, et qui faisoit de jolis vers, s'approcha dans le moment, et dit : *M. de Molière, voulez-vous bien que j'aie l'honneur de faire le lit du roi avec vous ?* Cette aventure, fort ridicule pour le premier camarade de Molière, vint aux oreilles de Sa Majesté, qui fut très-fâché qu'on eût marqué du mépris à un homme d'un génie aussi rare.

Molière eut encore plus d'une fois à souffrir du même préjugé avec sa famille. En vain engagea-t-il sa troupe à donner à son théâtre les entrées libres aux Poquelins qui s'y présenteroient. Il n'y en eut que très-peu qui en profitèrent. On a vu dans le premier article de ce supplément, qu'un particulier de cette famille l'avoit encore supprimé dans l'arbre généalogique qu'il en a dressé de nos jours ; mais on doit à ses autres parens la justice d'assurer qu'ils désavoueroient cette omission, si elle devenoit publique.

Ennemi de toutes les espèces de grimaces, Molière passa dans la société pour un homme solide et sûr. La droiture de son cœur et la franchise de son caractère lui firent des amis de tout ce qu'il y avoit en France de plus aimable et de plus distingué. Sa maison fut le rendez-vous de toutes les espèces de mérite, et sa haute réputation ne fit apercevoir aucune différence entre le grand Seigneur et lui.

Monsieur le Prince aimoit son entretien, il l'avoit prié de lui donner les momens qu'il pourroit avoir libres; il trouvoit, disoit-il, toujours à profiter avec lui; son jugement sain, sa raison étonnante et son goût supérieur, le lui faisoient préférer à tous les hommes célèbres de son tems; et nous ne devons pas oublier ce que ce héros dit au bel esprit qui lui apporta une épitaphe de ce poëte comique : *Plût au ciel que ce fût lui qui m'apportât la tienne!*

Molière, toujours entouré de gens aimables et livrés à l'amour des plaisirs, ne pouvoit pas toujours garder le régime qu'exigeoit sa poitrine, témoins ces vers de son ami Chapelle, dans son épître à M. de Jonsac.

> Molière que bien connoissez,
> Et qui vous a si bien farcés,
> Messieurs les coquets et coquettes,
> Les suivoit et buvoit assez
> Pour vers le soir être en goguettes.

Avec une santé foible, avec un travail sans relâche, avec des soucis domestiques et des embarras de toute espèce (1), Molière, dont la

(1) Voyez la lettre que lui écrit Chapelle sur les difficultés qu'il éprouvoit à distribuer ses rôles à ses trois principales actrices. Il le compare à Jupiter embarrassé de concilier les trois Déesses pendant le siège de Troie.

mémoire s'étendra dans tous les siècles, ne vécut que 51 ans. La France le perdit, le pleura, et doit le pleurer encore, en se voyant si loin de réparer sa perte. La nature a peut-être préparé moins de honte aux autres nations, puisqu'elle ne leur a pas offert d'aussi grands modèles à suivre.

Je cherche dans Paris les statues de Corneille et de Molière, où sont-elles ? Où sont leurs mausolées ? s'écrie M. de Saintfoix dans ses Essais historiques sur Paris, tome 3.

Mademoiselle Molière, qui s'étoit comportée en femme estimable à la mort de son mari, et qui crioit à l'ingratitude des hommes en voyant qu'on lui refusoit une sépulture, oublia bientôt sa douleur, et se remaria avec *Guerin Detriché*, son camarade obscur. C'est à l'occasion de ce mariage qu'on fit ce quatrain.

<blockquote>
Les graces et les ris règnent sur son visage,
Elle a l'air tout charmant et l'esprit tout de feu,
Elle avoit un mari d'esprit qu'elle aimoit peu,
Elle en prend un de chair qu'elle aime davantage.
</blockquote>

On ne sauroit lui pardonner le peu de soin qu'elle eut des fragmens de pièces que laissa Molière; elle les abandonna à la Grange, et l'on ignore ce qu'ils sont devenus.

Elle eût bientôt lieu de s'apercevoir qu'elle avoit perdu de la considération qu'attiroit Molière sur elle, puisque trois ans après sa mort, dans un mémoire imprimé d'une affaire horrible et criminelle qu'eut à soutenir Lully contre le sieur Guichard, Intendant Général des Bâtimens de Son Altesse Monseigneur, en 1676, et dans laquelle on l'avoit entendue comme témoin, on la respecta assez peu pour renouveler les anciens soupçons de sa naissance, en l'appelant *orpheline de son mari, et veuve de son père.* Page 109.

Elle n'avoit eu de Molière qu'une fille, dont elle négligea trop l'éducation ; la jeune personne se laissa enlever par M. *Rachel de Montalant*, qui l'épousa, et qui a passé sa vie avec elle à Argenteuil ; il n'y eut aucun enfant de ce mariage, et Molière n'a laissé que des collatéraux, dont un de ceux qui se trouvent cités à la note de la page 56 de ce Supplément, est mort dans le cours de l'impression, en 1772.

On n'imagineroit pas que Molière dût jamais se trouver cité parmi les imitateurs de l'Anthologie, cependant M. M... C... dans la traduction qu'il vient de nous donner de quelques Poëtes Grecs, p. 176, après une prétendue épigramme, qui dit : *Si vous voulez m'offrir quelques présens agréables, que ce soit pendant que je respire encore ; en versant du vin sur ma cendre, loin de l'enivrer, vous n'en feriez qu'un peu de boue ; et de plus, les morts sont insensibles à tous ces honneurs,* croit que ce sont ces idées d'un ancien qui ont inspiré à Molière les quatre vers suivans, tirés de la scène première du quatrième acte du *Bourgeois Gentilhomme* :

Quand on a passé l'onde noire,
Adieu le bon vin, nos amours,

Dépêchons-nous de boire,
On ne boit pas toujours.

Il y a bien de la sagacité à cette découverte, et c'est avec autant de justesse qu'on a souvent annoncé de prétendues imitations de Molière.

L'artiste qui a dessiné les figures de cette édition, a cru devoir imiter nos acteurs sur le costume de Molière, qui n'existe plus que dans les rôles comiques, et dont les ajustemens sont rappelés dans le dialogue de la pièce. C'est ainsi qu'on peut voir *Harpagon* entouré de ses aiguillettes ; le marquis de *Mascarille*, avec ses canons, ses rubans, ses plumes, et l'énorme perruque d'un siècle où cet ajustement n'a fait toujours qu'augmenter de volume, etc. Nous dirons ici en passant que les comédiens ne se piquent pas d'être fort exacts sur ce point, puisque les deux amans *des Précieuses* paroissent habillés selon les usages du dix-huitième siècle, quoique Cathos remarque dans la scène cinquième *que leurs rabats* (1) *ne sont pas de la bonne faiseuse*. C'est d'après cette liberté d'usage aujourd'hui, que M. Moreau a donné à *ses Précieuses* des ajustemens modernes, quoique le marquis *de Mascarille* soit vêtu à la mode de 1660. Cependant, si l'on veut jeter les yeux sur l'estampe qui est à la tête de l'*Impromptu de Versailles*, on y verra le costume du tems, soit par rapport

(1) Rabat. Ce mot vient de celui de rabattre, parce qu'autrefois le rabat n'étoit autre chose qu'un collet de chemise rabattu sur les épaules.

aux hommes, soit par rapport aux femmes. Cette pièce, qui ne se joue plus, n'a essuyé sur nos théâtres aucune altération pour le costume, et M. Moreau l'a choisie, sans doute, par cette raison, pour l'observer fidèlement.

De toutes les épitaphes qu'on a faites pour Molière, M. de Voltaire n'a conservé que celle du P. Bouhours. Nous osons croire cependant que plus d'un lecteur lui associera avec plaisir celle de La Fontaine, et nous saura gré d'y joindre celle de Chapelle, qui est peu connue, ainsi que les deux meilleures épitaphes latines qui aient paru dans le tems.

ÉPITAPHE DE MOLIÈRE,

PAR LA FONTAINE.

Sous ce tombeau gissent Plaute et Térence,
Et cependant le seul Molière y gît ;
Il les faisoit revivre en son esprit,
Par leur bel art réjouissant la France ;
Ils sont partis, et j'ai peu d'espérance
De les revoir ; malgré tous nos efforts,
Pour un long-tems, selon toute apparence,
Térence et Plaute, et Molière sont morts.

AUTRE PAR CHAPELLE.

Puisqu'à Paris on dénie
La terre après le trépas,
A ceux qui durant leur vie
Ont joué la comédie,
Pourquoi ne jette-t-on pas
Les bigots à la voirie ?
Ils sont dans le même cas.

AUTRE PAR M. HUET, ÉVÊQUE D'AVRANCHES.

Plaudebat, Moleri, tibi plenis aula theatris,
 Nunc eadem mœrens post tua fata gemit.
Si risum nobis movisses parciùs olim,
 Parciùs heu ! lacrymis tingeret ora dolor.

EPITAPHIUM PRO MOLLERO COMOEDO.

Hic facunde jaces facetiarum,
Molleri, arbiter et pater jocorum,
Salsi dramatis artifex et actor,
Ausus qui proceres secare et urbem,
Plaudentes simul et simul frementes :
Noras utilibus docere nugis,
Et ridens vitium vafer notabas,
Ipso sic melior Catone censor.

Notre projet étoit de transcrire ici ce que l'auteur des Mémoires littéraires imprimés à Londres, en 1771, vient de nous donner sur Molière; mais comme nous différons sur quelques points, nous nous contenterons de renvoyer le lecteur à l'ouvrage même. En général, nous n'avons rien sur le père de la scène française, ni de plus judicieux, ni de plus utile.

AVERTISSEMENT

DE L'ÉDITEUR

SUR L'ÉTOURDI,

OU LES CONTRE-TEMS.

Cette première comédie, représentée à Lyon, en 1653, et ensuite à Béziers aux Etats de Languedoc, ne fut jouée à Paris, sur le théâtre du Petit-Bourbon accordé depuis peu à la troupe de Molière, que le 3 décembre 1658.

Le goût des théâtres italiens et espagnols, que nos auteurs copioient servilement, nous offroit tous les jours des pièces d'une intrigue compliquée, des actions romanesques d'une importance grave et triste, ou des folies peu dignes d'amuser une nation spirituelle, aimable et polie.

La coutume, humiliante pour l'humanité, dit M. de Voltaire, que les hommes puissans avoient pour lors de tenir des fous auprès d'eux, avoit infecté le théâtre. On n'y voyoit que de vils bouffons, et on ne représentoit que le ridicule de ces misérables, au lieu de jouer celui de leurs maîtres.

Le succès du *Menteur* et celui de quelques scènes heureuses de Rotrou n'avoient point empêché la farce grossière de tenir insolemment sa place sur nos théâtres, et les turlupinades s'y montroient tous les jours, lorsque l'*Etourdi* fut représenté.

Le public, étonné une seconde fois, aperçut dans cet ouvrage les qualités les plus essentielles à l'art de la comédie, et sans lesquelles elle languit et se dénature, c'est-à-dire, le mouvement et la gaîté : non pas cette extravagance, ni cette déraison *des Jodelets* et des *Dom Japhets*; mais cet enjouement libre, ingénieux et plaisant dont Plaute avoit donné les premières leçons à Molière.

Le tems où ce génie supérieur devoit, au rire de Plaute, unir les grâces et le beau naturel de Térence, pour les surpasser tous deux, demandoit, pour paroître, une étude encore plus approfondie du caractère et des mœurs de la nation.

Jusque là, les Italiens avoient offert à Molière une infinité d'esquisses, dont il avoit conçu qu'on pouvoit étendre et prononcer l'effet avec plus de force et plus d'art que n'en employoient des acteurs étrangers, bornés à de simples canevas par la décadence du bon goût en Italie.

Ils avoient aussi, dans ce qu'ils ont droit d'appeler leur bon théâtre, relativement à leurs représentations mimiques, composées de scènes à l'impromptu; ils avoient, dis-je, beaucoup de pièces écrites et imprimées, et c'est quelquefois dans ces dernières que puisa notre auteur. *L'Inavvertito*, pièce (en prose) de *Nicolas Barbieri*, dit *Beltrame* (1), imprimée en 1629, lui fournit un caractère agréable et vif qu'il fit paroître sous le titre de l'*Etourdi*.

En suivant ainsi les traces des auteurs de la scène italienne, il étoit difficile qu'il se garantît d'abord de tous leurs défauts; aussi trouve-t-on dans l'*Etourdi* quelques événemens décousus, des scènes vagues et vides, des reconnoissances brusquées, et un dénouement pénible.

Il est vrai que ces défauts ne pouvoient être aperçus au milieu de l'autre siècle que par un bien petit nombre de spectateurs; et que les seuls progrès de Molière dans l'art du théâtre qu'il créa, pour ainsi dire, nous les ont rendus sensibles.

Il présentoit dans l'*Etourdi* une imitation vive et fidèle de la nature, il développoit avec autant d'esprit que de feu un caractère actif. Ce qu'on admira surtout, ce fut le mouvement rapide d'une action soutenue avec chaleur; ce fut cette facilité de dialogue particulière à notre auteur, et plus encore cette gaîté franche et naïve, cette

---

(1) *L'Inavvertito, ovvero, Scappino disturbato et Mezzetino travagliato, commedia (in prosa) di Nicolo Barbieri detto Beltrame, in Torino* 1629. Ce comédien auteur, dans un ouvrage intitulé *Suplica*, qui est un traité sur la comédie, nous apprend que Louis XIII l'honora de sa protection et le combla de bienfaits.

AVERTISSEMENT

surface riante qui nous cachent encore aujourd'hui les taches de ce premier tableau de Molière.

Le Dictionnaire des théâtres, et M. de Voltaire lui-même, ce qui est bien plus imposant, soutiennent que cette comédie devroit porter le seul titre des *Contre-tems*; mais qu'il soit permis d'observer que l'étourderie de Lélie est presque toujours le mobile du renversement des machines que son valet met en jeu pour le servir, et comme dit Régnier :

> Quand on se brûle au feu que soi-même on attise,
> Ce n'est point accident ; mais c'est une sottise.

A l'égard du style de l'ouvrage, quoique léger et facile en comparaison de la manière d'écrire le dialogue comique de ce tems-là, il est peu correct. Cependant la plupart des fautes qu'on observera sont si aisées à corriger, qu'on ne sauroit douter que Molière ne les eût fait disparoître, s'il eût eu le tems de revenir sur ses premières productions.

L'*Inavvertito*, d'après lequel Molière a dessiné son *Étourdi*, a été examiné avec soin ; et c'est ici le lieu d'apprendre au public combien les lettres ont d'obligation à M. *de Floncel*, dont la plus abondante collection de livres italiens que nous connoissions, étoit toujours ouverte à ceux qui pouvoient en avoir besoin.

La chaîne des événemens n'est pas la même dans les deux pièces, et les différences de style y sont infinies. Molière est aussi étonnant dans les choses qu'il imite que dans celles qu'il crée. C'est toujours l'ouvrage du génie. Beltrame est plein de *concetti*, et n'est pas même exempt des indécences devenues trop familières de son tems (1).

L'amour de la vérité ne permet pas de dissimuler que le dénouement de l'*Inavvertito* est plus simple et plus théâtral que celui de l'*Etourdi*. On peut regretter avec raison que Molière ait négligé de faire usage du dernier trait de caractère qui termine la pièce de *Beltrame*; ceux de nos lecteurs qui ne connoissent pas la langue italienne, seront peut-être bien aises de trouver ici une idée de ce dénouement.

Fulvio, irrité contre lui-même de toutes ses étourderies, veut renoncer à tout et partir au moment que ses affaires se sont heureusement arrangées. C'est en vain qu'on cherche à le retenir et à l'instruire de ce qui est arrivé, *il n'a plus de sottise à faire que celle de ne nous pas écouter*, dit Scapin, qui joue dans la pièce le rôle du Mascarille de Molière, *il faut bien qu'il les épuise toutes...... sa fuite peut encore nous jeter dans de nouveaux embarras, et le bourreau n'a garde de nous en épargner...... O fortune! donne-moi de la patience, et conserve ma tête au défaut de celle de mon maître.* Un ami de Scapin ramène cependant Fulvio, qui tremble de se nuire encore : *eh morbleu!* lui dit Scapin, *soyez tranquille, et prenez garde à vous.*

(1) *Il Rufianismo è come il furto, in un Grande è aggradimento di stato.... et in un Disgraziato è latrocinio*, etc.

FULVIO.

Mon cher Scapin, tu veux que je reste, songe à quoi tu me hasardes.

SCAPIN.

C'étoit avant tout ceci qu'il falloit vous craindre, je vous en dispense actuellement.

FULVIO.

C'est-à-dire que tout est désespéré.... ah malheureux que je suis! je l'ai bien mérité.

Pantalon, père de Fulvio, survient avec les autres acteurs; il voit son fils agité et tremblant: *Mon fils*, lui dit-il, *qu'avez-vous donc? et que signifie ce trouble où je vous vois?*

FULVIO à Scapin.

Scapin, mon cher Scapin.

SCAPIN.

Ce n'est pas moi qui vous parle; c'est sur Monsieur votre père, qu'il faut jeter les yeux.

PANTALON.

Approchez, Fulvio; est-il vrai que vous soyez amoureux de cette jeune personne?

FULVIO troublé.

Moi, Monsieur?..... non..... oh non!

PANTALON.

Comment non?

FULVIO.

Non, vous dis-je, non assurément.

PANTALON.

A quel propos nier ce que tout le monde assure?

SCAPIN.
Pour montrer son bel esprit. Ça, voyons, pourquoi dites-vous non à Monsieur votre père ?

FULVIO.
Tu m'as dis de prendre garde à moi.

SCAPIN.
Eh bien, qu'en concluez-vous ?

FULVIO.
Je ne sais.

SCAPIN.
Quelle cervelle ! eh, Monsieur, répondez naïvement à ce qu'on vous demande.

PANTALON.
Parle, mon fils, veux-tu cette jeune personne pour ta femme ?

FULVIO.
Scapin......

SCAPIN.
Et dites qu'oui.

FULVIO.
Si je fais encore quelque balourdise ?

SCAPIN.
Et dites qu'oui, encore un coup.

FULVIO.
Eh bien, mon père, oui.

PANTALON.
Prends-lui la main.

SCAPIN.
Ne le faites pas, croyez-moi.....

FULVIO *se retirant.*

Oh ciel! j'aurai fait quelque étourderie.

PANTALON.

Et comment ?

FULVIO.

Scapin, tu me dis de ne point le faire.

SCAPIN.

Oui, de si mauvaise grace; vous ne me laissez pas achever.

FULVIO.

Eh bien, mon père, prononcez; je tiens sa main.

PANTALON.

Elle est ta femme.

FULVIO.

O ma chère Cinthia! me voilà votre époux, à la fin je triomphe.

SCAPIN.

Je vous conseille de vous en féliciter beaucoup. Eh, morbleu, si les morceaux ne vous tomboient dans la bouche, vous mourriez de faim.

Cette scène naïve étoit digne assurément du pinceau de Molière, et auroit animé le dénouement trop romanesque et trop brusque de sa première comédie. Ce que l'on doit dire encore à l'avantage de l'*Inavvertito* de Beltrame, c'est qu'il est bien supérieur à l'*Etourdi* que nous donnent aujourd'hui nos comédiens italiens, qui ne font de ce personnage qu'un ricaneur imbécille et peu soutenable.

L'ÉTOURDI,

OU

LES CONTRE-TEMS,

COMÉDIE EN CINQ ACTES.

ACTEURS.

PANDOLFE, père de Lélie.
ANSELME, père d'Hippolyte.
TRUFALDIN, vieillard.
CÉLIE, esclave de Trufaldin.
HIPPOLYTE, fille d'Anselme.
LÉLIE, fils de Pandolfe.
LÉANDRE, fils de famille.
ANDRÈS, cru Egyptien.
MASCARILLE, valet de Lélie.
ERGASTE, ami de Mascarille.
UN COURIER.
DEUX TROUPES DE MASQUES.

La scène est à Messine, dans une place publique.

L'ÉTOURDI,
ou
LES CONTRE-TEMS.

ACTE PREMIER,

SCÈNE I.
LÉLIE.

Hé bien ! Léandre, hé bien ! il faudra contester,
Nous verrons de nous deux qui pourra l'emporter ;
Qui, dans nos soins communs pour ce jeune miracle,
Aux vœux de son rival portera plus d'obstacle ;
Préparez vos efforts et vous défendez bien,
Sûr que de mon côté je n'épargnerai rien.

SCÈNE II.
LÉLIE, MASCARILLE.
LÉLIE.

Ah ! Mascarille !

MASCARILLE.

Quoi ?

LÉLIE.

Voici bien des affaires ;
J'ai dans ma passion toutes choses contraires :
Léandre aime Célie, et, par un trait fatal,
Malgré mon changement, est encor mon rival.

MASCARILLE.

Léandre aime Célie !

LÉLIE.

Il l'adore, te dis-je.

L'ÉTOURDI,

MASCARILLE.

Tant pis.

LÉLIE.

Hé! oui, tant pis ; c'est là ce qui m'afflige.
Toutefois j'aurais tort de me désespérer ;
Puisque j'ai ton secours, je dois me rassurer.
Je sais que ton esprit en intrigues fertile,
N'a jamais rien trouvé qui lui fût difficile ;
Qu'on te peut appeler le roi des serviteurs,
Et qu'en toute la terre...

MASCARILLE.

Hé! trêve de douceurs,
Quand nous faisons besoin, nous autres misérables,
Nous sommes les chéris et les incomparables ;
Et dans un autre temps, dès le moindre courroux,
Nous sommes des coquins qu'il faut rouer de coups.

LÉLIE.

Ma foi, tu me fais tort avec cette invective ;
Mais enfin, discourons de l'aimable captive ;
Dis * si les plus cruels et plus durs sentimens
Ont rien d'impénétrable à des traits si charmans :
Pour moi, dans ses discours comme dans son visage,
Je vois pour sa naissance un noble témoignage ;
Et je crois que le ciel dedans ** un rang si bas,
Cache son origine et ne l'en tire pas.

* *Dis si les plus cruels et plus durs sentimens,*
Ont rien d'impénétrable à des traits si charmans.

Pour dire est-il un cœur assez dur pour ne pas l'aimer. Le sens de ces deux vers mal écrits se présente difficilement.

** . . . . . *Dedans un rang si bas.*

M. de Voltaire, dans son édition de Corneille, dit qu'on ne peut employer le mot *dedans* que dans un sens absolu, et que ce fut toujours un solécisme de lui donner un régime. Le Dictionnaire de l'Académie Française dit qu'il est quelquefois préposition, comme dans cet exemple : *il passa par dedans la ville;* mais qu'on ne l'emploie guères de la sorte, que dans cette phrase.

ACTE I. SCÈNE II.

MASCARILLE.

Vous êtes romanesque avecque vos chimères,
Mais que fera Pandolfe en toutes ces affaires ?
C'est monsieur votre père, au moins à ce qu'il dit ;
Vous savez que sa bile assez souvent s'aigrit,
Qu'il peste contre vous d'une belle manière,
Quand vos déportemens lui blessent la visière ;
Il est avec Anselme en parole pour vous,
Que * de son Hippolyte on vous fera l'époux ;
S'imaginant que c'est dans le seul mariage,
Qu'il pourra rencontrer de quoi vous faire sage ;
Et s'il vient à savoir que, rebutant son choix,
D'un objet inconnu vous recevez les loix,
Que de ce fol amour la fatale puissance
Vous soustrait au devoir de votre obéissance,
Dieu sait quelle tempête alors éclatera,
Et de quels beaux sermons on vous régalera.

LÉLIE.

Ah, trêve, je vous prie, à votre réthorique !

MASCARILLE.

Mais vous, trêve plutôt à votre politique,
Elle n'est pas fort bonne, et vous devriez ** tâcher,...

---

* *Il est avec Anselme en parole pour vous*
Que de son Hippolyte on vous fera l'époux.

On ne dit point *être en parole que*, etc.

** *Elle n'est pas fort bonne, et vous devriez tâcher.*

La prononciation du mot *devriez* en deux syllabes devoit être bien difficile, ainsi que celle de *meurtrier, sanglier, ouvrier, tablier*, et tous ces mots ont aujourd'hui trois syllabes. Il paroît que les poëtes leur donnoient du tems de Molière l'étendue dont ils avoient besoin. Corneille dans le *Cid* avoit été le premier à donner trois syllabes au mot *meurtrier*, et les remarques de l'académie sur cette tragédie lui en firent un reproche. Il falloit que l'oreille fût alors peu délicate. V. le *Geôlier de soi-même* par Th. Corneille en 1655, act. 2, scène 5. *Un cruel sanglier eût terminé vos jours.* Quelques vers après, Jodelet répond : *ai-je autrefois aimé la chasse du sanglier ?* Voilà le

LÉLIE.

Sais-tu qu'on n'acquiert rien de bon à me fâcher,
Que chez moi les avis ont de tristes salaires,
Qu'un valet conseiller y fait mal ses affaires ?

MASCARILLE.

(à part.)   (haut.)

Il se met en courroux. Tout ce que j'en ai dit
N'étoit rien que pour rire et vous sonder l'esprit.
D'un censeur de plaisirs ai-je fort l'encolure,
Et Mascarille est-il ennemi de nature ?
Vous savez le contraire, et qu'il est très-certain
Qu'on ne peut me taxer que d'être trop humain.
Moquez-vous des sermons d'un vieux barbon de père :
Poussez votre bidet, vous dis-je, et laissez faire.
Ma foi, j'en suis d'avis, que ces penards chagrins
Nous viennent étourdir de leurs contes badins,
Et vertueux par force, espèrent par envie
Oter aux jeunes gens les plaisirs de la vie.
Vous savez mon talent, je m'offre à vous servir.

LÉLIE.

Ah ! c'est par ces discours que tu peux me ravir.
Au reste, mon amour, quand je l'ai fait paroître,
N'a point été mal vu des yeux qui l'ont fait naître ;
Mais Léandre, à l'instant, vient de me déclarer

même mot employé dans la même scène pour deux et pour trois syllabes. Molière lui-même avoit dit plus haut, *comme vous voudriez manier ses ducats*, et Scarron, *mais me voudriez-vous bien croire*, Epître à madame de Hautefort.

Ce n'est pas sans étonnement que nous venons de retrouver le mot de *sanglier* de deux syllabes dans l'excellente traduction des Géorgiques de Virgile par M. l'abbé Delille, liv. 3, pag. 103 de la petite édition, *livrer au fier sanglier un assaut courageux*. En supprimant l'épithète de *fier*, ce traducteur si estimable eût évité une prononciation dure et qui n'est plus d'usage.

N. B. Dans l'édition de 1682 faite par la Grange et Vinot, deux amis de Molière, on remarque quatre vers qui se supprimoient dans cette scène, disent les éditeurs, du vivant de l'auteur même. Ils commencent par ces mots : *Ma foi je suis d'avis que ces Penards chagrins*, etc.

ACTE I. SCÈNE II.

Qu'à me ravir Célie, il se va préparer :
C'est pourquoi dépêchons, et cherche dans ta tête
Les moyens les plus prompts d'en faire ma conquête.
Trouve ruses, détours, fourbes, inventions,
Pour frustrer mon rival de ses prétentions.

MASCARILLE.

Laissez-moi quelque tems rêver à cette affaire.
(*à part.*)
Que pourrois-je inventer pour ce coup nécessaire ?

LÉLIE.

Hé bien, le stratagême ?

MASCARILLE.

Ah, comme vous courez !
Ma cervelle toujours marche à pas mesurés.
J'ai trouvé votre fait : il faut... Non, je m'abuse ;
Mais si vous alliez.

LÉLIE.

Où ?

MASCARILLE.

C'est une foible ruse.
J'en songeois une *....

LÉLIE.

Et quelle ?

MASCARILLE.

Elle n'iroit pas bien.
Mais ne pourriez-vous pas ?....

LÉLIE.

Quoi ?

MASCARILLE.

Vous ne pourriez rien.
Parlez avec Anselme. **

---

* *J'en songeois une.*

On ne dit point je songeois une ruse ; on dit songer à quelque chose.

** *Parlez avec Anselme.*

Molière eût dit en prose, parlez à Anselme, mais la rencontre des deux *a* étoit impraticable en vers.

LÉLIE.

Et que lui puis-je dire ?

MASCARILLE.

Il est vrai, c'est tomber d'un mal dedans un pire,
Il faut pourtant l'avoir. Allez chez Trufaldin.

LÉLIE.

Que faire ?

MASCARILLE.

Je ne sais.

LÉLIE.

C'en est trop à la fin,
Et tu me mets à bout par tes contes frivoles.

MASCARILLE.

Monsieur, si vous aviez en main force pistoles,
Nous n'aurions pas besoin maintenant de rêver
A chercher les biais que nous devons trouver,
Et pourrions, par un prompt achat de cette esclave,
Empêcher qu'un rival vous prévienne et vous brave. *
De ces Egyptiens qui la mirent ici,
Trufaldin qui la garde, est en quelque souci,
Et trouvant son argent qu'ils lui font trop attendre,
Je sais bien qu'il seroit très-ravi de la vendre :
Car enfin en vrai ladre il a toujours vécu,
Il se feroit fesser pour moins d'un quart d'écu.
Et l'argent est le dieu que surtout il révère ;
Mais le mal, c'est...

LÉLIE.

Quoi ? C'est...

MASCARILLE.

Que monsieur votre père
Est un autre vilain, qui ne vous laisse pas,
Comme vous voudriez, manier ses ducats ;

---

* *Empêcher qu'un rival vous prévienne et vous brave.*

Il faut *ne vous prévienne et ne vous brave.* C'est sur une pareille faute de Racine dans *Bérénice*, scène 5, acte 5 : *Craignez-vous que mes yeux versent trop peu de larmes*, que l'Abbé Desfontaines a dit que ces traces de la liberté poétique lui faisoient plaisir.

ACTE I. SCÈNE III.

Qu'il n'est point de ressort qui, pour votre ressource,
Pût faire maintenant ouvrir la moindre bourse :
Mais tâchons de parler à Célie un moment,
Pour savoir là-dessus quel est son sentiment ;
Sa fenêtre est ici.

LÉLIE.
Mais, Trufaldin, pour elle,
Fait de jour et de nuit exacte sentinelle.
Prends garde.

MASCARILLE.
Dans ce coin demeurez en repos.
O bonheur ! La voilà qui sort tout à propos.

SCÈNE III.
CÉLIE, LÉLIE, MASCARILLE.

LÉLIE.
Ah, que le ciel m'oblige, en offrant à ma vue
Les célestes attraits dont vous êtes pourvue !
Et, quelque mal cuisant que m'aient causé vos yeux,
Que je prends de plaisir à les voir en ces lieux !

CÉLIE.
Mon cœur, qu'avec raison votre discours étonne,
N'entend pas que mes yeux fassent mal à personne ;
Et si, dans quelque chose ils vous ont outragé,
Je puis vous assurer que c'est sans mon congé. *

LÉLIE.
Ah, leurs coups sont trop beaux pour me faire une injure !
Je mets toute ma gloire à chérir leur blessure,
Et....

MASCARILLE.
Vous le prenez la d'un ton un peu trop haut ;
Ce style maintenant n'est pas ce qu'il nous faut.

* *Je puis vous assurer que c'est sans mon congé.*

Le mot *congé* n'est plus d'usage aujourd'hui pour signifier *permission*. Le Dictionnaire de l'Académie Françoise ne cite qu'une phrase proverbiale où ce mot est encore pris dans cette vieille acception : *pour boire de l'eau et coucher dehors, on n'en demande congé à personne.*

Profitons mieux du tems, et sachons vîte d'elle
Ce que....

    TRUFALDIN *dans sa maison.*
Célie !

    MASCARILLE *à Lélie.*
Hé bien ?

    LÉLIE.
      O rencontre cruelle !
Ce malheureux vieillard devoit-il nous troubler !

    MASCARILLE.
Allez, retirez-vous, je saurai lui parler.

SCÈNE IV.

TRUFALDIN, CÉLIE, LÉLIE, *retiré dans un coin,* MASCARILLE.

    TRUFALDIN *à Célie.*
QUE faites-vous dehors ? Et quel soin vous talonne,
Vous à qui je défends de parler à personne ?

    CÉLIE.
Autrefois j'ai connu cet honnête garçon,
Et vous n'avez pas lieu d'en prendre aucun soupçon.

    MASCARILLE.
Est-ce là le seigneur Trufaldin !

    CÉLIE.
      Oui, lui-même.

    MASCARILLE.
Monsieur, je suis tout vôtre *, et ma joie est extrême
De pouvoir saluer en toute humilité
Un homme dont le nom est partout si vanté.

    TRUFALDIN.
Très-humble serviteur.

  * *Monsieur, je suis tout vôtre.*
  On diroit aujourd'hui je vous suis tout dévoué, je suis tout à vous.

ACTE I. SCÈNE IV.

MASCARILLE.

                J'incommode peut-être ;
Mais je l'ai vue ailleurs, où m'ayant fait connoître
Les grands talens qu'elle a pour savoir l'avenir,
Je voulois sur ce point un peu l'entretenir.

TRUFALDIN.

Quoi, te mêlerois-tu d'un peu de diablerie ?

CÉLIE.

Non, tout ce que je sais n'est que blanche magie.

MASCARILLE.

Voici donc ce que c'est. Le maître que je sers,
Languit pour un objet qui le tient dans ses fers.
Il auroit bien voulu, du feu qui le dévore,
Pouvoir entretenir la beauté qu'il adore.
Mais un dragon veillant sur ce rare trésor,
N'a pu, quoi qu'il ait fait, le lui permettre encor ;
Et, ce qui plus le gêne et le rend misérable,
Il vient de découvrir un rival redoutable ;
Si bien que, pour savoir si ses soins amoureux
Ont sujet d'espérer quelques succès heureux,
Je viens vous consulter, sûr que de votre bouche
Je puis apprendre au vrai le secret qui nous touche.

CÉLIE.

Sous quel astre ton maître a-t-il reçu le jour ?

MASCARILLE.

Sous un astre à jamais ne changer son amour.

CÉLIE.

Sans me nommer l'objet pour qui son cœur soupire,
La science que j'ai m'en peut assez instruire.
Cette fille a du cœur, et dans l'adversité
Elle sait conserver une noble fierté ;
Elle n'est pas d'humeur à trop faire connoître
Les secrets sentimens qu'en son cœur on fait naître :
Mais je le sais comme elle, et d'un esprit plus doux,
Je vais en peu de mots te les découvrir tous.

MASCARILLE.

O merveilleux pouvoir de la vertu magique !

CÉLIE.

Si ton maître en ce point de constance se pique,
Et que la vertu seule anime son dessein,
Qu'il n'appréhende plus de soupirer en vain ;
Il a lieu d'espérer, et le fort qu'il veut prendre
N'est pas sourd aux traités, et voudra bien se rendre.

MASCARILLE.

C'est beaucoup, mais ce fort dépend d'un gouverneur
Difficile à gagner.

CÉLIE.

C'est là tout le malheur.

MASCARILLE à part, regardant Lélie.

Au diable le fâcheux qui toujours nous éclaire.

CÉLIE.

Je vais vous enseigner ce que vous devez faire.

LÉLIE les joignant.

Cessez, ô Trufaldin, de vous inquiéter,
C'est par mon ordre seul qu'il vient vous visiter,
Et je vous l'envoyois, ce serviteur fidèle,
Vous offrir mon service, et vous parler pour elle,
Dont je vous veux dans peu payer la liberté ;
Pourvu qu'entre nous deux le prix soit arrêté.

MASCARILLE à part.

La peste soit la bête !

TRUFALDIN.

Ho, ho ! qui des deux croire !
Ce discours au premier est fort contradictoire.

MASCARILLE.

Monsieur, ce galant homme a le cerveau blessé ;
Ne le savez-vous pas ?

TRUFALDIN.

Je sais ce que sai.
J'ai crainte ici dessous de quelque manigance.

(à Célie.)

Rentrez, et ne prenez jamais cette licence.
Et vous filoux fieffés, ou je me trompe fort,
Mettez pour me jouer vos flûtes mieux d'accord.

SCÈNE V.
LÉLIE, MASCARILLE.
MASCARILLE.

C'est bien fait. Je voudrois qu'encor sans flatterie,
Il nous eût d'un bâton chargés de compagnie.
A quoi bon se montrer, et comme un étourdi,
Me venir démentir de tout ce que je di ?

LÉLIE.

Je pensois faire bien.

MASCARILLE.

Oui, c'étoit fort l'entendre.
Mais quoi ! cette action ne doit point me surprendre ;
Vous êtes si fertile en pareils contre-tems,
Que vos écarts d'esprit n'étonnent plus les gens.

LÉLIE.

Ah ! mon Dieu, pour un rien me voilà bien coupable !
Le mal est-il si grand, qu'il soit irréparable ?
Enfin, si tu ne mets Célie entre mes mains,
Songe au moins de Léandre à rompre les desseins ;
Qu'il ne puisse acheter avant moi cette belle.
De peur que ma présence encor soit criminelle, *
Je te laisse.

MASCARILLE *seul*.

Fort bien. A dire vrai, l'argent
Seroit dans notre affaire un sûr et fort agent :
Mais, ce ressort manquant, il faut user d'un autre.

SCÈNE VI.
ANSELME, MASCARILLE.
ANSELME.

Par mon chef, c'est un siècle étrange que le nôtre,
J'en suis confus. Jamais tant d'amour pour le bien,
Et jamais tant de peine à retirer le sien.
Les dettes aujourd'hui, quelque soin qu'on emploie,

---

* *De peur que ma présence encor soit criminelle,*
Il faudroit *ne soit encor.*

Sont comme les enfans que l'on conçoit en joie,
Et dont avecque peine on fait l'accouchement.
L'argent dans notre bourse entre agréablement :
Mais le terme venu que nous devons le rendre,
C'est lors, que les douleurs commencent à nous prendre.
Baste ; ce n'est pas peu que deux mille francs, dus
Depuis deux ans entiers, me soient enfin rendus ;
Encore est-ce un bonheur.

MASCARILLE *à part les quatre premiers vers.*

O Dieu ! la belle proie
A tirer en volant ! Chut, il faut que je voie
Si je pourrois un peu de près le caresser.
Je sais bien les discours dont il faut le bercer.
Je viens de voir, Anselme...

ANSELME.

Et qui ?

MASCARILLE.

Votre Nérine.

ANSELME.

Que dit-elle de moi, cette gente assassine ?

MASCARILLE.

Pour vous elle est de flamme...

ANSELME.

Elle ?

MASCARILLE.

Et vous aime tant,
Que c'est grande pitié.

ANSELME.

Que tu me rends content !

MASCARILLE.

Peu s'en faut que d'amour la pauvrette ne meure :
Anselme, mon mignon, crie-t-elle à toute heure, *
Quand est-ce que l'hymen unira nos deux cœurs,
Et que tu daigneras éteindre mes ardeurs ?

* *Anselme, mon mignon, crie-t-elle à toute heure.*

Le mot *crie* ne peut entrer dans un vers que suivi d'une voyelle.

ACTE I. SCÈNE VI.

ANSELME.

Mais pourquoi jusqu'ici me les avoir célées ?
Les filles, par ma foi, sont bien dissimulées !
Mascarille, en effet, qu'en dis-tu ? Quoique vieux,
J'ai de la mine encore assez pour plaire aux yeux.

MASCARILLE.

Oui, vraiment, ce visage est encor fort mettable;
S'il n'est pas des plus beaux, il est des agréable. *

ANSELME.

Si bien donc...

MASCARILLE *veut prendre la bourse.*

Si bien donc qu'elle est sotie de vous, **
Ne vous regarde plus...

ANSELME.

Quoi ?

MASCARILLE.

Que comme un époux;
Et vous veut...

ANSELME.

Et me veut...

MASCARILLE.

Et vous veut, quoiqu'il tienne,
Prendre la bourse...

ANSELME.

La ?

MASCARILLE *prend la bourse et la laisse tomber.*

La bouche avec la sienne.

* *Ce visage est encor fort mettable ;*
S'il n'est pas des plus beaux, il est désagréable

Pointe, quolibet, jeu de mots. Il faut tenir compte à Molière de ce que, dans un tems où tous les genres de la littérature en étoient infectés, il n'en a fait qu'un usage très-rare, et de ce qu'il a placé celui-ci dans la bouche d'un valet.

** *Elle est sotte de vous.*

Il faudroit aujourd'hui elle est *folle* de vous.

ANSELME.

Ah, je t'entends. Viens çà, lorsque tu la verras,
Vante-lui mon mérite autant que tu pourras.

MASCARILLE.

Laissez-moi faire.

ANSELME.

Adieu.

MASCARILLE.

Que le ciel vous conduise !

ANSELME *revenant*.

Ah, vraiment, je faisois une étrange sottise,
Et tu pouvois pour toi m'accuser de froideur.
Je t'engage à servir mon amoureuse ardeur,
Je reçois par ta bouche une bonne nouvelle,
Sans du moindre présent récompenser ton zèle :
Tiens, tu te souviendras...

MASCARILLE.

Ah, non pas, s'il vous plaît.

ANSELME.

Laisse-moi...

MASCARILLE.

Point du tout. J'agis sans intérêt.

ANSELME.

Je le sais, mais pourtant...

MASCARILLE.

Non, Anselme, vous dis-je,
Je suis homme d'honneur, cela me désoblige.

ANSELME.

Adieu donc, Mascarille.

MASCARILLE *à part*.

O longs discours !

ANSELME *revenant*.

Je veux
Régaler par tes mains cet objet de mes vœux,
Et je vais te donner de quoi faire pour elle
L'achat de quelque bague, ou telle bagatelle
Que tu trouveras bon.

ACTE I. SCÈNE VII.

MASCARILLE.

Non, laissez votre argent !
Sans vous mettre en souci, je ferai le présent ;
Et l'on m'a mis en main une bague à la mode,
Qu'après vous payerez *, si cela l'accommode.

ANSELME.

Soit ; donne-la pour moi, mais surtout fais si bien,
Qu'elle garde toujours l'ardeur de me voir sien **.

SCÈNE VII.

LÉLIE, ANSELME, MASCARILLE.

LÉLIE *ramassant la bourse.*

A qui la bourse ?

ANSELME.

Ah, Dieux, elle m'étoit tombée,
Et j'aurois après cru qu'on me l'eût dérobée !
Je vous suis bien tenu de ce soin obligeant,
Qui m'épargne un grand trouble, et me rend mon argent ;
Je vais m'en décharger au logis tout-à-l'heure.

SCÈNE VIII.

LÉLIE, MASCARILLE.

MASCARILLE.

C'est être officieux, et très-fort, ou je meure.

LÉLIE.

Ma foi, sans moi l'argent étoit perdu pour lui.

---

* *Qu'après vous payerez, si cela l'acccommode:*

Payerez en trois syllabes, licence du tems. Ce n'est pas ce qu'il falloit imiter de Molière, et c'est pourtant ce qu'a fait l'auteur de l'Ecole des amis, acte 5, scène 6: *Il m'aime, il payera bien cher sa perfidie.*

** *Qu'elle garde toujours l'ardeur de me voir sien:*

Mauvaise tournure, vers négligé. Osons le dire, ce n'est plus du français.

L'ÉTOURDI.

MASCARILLE.
Certes, vous faites rage, et payez aujourd'hui
D'un jugement très-rare et d'un bonheur extrême ;
Nous avancerons fort, continuez de même.

LÉLIE.
Qu'est-ce donc ? Qu'ai-je fait ?

MASCARILLE.
Le sot en bon françois,
Puisque je puis le dire, et qu'enfin je le dois.
Il sait bien l'impuissance où son père le laisse,
Qu'un rival, qu'il doit craindre, étrangement nous presse ;
Cependant, quand je tente un coup pour l'obliger,
Dont je cours moi tout seul la honte et le danger...

LÉLIE.
Quoi ? C'étoit...

MASCARILLE.
Oui, bourreau, c'étoit pour la captive,
Que j'attrapois l'argent dont votre soin nous prive.

LÉLIE.
S'il est ainsi, j'ai tort * ; mais qui l'eût deviné ?

MASCARILLE.
Il falloit, en effet, être bien raffiné.

LÉLIE.
Tu me devois par signe avertir de l'affaire.

MASCARILLE.
Oui, je devois au dos avoir mon luminaire.
Au nom de Jupiter, laissez-nous en repos,
Et ne nous chantez plus d'impertinens propos.

---

* Il y a dans cette scène une remarque à faire, plus essentielle que des observations grammaticales. C'est que Lélie en apprenant que *Mascarille* avoit destiné à son service la bourse d'*Anselme*, convienne qu'il a eu tort de la rendre : *S'il en est ainsi, j'ai tort*, dit-il. Molière, en cet endroit, blesse les mœurs du théâtre ; mais il faut remarquer que, dans les sujets de comédie qu'il a tirés de son propre fonds, on trouvera peu de semblables reproches à lui faire. Il a été trop imité sur ce défaut par Regnard, surtout dans *le Légataire*, dont l'intrigue et le personnage d'*Eraste* sont absolument contre les bonnes mœurs.

ACTE I. SCÈNE VIII.

Un autre après cela quitteroit tout peut-être ;
Mais j'avois médité tantôt un coup de maître,
Dont tout présentement je veux voir les effets ;
A la charge que si....

LÉLIE.

Non, je te le promets,
De ne me mêler plus de rien dire ou rien faire.

MASCARILLE.

Allez donc ; votre vue excite ma colère.

LÉLIE.

Mais surtout hâte-toi, de peur qu'en ce dessein....

MASCARILLE.

Allez, encore un coup, j'y vais mettre la main.
(*Lélie sort.*)
Menons bien ce projet ; la fourbe sera fine,
S'il faut qu'elle succède ainsi que j'imagine.
Allons voir.... Bon, voici mon homme justement.

SCÈNE IX.
PANDOLFE, MASCARILLE.
PANDOLFE.

Mascarille.

MASCARILLE.

Monsieur.

PANDOLFE.

A parler franchement,
Je suis mal satisfait de mon fils.

MASCARILLE.

De mon maître !
Vous n'êtes pas le seul qui se plaigne de l'être ;
Sa mauvaise conduite, insupportable en tout,
Met à chaque moment ma patience à bout.

PANDOLFE.

Je vous croyois pourtant assez d'intelligence
Ensemble.

MASCARILLE.

Moi ? monsieur, perdez cette croyance,
Toujours de son devoir je tâche à l'avertir,

L'ÉTOURDI.

Et l'on nous voit sans cesse avoir maille à partir ;
A l'heure même encor nous avons eu querelle
Sur l'hymen d'Hippolyte où je le vois rebelle,
Où, par l'indignité d'un refus criminel,
Je le vois offenser le respect paternel.

PANDOLFE.

Querelle ?

MASCARILLE.

Oui, querelle, et bien avant poussée.

PANDOLFE.

Je me trompois donc bien ; car j'avois la pensée
Qu'à tout ce qu'il faisoit tu donnois de l'appui.

MASCARILLE.

Moi ? Voyez ce que c'est que du monde aujourd'hui,
Et comme l'innocence est toujours opprimée.
Si mon intégrité vous étoit confirmée,
Je suis auprès de lui gagé pour serviteur,
Vous me voudriez * encor payer pour précepteur :
Oui, vous ne pourriez pas lui dire davantage
Que ce que je lui dis pour le faire être sage.
Monsieur, au nom de Dieu, lui fais-je assez souvent,
Cessez de vous laisser conduire au premier vent ;
Réglez-vous ; regardez l'honnête homme de père
Que vous avez du ciel ; comme on le considère ;
Cessez de lui vouloir donner la mort au cœur,
Et, comme lui, vivez en personne d'honneur.

PANDOLFE.

C'est parler comme il faut. Et que peut-il répondre ?

MASCARILLE.

Répondre ? Des chansons dont il me vient confondre,
Ce n'est pas qu'en effet, dans le fond de son cœur,
Il ne tienne de vous des semences d'honneur ;
Mais sa raison n'est pas maintenant sa maîtresse.

---

* *Vous me voudriez encor payer pour précepteur.*

Molière, qui, dans la scène seconde, a employé ce mot *voudriez* en trois syllabes, ne lui en donne ici que deux, parce qu'il y avoit encore peu de règles fixes de son tems.

ACTE I. SCÈNE IX.

Si je pouvois parler avecque hardiesse,
Vous le verriez dans peu soumis sans nul effort.

PANDOLFE.
Parle.

MASCARILLE.
C'est un secret qui m'importeroit fort
S'il étoit découvert : mais à votre prudence
Je puis le confier avec toute assurance.

PANDOLFE.
Tu dis bien.

MASCARILLE.
Sachez donc que vos vœux sont trahis
Par l'amour qu'une esclave inspire à votre fils.

PANDOLFE.
On m'en avoit parlé ; mais l'action me touche
De voir que je l'apprenne encore par ta bouche.

MASCARILLE.
Vous voyez si je suis le secret confident....

PANDOLFE.
Vraiment je suis ravi de cela.

MASCARILLE.
Cependant
A son devoir, sans bruit, désirez-vous le rendre ?
Il faut... J'ai toujours peur qu'on nous vienne surprendre ;
Ce seroit fait de moi, s'il savoit ce discours.
Il faut, dis-je, pour rompre à toutes choses cours,
Acheter sourdement l'esclave idolâtrée,
Et la faire passer en une autre contrée.
Anselme a grand accès auprès de Trufaldin,
Qu'il aille l'acheter pour vous dès ce matin ;
Après, si vous voulez en mes mains la remettre,
Je connois des marchands, et puis bien vous promettre
D'en retirer l'argent qu'elle pourra coûter,
Et, malgré votre fils, de la faire écarter ;
Car enfin, si l'on veut qu'à l'hymen il se range,
A cet amour naissant il faut donner le change ;
Et de plus, quand bien même il seroit résolu,
Qu'il auroit pris le joug que vous avez voulu,

Cet autre objet pouvant réveiller son caprice,
Au mariage encor peut porter préjudice.
PANDOLFE.
C'est très-bien raisonner ; ce conseil me plaît fort...
Je vois Anselme ; va, je m'en vais faire effort
Pour avoir promptement cette esclave funeste,
Et la mettre en tes mains pour achever le reste.
MASCARILLE seul.
Bon ; allons avertir mon maître de ceci
Vive la fourberie et les fourbes aussi.

SCÈNE X.
HIPPOLYTE, MASCARILLE.
HIPPOLYTE.
Oui, traître, c'est ainsi que tu me rends service ?
Je viens de tout entendre, et voir ton artifice ;
A moins que de cela, l'eussé-je soupçonné ?
Tu payes d'imposture, et tu m'en as donné.
Tu m'avois promis, lâche, et j'avois lieu d'attendre
Qu'on te verroit servir mes ardeurs pour Léandre,
Que du choix de Lélie, où l'on veut m'obliger,
Ton adresse et tes soins sauroient me dégager ;
Que tu m'affranchirois du projet de mon père ;
Et cependant ici tu fais tout le contraire ;
Mais tu t'abuseras ; je sais un sûr moyen
Pour rompre cet achat où * tu pousses si bien,
Et je vais de ce pas...
MASCARILLE.
Ah, que vous êtes prompte !
La mouche tout d'un coup à la tête vous monte **,

* *Pour rompre cet achat où tu pousses si bien.*

Où pour *auquel*. On étoit loin de ces distinctions du tems de Molière.

** *La mouche tout d'un coup à la tête vous monte.*

Imitation de la phrase italienne *salir le mosche al naso*. On dit proverbialement en français, *qu'un homme est tendre aux mouches, qu'il prend la mouche, que la mouche le pique*, pour exprimer qu'il est trop sensible, qu'il se pique, qu'il se fâche mal à propos.

ACTE I. SCÈNE X.

Et, sans considérer s'il a raison ou non,
Votre esprit, contre moi, fait le petit démon.
J'ai tort, et je devrois, sans finir mon ouvrage,
Vous faire dire vrai, puisqu'ainsi l'on m'outrage.

HIPPOLYTE.

Par quelle illusion penses-tu m'éblouir ?
Traître, peux-tu nier ce que je viens d'ouïr ?

MASCARILLE.

Non. Mais il faut savoir que tout cet artifice
Ne va directement qu'à vous rendre service ;
Que ce conseil adroit, qui semble être sans fard,
Jette dans le panneau l'un et l'autre vieillard ;
Que mon soin par leurs mains ne veut avoir Célie,
Qu'à dessein de la mettre au pouvoir de Lélie ;
Et faire que l'effet de cette invention
Dans le dernier excès portant sa passion,
Anselme, rebuté de son prétendu gendre,
Puisse tourner son choix du côté de Léandre.

HIPPOLYTE.

Quoi, tout ce grand projet, qui m'a mise en courroux,
Tu l'as formé pour moi, Mascarille ?

MASCARILLE.

       Oui, pour vous.
Mais puisqu'on reconnoît si mal mes bons offices,
Qu'il me faut de la sorte essuyer vos caprices ;
Et que, pour récompense, on s'en vient de hauteur
Me traiter de faquin, de lâche, d'imposteur,
Je m'en vais réparer l'erreur que j'ai commise,
Et, dès ce même pas, rompre mon entreprise.

HIPPOLYTE *l'arrêtant.*

Hé, ne me traite pas si rigoureusement,
Et pardonne aux transports d'un premier mouvement !

MASCARILLE.

Non, non, laissez-moi faire ; il est en ma puissance
De détourner le coup qui si fort vous offense.
Vous ne vous plaindrez point de mes soins désormais ;
Oui, vous aurez mon maître, et je vous le promets.

HIPPOLYTE.

Hé, mon pauvre garçon, que ta colère cesse.
J'ai mal jugé de toi, j'ai tort, je le confesse.
(tirant sa bourse.)
Mais je veux réparer ma faute par ceci.
Pourrois-tu te résoudre à me quitter ainsi ?

MASCARILLE.

Non, je ne le saurois, quelque effort que je fasse ;
Mais votre promptitude est de mauvaise grace.
Apprenez qu'il n'est rien qui blesse un noble cœur,
Comme quand * il peut voir qu'on le touche en l'honneur.

HIPPOLYTE.

Il est vrai, je t'ai dit de trop grosses injures :
Mais que ces deux louis guérissent tes blessures.

MASCARILLE.

Hé, tout cela n'est rien ; je suis tendre à ces coups ;
Mais déja je commence à perdre mon courroux :
Il faut de ses amis endurer quelque chose.

HIPPOLYTE.

Pourras-tu mettre à fin ce que je me propose,
Et crois-tu que l'effet de tes desseins hardis,
Produise à mon amour le succès que tu dis ?

MASCARILLE.

N'ayez point pour ce fait l'esprit sur des épines.
J'ai des ressorts tout prêts pour diverses machines ;
Et, quand ce stratagème à nos vœux manqueroit,
Ce qu'il ne feroit pas un autre le feroit.

HIPPOLYTE.

Crois qu'Hippolyte au moins ne sera pas ingrate.

MASCARILLE.

L'espérance du gain n'est pas ce qui me flatte.

HIPPOLYTE.

Ton maître te fait signe, et veut parler à toi ;
Je te quitte : mais songe à bien agir pour moi.

---

* *Comme quand il peut voir*, etc.
Ce n'est point ainsi que Molière a écrit depuis.

ACTE I. SCÈNE XI.
SCÈNE XI.
LÉLIE, MASCARILLE.
LÉLIE.

Que diable fais-tu là ? Tu me promets merveille ;
Mais ta lenteur d'agir est pour moi sans pareille.
Sans que mon bon génie au-devant m'a poussé *,
Déjà tout mon bonheur eût été renversé.
C'étoit fait de mon bien, c'étoit fait de ma joie,
D'un regret éternel je devenois la proie ;
Bref, si je ne me fusse en ce lieu rencontré,
Anselme avoit l'esclave, et j'en étois frustré ;
Il l'emmenoit chez lui : mais j'ai paré l'atteinte,
J'ai détourné le coup, et tant fait, que par crainte,
Le pauvre Trufaldin l'a retenue.
MASCARILLE.
                        Et trois :
Quand nous serons à dix, nous ferons une croix **.
C'étoit par mon adresse, ô cervelle incurable,
Qu'Anselme entreprenoit cet achat favorable !
Entre mes propres mains on la devoit livrer,
Et vos soins endiablés nous en viennent sévrer,
Et puis pour votre amour je m'emploierois encore :
J'aimerois mieux cent fois être grosse pécore,
Devenir cruche, chou, lanterne, loup garou,
Et que monsieur Satan vous vînt tordre le cou.
LÉLIE seul.
Il nous le faut mener en quelque hôtellerie,
Et faire sur les pots décharger sa furie.

* *Sans que mon bon génie au-devant m'a poussé.*

Pour *si mon bon génie ne m'eût poussé au-devant*. Cette tournure n'est plus française ; le *que* peut suivre la particule *sans*, dans un autre cas : *il m'en croira sans que j'en jure.* Et l'on voit que ce sens est très-éloigné de celui de Molière.

** *Quand nous serons à dix, nous ferons une croix.*

Ce proverbe vient peut-être de ce que pour marquer dix en chiffre romain, on fait ce qu'on appelle une croix de S. André ou croix de Bourgogne. X. M. Court de Gebelin, dans son excellente Histoire de la Parole, in-8.°, pag. 123, dit que la *croix*, autre espèce de *T* primitif, fut la peinture de *la perfection* de *dix*, nombre parfait.

ACTE II.

SCÈNE I.

LÉLIE, MASCARILLE.

MASCARILLE.

A vos désirs enfin il a fallu se rendre,
Malgré tous mes sermens, je n'ai pu m'en défendre,
Et, pour vos intérêts que je voulois laisser,
En de nouveaux périls viens * de m'embarrasser.
Je suis ainsi facile ; et si de Mascarille
Madame la nature avoit fait une fille,
Je vous laisse à penser ce que ç'auroit été.
Toutefois, n'allez pas sur cette sûreté
Donner de vos revers au projet que je tente,
Me faire une bévue et rompre mon attente.
Auprès d'Anselme encor nous nous excuserons,
Pour en pouvoir tirer ce que nous desirons ;
Mais si, dorénavant votre imprudence éclate,
Adieu, vous dis, mes soins pour l'espoir qui vous flatte.

LÉLIE.

Non, je serai prudent, te dis-je, ne crains rien :
Tu verras seulement....

MASCARILLE.

Souvenez-vous en bien,
J'ai commencé pour vous un hardi stratagême ;
Votre père fait voir une paresse extrême,

---

* *En de nouveaux périls viens de m'embarrasser.*

Il falloit *je viens.*

ACTE II. SCÈNE II.

A rendre par sa mort tous vos desirs contens *;
Je viens de le tuer, de parole j'entends ;
Je fais courir le bruit que d'une apoplexie
Le bonhomme surpris, a quitté cette vie.
Mais avant, pour pouvoir mieux feindre ce trépas,
J'ai fait que vers sa grange il a porté ses pas ;
On est venu lui dire, et par mon artifice,
Que les ouvriers ** qui sont après son édifice,
Parmi les fondemens qu'ils en jettent encor,
Avoient fait par hasard rencontre d'un trésor :
Il a volé d'abord ; et comme à la campagne
Tout son monde à présent, hors nous deux, l'accompagne,
Dans l'esprit d'un chacun je le tue aujourd'hui,
Et produis un fantôme enseveli pour lui :
Enfin, je vous ai dit à quoi je vous engage.
Jouez bien votre rôle; et pour mon personnage,
Si vous apercevez que j'y manque d'un mot,
Dites absolument que je ne suis qu'un sot.

SCÈNE II.

LÉLIE seul.

Son esprit, il est vrai, trouve une étrange voie
Pour adresser mes vœux au comble de leur joie ;
Mais quand d'un bel objet on est bien amoureux,
Que ne feroit-on pas pour devenir heureux ?

* *Votre père fait voir une paresse extrême*
  A rendre par sa mort tous vos desirs contens.

Ces deux vers blessent encore la bienséance et les mœurs théâtrales, sur lesquels on jugera toujours celles de la nation. Lélie devroit s'indigner de cette idée de Mascarille, et Lélie oublie même de s'en plaindre. Molière eût été moins utile aux mœurs qu'il ne l'est devenu, s'il eût commis souvent de pareilles fautes.

** *Que les ouvriers qui sont après son édifice.*

Comment l'acteur pouvoit-il prononcer le mot *ouvriers* en deux syllabes ? *qui sont après son édifice*, pour dire *qui travaillent à son édifice.*

Si l'amour est au crime une assez belle excuse *,
Il en peut bien servir à la petite ruse
Que sa flamme aujourd'hui me force d'approuver,
Par la douceur du bien qui m'en doit arriver.
Juste ciel, qu'ils sont prompts! Je les vois en parole **.
Allons nous préparer à jouer notre rôle.

SCÈNE III.
ANSELME, MASCARILLE.

MASCARILLE.

La nouvelle a sujet de vous surprendre fort.

ANSELME.

Être mort de la sorte!

MASCARILLE.

Il a certes grand tort :
Je lui sais mauvais gré d'une telle incartade.

ANSELME.

N'avoir pas seulement le tems d'être malade!

MASCARILLE.

Non, jamais homme n'eut si hâte de mourir.

ANSELME.

Et Lélie?

MASCARILLE.

Il se bat, et ne peut rien souffrir ;
Il s'est fait en maints lieux contusion et bosse,
Et veut accompagner son papa dans la fosse :
Enfin, pour achever, l'excès de son transport
M'a fait en grande hâte ensevelir le mort.

---

* *Si l'amour est au crime une assez belle excuse.*

Le mot de *crime* emporte une idée si forte, qu'il rend cette maxime odieuse, et du genre de celles qu'on ne peut se permettre sans priver l'art du théâtre de l'avantage précieux qu'il a d'être une école publique de bienséances.

** . . . . *Je les vois en parole.*

On peut dire *je les vois en conversation*, mais non pas *en parole*.

ACTE II. SCÈNE III.

De peur que cet objet, qui le rend hypocondre,
A faire un vilain coup ne me l'allât semondre *,

ANSELME.

N'importe, tu devois attendre jusqu'au soir,
Outre qu'encore un coup j'aurois voulu le voir ;
Qui tôt ensevelit, bien souvent assassine,
Et tel est cru défunt, qui n'en a que la mine.

MASCARILLE.

Je vous le garantis trépassé comme il faut.
Au reste, pour venir au discours de tantôt,
Lélie, et l'action lui sera salutaire,
D'un bel enterrement veut régaler son père,
Et consoler un peu ce défunt de son sort,
Par le plaisir de voir faire honneur à sa mort ;
Il hérite beaucoup ; mais comme en ses affaires
Il se trouve assez neuf, et ne voit encor guères ;
Que son bien la plupart n'est point en ces quartiers ** ;
Ou que ce qu'il y tient consiste en des papiers,
Il voudroit vous prier, ensuite de l'instance ***,
D'excuser de tantôt son trop de violence,
De lui prêter au moins pour ce dernier devoir....

ANSELME.

Tu me l'as déjà dit, et je m'en vais le voir.

---

* *A faire un vilain coup ne me l'allât semondre.*

Le mot *semondre* est vieux et peu d'usage. Il se trouve cependant encore dans la dernière édition du Dictionnaire de l'Académie, qui dit qu'*il vieillit.*

** *Que son bien la plupart n'est point en ces quartiers.*

Pour dire que la plus grande partie de son bien n'est point, etc. Il y a grande apparence, malgré ce que dit M. de *Grimarest*, que Molière avoit une facilité d'écrire dont il abusoit quelquefois.

*** *Il voudroit vous prier, ensuite de l'instance d'excuser,* etc., style embarrassé. *Ensuite de l'instance d'excuser,* ne s'entend pas.

MASCARILLE seul.

Jusques ici du moins tout va le mieux du monde.
Tâchons à ce progrès que le reste réponde ,
Et de peur de trouver dans le port un écueil ,
Conduisons le vaisseau de la main et de l'œil.

SCÈNE IV.
ANSELME, LÉLIE, MASCARILLE.

ANSELME.

Sortons; je ne saurois qu'avec douleur très-forte
Le voir empaqueté de cette étrange sorte.
Las, en si peu de tems ! Il vivoit ce matin.

MASCARILLE.

En peu de tems par fois on fait bien du chemin.

LÉLIE *pleurant*.

Ah !

ANSELME.

Mais quoi, cher Lélie, enfin il étoit homme,
On n'a point pour la mort de dispense de Rome *.

LÉLIE.

Ah !

ANSELME.

Sans leur dire gare , elle abat les humains ,
Et contre eux de tout tems a de mauvais desseins.

---

* *On n'a point pour la mort de dispense de Rome.*

Ce vers est rempli de sel et de naïveté , il ne passeroit peut-être pas aujourd'hui. On ne le remarque que pour donner une idée des entraves du théâtre moderne.

Cet acte , jusqu'à la scène septième , est imité d'un conte d'*Eutrapel*. Les différens auteurs qui ont écrit sur le théâtre, remarquent bien que la comédie *du Deuil*, que Thomas Corneille donna sous le nom d'Hauteroche 15 ans après, étoit tirée du même conteur ; mais comment n'ont-ils pas observé que Corneille ne faisoit que représenter le même tableau, les mêmes détails qu'avoit offerts l'acte second de l'*Etourdi*. Ce que Molière emprunte d'*Eutrapel* est une richesse pour le théâtre , ce que Thomas Corneille osa refaire après Molière, est au moins une superfluité. Sans doute on jouoit peu cette première comédie de Molière lors des représentations *du Deuil*, puisque cette dernière eut beaucoup de succès.

ACTE II. SCÈNE IV.
LÉLIE.
Ah !

ANSELME.
Ce fier animal, pour toutes nos prières,
N'en perdroit pas un coup de ses dens meurtrières ;
Tout le monde y passe.

LÉLIE.
Ah !

MASCARILLE.
Vous avez beau prêcher,
Ce deuil enraciné ne se peut arracher.

ANSELME.
Si malgré ces raisons votre ennui persévère,
Mon cher Lélie, au moins, faites qu'il se modère.

LÉLIE.
Ah !

MASCARILLE.
Il n'en fera rien, je connois son humeur.

ANSELME.
Au reste, sur l'avis de votre serviteur,
J'apporte ici l'argent qui vous est nécessaire
Pour faire célébrer les obsèques d'un père.

LÉLIE.
Ah ! ah !

MASCARILLE.
Comme à ce mot s'augmente sa douleur !
Il ne peut, sans mourir, songer à ce malheur.

ANSELME.
Je sais que vous verrez aux papiers du bon homme,
Que je suis débiteur d'une plus grande somme :
Mais, quand par ces raisons je ne vous devrois rien,
Vous pourriez librement disposer de mon bien.
Tenez, je suis tout vôtre, et le ferai paroître.

LÉLIE *s'en allant.*
Ah !

MASCARILLE.
Le grand déplaisir que sent Monsieur mon maître !

L'ÉTOURDI.

ANSELME.

Mascarille, je crois qu'il seroit à propos
Qu'il me fît de sa main un reçu de deux mots.

MASCARILLE.

Ah !

ANSELME.

Des événemens l'incertitude est grande.

MASCARILLE.

Ah !

ANSELME.

Faisons-lui signer le mot que je demande.

MASCARILLE.

Las ! en l'état qu'il est comment vous contenter ?
Donnez-lui le loisir de se désatrister ;
Et, quand ses déplaisirs prendront quelque allégeance,
J'aurai soin d'en tirer d'abord votre assurance.
Adieu. Je sens mon cœur qui se gonfle d'ennui,
Et m'en vais tout mon saoul pleurer avecque lui.
Hi !

ANSELME *seul*.

Le monde est rempli de beaucoup de traverses
Chaque homme tous les jours en ressent de diverses
Et jamais ici bas...

SCÈNE V.

PANDOLPHE, ANSELME.

ANSELME.

Ah, bons dieux, je frémi !
Pandolfe qui revient ! Fût-il bien endormi !
Comme depuis sa mort sa face est amaigrie !
Las ! ne m'approchez pas de plus près, je vous prie !
J'ai trop de répugnance à coudoyer un mort.

PANDOLFE.

D'où peu donc provenir ce bizarre transport ?

ANSELME.

Dites-moi de bien loin quel sujet vous amène.
Si pour me dire adieu vous prenez tant de peine,
C'est trop de courtoisie, et véritablement

ACTE II. SCÈNE V.

Je me serois passé de votre compliment.
Si votre ame est en peine et cherche des prières,
Las ! je vous en promets, et ne m'effrayez guères !
Foi d'homme épouvanté, je vais faire à l'instant
Prier tant Dieu pour vous, que vous serez content.
   Disparoissez donc, je vous prie,
   Et que le ciel, par sa bonté,
   Comble de joie et de santé
   Votre défunte seigneurie !
PANDOLFE *riant.*
Malgré tout mon dépit, il m'y faut prendre part.
ANSELME.
Las ! pour un trépassé vous êtes bien gaillard !
PANDOLFE.
Est-ce jeu, dites-nous, ou bien si c'est folie,
Qui traite de défunt une personne en vie ?
ANSELME.
Hélas ! vous êtes mort, et je viens de vous voir....
PANDOLFE.
Quoi, j'aurois trépassé sans m'en apercevoir ?
ANSELME.
Sitôt que Mascarille en a dit la nouvelle,
J'en ai senti dans l'ame une douleur mortelle.
PANDOLFE.
Mais enfin, dormez-vous ? Êtes-vous éveillé ?
Me connoissez-vous pas ?
ANSELME.
   Vous êtes habillé
D'un corps aérien qui contrefait le vôtre ;
Mais qui, dans un moment, peut devenir tout autre.
Je crains fort de vous voir comme un géant grandir,
Et tout votre visage affreusement laidir.
Pour Dieu, ne prenez point de vilaine figure ;
J'ai prou * de ma frayeur en cette conjoncture.

 * *J'ai prou de ma frayeur.*

  Ce mot *prou* signifie *assez, beaucoup.* Il est vieux, dit le Dictionnaire de l'Académie Française ; il n'a d'usage qu'en cette manière de parler familière, *peu ou prou, ni peu ni prou.*
  Un mauvais mot, dit Vaugelas, *parce qu'il est aisé à remarquer, fait plus de tort qu'une fausse pensée, quoiqu'il n'y ait aucune comparaison à faire de l'un à l'autre.*

PANDOLFE.

En une autre saison, cette naïveté,
Dont vous accompagnez votre crédulité,
Anselme, me seroit un charmant badinage ;
Et j'en prolongerois le plaisir davantage :
Mais avec cette mort, un trésor supposé,
Dont parmi les chemins on m'a désabusé,
Fomente dans mon ame un soupçon légitime.
Mascarille est un fourbe, et fourbe fourbissime,
Sur qui ne peuvent rien la crainte et le remords,
Et qui, pour ses desseins a d'étranges ressorts.

ANSELME.

M'auroit-on joué pièce et fait supercherie ?
Ah, vraiment, ma raison, vous seriez fort jolie !
Touchons un peu pour voir : en effet c'est bien lui.
Malepeste du sot que je suis aujourd'hui !
De grace, n'allez pas divulguer un tel conte,
On en feroit jouer quelque farce à ma honte :
Mais, Pandolfe, aidez-moi vous-même à retirer
L'argent que j'ai donné pour vous faire enterrer.

PANDOLFE.

De l'argent, dites-vous ? Ah, voilà l'enclouure !
C'est là le nœud secret de toute l'aventure,
A votre dam. Pour moi, sans me mettre en souci,
Je vais faire informer de cette affaire-ci
Contre ce Mascarille ; et si l'on peut le prendre,
Quoi qu'il puisse coûter, je veux le faire pendre.

ANSELME *seul*.

Et moi la bonne dupe à trop croire un vaurien,
Il faut donc qu'aujourd'hui je perde et sens et bien.
Il me sied bien, ma foi, de porter tête grise,
Et d'être encor si prompt à faire une sottise ;
D'examiner si peu sur un premier rapport....
Mais je vois....

SCÈNE VI.
LÉLIE, ANSELME.
LÉLIE.
Maintenant avec ce passeport,
Je puis à Trufaldin rendre aisément visite.
ANSELME.
A ce que je puis voir, votre douleur vous quitte.
LÉLIE.
Que dites-vous ? Jamais elle ne quittera
Un cœur qui chèrement toujours la gardera.
ANSELME.
Je reviens sur mes pas vous dire avec franchise,
Que tantôt avec vous j'ai fait une méprise ;
Que parmi ces louis, quoiqu'ils paroissent beaux,
J'en ai, sans y penser, mêlé que je tiens faux,
Et j'apporte sur moi de quoi mettre en leur place :
De nos faux monnoyeurs l'insupportable audace
Pullule en cet Etat d'une telle façon,
Qu'on ne reçoit plus rien qui soit hors de soupçon.
Mon Dieu, qu'on feroit bien de les faire tous pendre !
LÉLIE.
Vous me faites plaisir de les vouloir reprendre :
Mais je n'en ai point vu de faux comme je croi.
ANSELME.
Je les connoîtrai bien, montrez, montrez-les moi.
Est-ce tout ?
LÉLIE.
Oui.
ANSELME.
Tant mieux. Enfin je vous raccroche,
Mon argent bien aimé, rentrez dedans ma poche ;
Et vous, mon brave escroc, vous ne tenez plus rien.
Vous tuez donc les gens qui se portent fort bien ?
Et qu'auriez-vous donc fait sur moi, chétif beau-père ?
Ma foi, je m'engendrois d'une belle manière,
Et j'allois prendre en vous un beau-fils fort discret :
Allez, allez mourir de honte et de regret.

LÉLIE *seul.*

Il faut dire j'en tiens. Quelle surprise extrême !
D'où peut-il avoir su sitôt le stratagême ?

SCÈNE VII.

LÉLIE, MASCARILLE.

MASCARILLE.

Quoi, vous étiez sorti ? Je vous cherchois partout.
Hé bien, en sommes-nous enfin venus à bout ?
Je le donne en six coups au fourbe le plus brave ;
Ça donnez-moi que j'aille acheter notre esclave ;
Votre rival après sera bien étonné.

LÉLIE.

Ah, mon pauvre garçon, la chance a bien tourné !
Pourrois-tu de mon sort deviner l'injustice ?

MASCARILLE.

Quoi ? Que seroit-ce ?

LÉLIE.

Anselme, instruit de l'artifice,
M'a repris maintenant tout ce qu'il nous prêtoit,
Sous couleur de changer de l'or que l'on doutoit.

MASCARILLE.

Vous vous moquez peut-être.

LÉLIE.

Il est trop véritable.

MASCARILLE.

Tout de bon ?

LÉLIE.

Tout de bon ; j'en suis inconsolable.
Tu te vas emporter d'un courroux sans égal.

MASCARILLE.

Moi, Monsieur ? Quelque sot ; la colère fait mal,
Et je veux me choyer, quoi qu'enfin il arrive.
Que Célie, après tout, soit ou libre ou captive,
Que Léandre l'achette, ou qu'elle reste là,
Pour moi je m'en soucie autant que de cela.

ACTE II. SCENE VII.

LÉLIE.

Ah, n'aye point pour moi si grande indifférence,
Et sois plus indulgent à ce peu d'imprudence !
Sans ce dernier malheur, ne m'avoûras-tu pas
Que j'avois fait merveille, et qu'en ce feint trépas
J'éludois un chacun d'un deuil si vraisemblable,
Que les plus clair-voyans l'auroient cru véritable ?

MASCARILLE.

Vous avez en effet sujet de vous louer.

LÉLIE.

Hé bien, je suis coupable, et je veux l'avouer ;
Mais si jamais mon bien te fut considérable,
Répare ce malheur, et me sois secourable.

MASCARILLE.

Je vous baise les mains ; je n'ai pas le loisir.

LÉLIE.

Mascarille, mon fils *.

MASCARILLE.
Point.

LÉLIE.
Faites-moi ce plaisir.

MASCARILLE.

Non, je n'en ferai rien.

LÉLIE.
Si tu m'es inflexible,
Je m'en vais me tuer.

MASCARILLE.
Soit ; il vous est loisible.

LÉLIE.

Je ne puis te fléchir ?

MASCARILLE.
Non.

LÉLIE.
Vois-tu le fer prêt ?

* La fin de cette scène septième est d'un comique trivial, et d'un dialogue puéril qui dégrade le personnage de l'*Etourdi*.

MASCARILLE.

Oui.

LÉLIE.

Je vais le pousser.

MASCARILLE.

Faites ce qu'il vous plaît.

LÉLIE.

Tu n'auras pas regret de m'arracher la vie ?

MASCARILLE.

Non.

LÉLIE.

Adieu, Mascarille.

MASCARILLE.

Adieu, Monsieur Lélie.

LÉLIE.

Quoi ?...

MASCARILLE.

Tuez-vous donc vîte. Ah, que de longs devis !

LÉLIE.

Tu voudrois bien, ma foi, pour avoir mes habits,
Que je fisse le sot, et que je me tuasse.

MASCARILLE.

Savois-je pas qu'enfin ce n'étoit que grimace ;
Et quoique ces esprits jurent d'effectuer,
Qu'on n'est point aujourd'hui si prompt à se tuer.

SCÈNE VIII.

TRUFALDIN, LÉANDRE, LÉLIE, MASCARILLE.

Trufaldin parle bas à Léandre dans le fond du théâtre.

LÉLIE.

Que vois-je? Mon rival et Trufaldin ensemble?
Il achette Célie ; ah, de frayeur je tremble !

MASCARILLE.

Il ne faut point douter qu'il fera ce qu'il peut,
Et, s'il a de l'argent, qu'il pourra ce qu'il veut.

ACTE II. SCÈNE IX.

Pour moi, j'en suis ravi. Voilà la récompense
De vos brusques erreurs, de votre impatience.

LÉLIE.
Que dois-je faire? Dis, veuille me conseiller.

MASCARILLE.
Je ne sais.

LÉLIE.
Laisse-moi, je vais le quereller.

MASCARILLE.
Qu'en arrivera-t-il?

LÉLIE.
Que veux-tu que je fasse
Pour empêcher ce coup?

MASCARILLE.
Allez, je vous fais grace,
Je jette encore un œil pitoyable sur vous.
Laissez-moi l'observer; par des moyens plus doux
Je vais, comme je crois, savoir ce qu'il projette.

(*Lélie sort.*)

TRUFALDIN à *Léandre*.
Quand on viendra tantôt, c'est une affaire faite.

(*Trufaldin sort.*)

MASCARILLE à *part en s'en allant*.
Il faut que je l'attrappe, et que de ses desseins
Je sois le confident, pour mieux les rendre vains.

LÉANDRE *seul*.
Graces au ciel! voilà mon bonheur hors d'atteinte;
J'ai su me l'assurer, et je n'ai plus de crainte.
Quoi que désormais puisse entreprendre un rival,
Il n'est plus en pouvoir de me faire du mal.

SCÈNE IX.
LÉANDRE, MASCARILLE.

MASCARILLE *dit ces deux vers dans la maison, et entre sur le théâtre*.

Ahi, ahi, à l'aide, au meurtre, au secours, on m'assomme,
Ah, ah, ah, ah, ah, ah! O traître! O bourreau d'homme!

L'ÉTOURDI.

LÉANDRE.

D'où procède cela ? Qu'est-ce ? Que te fait-on ?

MASCARILLE.

On vient de me donner deux cents coups de bâton.

LÉANDRE.

Qui ?

MASCARILLE.

Lélie.

LÉANDRE.

Et pourquoi ?

MASCARILLE.

Pour une bagatelle
Il me chasse et me bat d'une façon cruelle,

LÉANDRE.

Ah, vraiment, il a tort !

MASCARILLE.

Mais, ou je ne pourrai,
Ou je jure bien fort que je m'en vengerai.
Oui, je te ferai voir, batteur que Dieu confonde,
Que ce n'est pas pour rien qu'il faut rouer le monde ;
Que je suis un valet, mais fort homme d'honneur,
Et qu'après m'avoir eu quatre ans pour serviteur,
Il ne me falloit pas payer en coups de gaules,
Et me faire un affront si sensible aux épaules :
Je te le dis encor, je saurai me venger ;
Une esclave te plaît, tu voulois m'engager
A la mettre en tes mains, et je veux faire en sorte
Qu'un autre te l'enlève, ou le diable m'emporte.

LÉANDRE.

Ecoute, Mascarille, et quitte ce transport.
Tu m'as plu de tout tems, et je souhaitois fort
Qu'un garçon comme toi, plein d'esprit et fidèle,
A mon service un jour pût attacher son zèle :
Enfin, si le parti te semble bon pour toi,
Si tu veux me servir, je t'arrête avec moi.

MASCARILLE.

Oui, Monsieur, d'autant mieux que le destin propice
M'offre à me bien venger, en vous rendant service ;

ACTE II. SCÈNE IX.

Et que, dans mes efforts pour vos contentemens,
Je puis à mon brutal trouver des châtimens :
De Célie, en un mot, par mon adresse extrême.....

LÉANDRE.
Mon amour s'est rendu ce service à lui-même.
Enflammé d'un objet qui n'a point de défaut,
Je viens de l'acheter moins encor qu'il ne vaut.

MASCARILLE.
Quoi, Célie est à vous ?

LÉANDRE.
        Tu la verrois paroître,
Si, de mes actions j'étois tout à fait maître ;
Mais quoi ! mon père l'est, comme il a volonté,
Ainsi que je l'apprends d'un paquet apporté,
De me déterminer à l'hymen d'Hippolyte,
J'empêche qu'un rapport de tout ceci l'irrite.
Donc avec Trufaldin, car je sors de chez lui,
J'ai voulu tout exprès agir au nom d'autrui,
Et l'achat fait, ma bague est la marque choisie
Sur laquelle au premier il doit livrer Célie.
Je songe auparavant à chercher les moyens
D'ôter aux yeux de tous ce qui charme les miens ;
A trouver promptement un endroit favorable
Où puisse être en secret cette captive aimable.

MASCARILLE.
Hors de la ville un peu, je puis avec raison
D'un vieux parent que j'ai vous offrir la maison ;
Là, vous pourrez la mettre avec toute assurance,
Et de cette action nul n'aura connoissance.

LÉANDRE.
Oui ? Ma foi, tu me fais un plaisir souhaité.
Tiens donc, et va pour moi prendre cette beauté ;
Dès que par Trufaldin ma bague sera vue,
Aussitôt en tes mains elle sera rendue,
Et dans cette maison tu me la conduiras.
Quand.... Mais chut, Hippolyte est ici sur nos pas.

SCÈNE X.

HIPPOLYTE, LÉANDRE, MASCARILLE.

HIPPOLYTE.

Je dois vous annoncer, Léandre, une nouvelle ;
Mais la trouverez-vous agréable ou cruelle ?

LÉANDRE.

Pour en pouvoir juger, et répondre soudain,
Il faudroit la savoir.

HIPPOLYTE.

Donnez-moi donc la main
Jusqu'au temple, en marchant, je pourrai vous l'apprendre.

LÉANDRE à *Mascarille*.

Va, va-t-en me servir sans davantage attendre.

SCÈNE XI.

MASCARILLE, *seul*.

Oui, je te vais servir d'un plat de ma façon.
Fut-il jamais au monde un plus heureux garçon !
Oh, que dans un moment Lélie aura de joie !
Sa maîtresse en nos mains tomber par cette voie,
Recevoir tout son bien d'où l'on attend son mal ;
Et devenir heureux par la main d'un rival !
Après ce rare exploit, je veux que l'on s'apprête
A me peindre en héros, un laurier sur la tête,
Et qu'au bas du portrait on mette en lettres d'or
Vivat Mascarillus fourbum Imperator.

SCÈNE XII.

TRUFALDIN, MASCARILLE.

MASCARILLE.

Hola !

TRUFALDIN.

Que voulez-vous ?

ACTE II. SCÈNE XIII.

MASCARILLE.
Cette bague connue
Vous dira le sujet qui cause ma venue.

TRUFALDIN.
Oui, je reconnois bien la bague que voilà.
Je vais querir l'esclave ; arrêtez un peu là.

SCÈNE XIII.

TRUFALDIN, UN COURIER, MASCARILLE.

LE COURIER à *Trufaldin.*
Seigneur, obligez-moi de m'enseigner un homme....

TRUFALDIN.
Et qui ?

LE COURIER.
Je crois que c'est Trufaldin qu'il se nomme.

TRUFALDIN.
Et que lui voulez-vous ? Vous le voyez ici.

LE COURIER.
Lui rendre seulement la lettre que voici.

TRUFALDIN *lit.*
Le ciel, dont la bonté prend souci de ma vie,
Vient de me faire ouïr, par un bruit assez doux,
Que ma fille, à quatre ans, par des voleurs ravie,
Sous le nom de Célie est esclave chez vous.

Si vous sûtes jamais ce que c'est qu'être père,
Et vous trouvez sensible aux tendresses du sang,
Conservez-moi chez vous cette fille si chère,
Comme si de la vôtre elle tenoit le rang.

Pour l'aller retirer je pars d'ici moi-même,
Et vous vais de vos soins récompenser si bien,
Que par votre bonheur, que je veux rendre extrême,
Vous bénirez le jour où vous causez le mien.

De Madrid.   Dom Pedro de Gusman,
                              Marquis de Montalcane.

L'ÉTOURDI.
(*Il continue.*)
Quoiqu'à leur nation bien peu de foi soit due,
Ils me l'avoient bien dit, ceux qui me l'ont vendue,
Que je verrois dans peu quelqu'un la retirer,
Et que je n'aurois pas sujet d'en murmurer ;
Et cependant j'allois, dans mon impatience,
Perdre aujourd'hui les fruits d'une haute espérance.
(*au courier.*)
Un seul moment plus tard tous vos pas étoient vains,
J'allois mettre à l'instant cette fille en ses mains :
Mais suffit ; j'en aurai tout le soin qu'on desire.
(*le courier sort.*)
(*à Mascarille.*)
Vous-même vous voyez ce que je viens de lire.
Vous direz à celui qui vous a fait venir
Que je ne lui saurois ma parole tenir,
Qu'il vienne retirer son argent.

MASCARILLE.
Mais l'outrage
Que vous lui faites....

TRUFALDIN.
Va, sans causer davantage.

MASCARILLE *seul.*
Ah, le fâcheux paquet que nous venons d'avoir !
Le sort a bien donné la baie à mon espoir ;
Et bien à la malheure est-il venu d'Espagne
Ce courier que la foudre et la grêle accompagne.
Jamais, certes, jamais plus beau commencement
N'eut en si peu de tems plus triste événement.

SCÈNE XIV.

LÉLIE *riant*, MASCARILLE.

MASCARILLE.

Quel beau transport de joie à présent vous inspire ?

LÉLIE.

Laisse m'en rire encore avant que te le dire.

ACTE II. SCÈNE XIV.

MASCARILLE.
Ça rions donc bien fort, nous en avons sujet.

LÉLIE.
Ah ! je ne serai plus de tes plaintes l'objet.
Tu ne me diras plus, toi, qui toujours me cries,
Que je gâte en brouillon toutes tes fourberies :
J'ai bien joué moi-même un tour des plus adroits.
Il est vrai, je suis prompt et m'emporte par fois :
Mais pourtant, quand je veux, j'ai l'imaginative
Aussi bonne, en effet, que personne qui vive ;
Et toi-même avoueras que ce que j'ai fait, part
D'une pointe d'esprit où peu de monde a part.

MASCARILLE.
Sachons donc ce qu'a fait cette imaginative.

LÉLIE.
Tantôt l'esprit ému d'une frayeur bien vive
D'avoir vu Trufaldin avecque mon rival,
Je songeois à trouver un remède à ce mal,
Lorsque, me ramassant tout entier en moi-même,
J'ai conçu, digéré, produit un stratagème,
Devant qui tous les tiens, dont tu fais tant de cas,
Doivent, sans contredit, mettre pavillon bas.

MASCARILLE.
Mais qu'est-ce ?

LÉLIE.
Ah ! s'il te plaît, donne-toi patience.
J'ai donc feint une lettre avecque diligence,
Comme d'un grand seigneur écrite à Trufaldin,
Qui mande qu'ayant su, par un heureux destin,
Qu'une esclave qu'il tient sous le nom de Célie,
Est sa fille, autrefois par des voleurs ravie,
Il veut la venir prendre, et le conjure au moins
De la garder toujours, de lui rendre des soins :
Qu'à ce sujet il part d'Espagne, et doit pour elle
Par de si grands présens reconnoître son zèle,
Qu'il n'aura point regret de causer son bonheur.

MASCARILLE.
Fort bien.

L'ÉTOURDI.
LÉLIE.
Ecoute donc ; voici bien le meilleur,
La lettre que je dis a donc été remise ;
Mais, sais-tu bien comment ? En saison si bien prise,
Que le porteur m'a dit que, sans ce trait falot,
Un homme l'emmenoit, qui s'est trouvé fort sot.
MASCARILLE.
Vous avez fait ce coup sans vous donner au diable ?
LÉLIE.
Oui. D'un tour si subtil m'aurois-tu cru capable ?
Loue au moins mon adresse, et la dextérité
Dont je romps d'un rival le dessein concerté.
MASCARILLE.
A vous pouvoir louer selon votre mérite,
Je manque d'éloquence et ma force est petite.
Oui, pour bien étaler cet effort relevé,
Ce bel exploit de guerre à nos yeux achevé,
Ce grand et rare effet d'une imaginative,
Qui ne cède en vigueur à personne qui vive,
Ma langue est impuissante, et je voudrois avoir
Celles de tous les gens du plus exquis savoir,
Pour vous dire en beaux vers, ou bien en docte prose,
Que vous serez toujours, quoi que l'on se propose,
Tout ce que vous avez été durant vos jours :
C'est-à-dire, un esprit chaussé tout à rebours,
Une raison malade et toujours en débauche,
Un envers de bon sens, un jugement à gauche,
Un brouillon, une bête, un brusque, un étourdi,
Que sais-je ? Un.... cent fois plus encor que je ne di.
C'est faire en abrégé votre panégyrique.
LÉLIE.
Apprends-moi le sujet qui contre moi te pique ?
Ai-je fait quelque chose ? Eclaircis-moi ce point.
MASCARILLE.
Non, vous n'avez rien fait, mais ne me suivez point.
LÉLIE.
Je te suivrai partout, pour savoir ce mystère.

ACTE III. SCÈNE I.

MASCARILLE.

Oui ? Sus donc préparez vos jambes à bien faire,
Car je vais vous fournir de quoi les exercer.

LÉLIE *seul.*

Il m'échappe. O malheur qui ne se peut forcer !
Au discours qu'il m'a fait que saurois-je comprendre,
Et quel mauvais office aurois-je pu me rendre ?

ACTE III.

SCÈNE I.

MASCARILLE, *seul.*

Taisez-vous, ma bonté, cessez votre entretien,
Vous êtes une sotte, et je n'en ferai rien.
Oui, vous avez raison, mon courroux, je l'avoue ;
Relier tant de fois ce qu'un brouillon dénoue,
C'est trop de patience : et je dois en sortir,
Après de si beaux coups qu'il a su divertir.
Mais aussi raisonnons un peu sans violence.
Si je suis maintenant ma juste impatience,
On dira que je céde à la difficulté ;
Que je me trouve à bout de ma subtilité :
Et que deviendra lors cette publique estime,
Qui te vante partout pour un fourbe sublime,
Et que tu t'es acquise en tant d'occasions,
A ne t'être jamais vu court d'inventions ?
L'honneur, ô Mascarille, est une belle chose !
A tes nobles travaux ne fais aucune pause,
Et, quoi qu'un maître ait fait pour te faire enrager,
Achève pour ta gloire, et non pour l'obliger.
Mais quoi ! Que feras-tu, que de l'eau toute claire ?
Traversé sans repos par ce démon contraire,

Tu vois qu'à chaque instant il te fait déchanter *,
Et que c'est battre l'eau que prétendre arrêter
Ce torrent effréné, qui de tes artifices
Renverse en un moment les plus beaux édifices.
Hé bien, pour toute grace, encor un coup du moins,
Au hasard du succès sacrifions des soins ;
Et s'il poursuit encor à rompre notre chance,
J'y consens, ôtons-lui toute notre assistance.
Cependant notre affaire encor n'iroit pas mal,
Si par là nous pouvions perdre notre rival,
Et que Léandre enfin, lassé de sa poursuite,
Nous laissât jour entier pour ce que je médite.
Oui, je roule en ma tête un trait ingénieux,
Dont je promettrois bien un succès glorieux,
Si je puis n'avoir plus cet obstacle à combattre.
Bon, voyons si son feu se rend opiniâtre.

SCÈNE II.
LÉANDRE, MASCARILLE.

MASCARILLE.
Monsieur, j'ai perdu tems **, votre homme se dédit.

LÉANDRE.
De la chose lui-même il m'a fait le récit ;
Mais c'est bien plus ; j'ai su que tout ce beau mystère,
D'un rapt d'Egyptiens, d'un grand seigneur pour père,
Qui doit partir d'Espagne, et venir en ces lieux,
N'est qu'un pur stratagême, un trait facétieux,
Une histoire à plaisir, un conte dont Lélie
A voulu détourner notre achat de Célie.

---

* On retranchoit dans cette scène, du tems de Molière, huit vers. Les quatre premiers commençant par *Tu vois qu'à chaque instant*, etc., et les quatre autres par *Cependant notre affaire*, etc.

** *Monsieur, j'ai perdu tems*, etc.
Il faudroit pour l'exactitude grammaticale, j'ai perdu mon tems.

ACTE III. SCÈNE II.

MASCARILLE.

Voyez un peu la fourbe

LÉANDRE.

Et pourtant Trufaldin
Est si bien imprimé * de ce conte badin,
Mord si bien à l'appât de cette foible ruse,
Qu'il ne veut point souffrir que l'on le désabuse.

MASCARILLE.

C'est pourquoi désormais il la gardera bien,
Et je ne vois pas lieu d'y prétendre plus rien.

LÉANDRE.

Si d'abord à mes yeux elle parut aimable,
Je viens de la trouver tout-à-fait adorable ;
Et je suis en suspens si, pour me l'acquérir,
Aux extrêmes moyens je ne dois point courir ;
Par le don de ma foi rompre sa destinée,
Et changer ses liens en ceux de l'hyménée.

MASCARILLE.

Vous pourriez l'épouser ?

LÉANDRE.

Je ne sais : mais enfin,
Si quelque obscurité se trouve en son destin,
Sa grace et sa vertu sont de douces amorces,
Qui, pour tirer les cœurs, ont d'incroyables forces.

MASCARILLE.

Sa vertu, dites-vous ?

LÉANDRE.

Quoi ? que murmures-tu ?
Achève, explique-toi sur ce mot de vertu ?

MASCARILLE.

Monsieur, votre visage en un moment s'altère,
Et je ferai bien mieux peut-être de me taire.

LÉANDRE.

Non, non, parle.

* *Est si bien imprimé de ce conte badin.*

On n'est pas *imprimé* d'un conte, on en est touché, frappé, etc. On dit métaphoriquement qu'un conte, une histoire, s'impriment dans la mémoire.

MASCARILLE.

Hé bien donc, très-charitablement
Je vous veux retirer de votre aveuglement.
Cette fille....

LÉANDRE.

Poursuis.

MASCARILLE.

N'est rien moins qu'inhumaine ;
Dans le particulier elle oblige sans peine,
Et son cœur, croyez-moi, n'est pas roche après tout,
A quiconque la sait prendre par le bon bout ;
Elle fait la sucrée, et veut passer pour prude ;
Mais je puis en parler avecque certitude.
Vous savez que je suis quelque peu du métier
A me devoir connoître en un pareil gibier.

LÉANDRE.

Célie....

MASCARILLE.

Oui ; sa pudeur n'est que franche grimace,
Qu'une ombre de vertu qui garde mal la place,
Et qui s'évanouit, comme l'on peut savoir,
Aux rayons du soleil qu'une bourse fait voir.

LÉANDRE.

Las, que dis-tu ? Croirai-je un discours de la sorte !

MASCARILLE.

Monsieur, les volontés sont libres; que m'importe ?
Non, ne me croyez pas, suivez votre dessein,
Prenez cette matoise et lui donnez la main ;
Toute la ville en corps reconnoîtra ce zèle,
Et vous épouserez le bien public en elle.

LÉANDRE.

Quelle surprise étrange !

MASCARILLE à part.

Il a pris l'hameçon.
Courage, s'il se peut enferrer tout de bon,
Nous nous ôtons du pied une fâcheuse épine.

LÉANDRE.

Oui, d'un coup étonnant ce discours m'assassine.

MASCARILLE.

Quoi, vous pourriez....

ACTE III. SCÈNE III.

LÉANDRE.

Va-t-en jusqu'à la poste, et voi
Je ne sai quel paquet qui doit venir pour moi.
(seul, après avoir rêvé.)
Qui ne s'y fût trompé ! Jamais l'air d'un visage,
Si ce qu'il dit est vrai, n'imposa davantage.

SCÈNE III.

LÉLIE, LÉANDRE.

LÉLIE.

Du chagrin qui vous tient quel peut être l'objet ?

LÉANDRE.

Moi ?

LÉLIE.

Vous-même.

LÉANDRE.

Pourtant je n'en ai pas sujet,

LÉLIE.

Je vois bien ce que c'est, Célie en est la cause.

LÉANDRE.

Mon esprit ne court pas après si peu de chose.

LÉLIE,

Pour elle vous aviez pourtant de grands desseins ;
Mais il faut dire ainsi, lorsqu'ils se trouvent vains.

LÉANDRE.

Si j'étois assez sot pour souffrir ses caresses,
Je me moquerois bien de toutes vos finesses.

LÉLIE.

Quelles finesses donc ?

LÉANDRE.

Mon Dieu ! nous savons tout.

LÉLIE.

Quoi ?

LÉANDRE.

Votre procédé de l'un à l'autre bout.

LÉLIE.

C'est de l'hébreu pour moi, je n'y puis rien comprendre.

L'ÉTOURDI.

LÉANDRE.

Feignez, si vous voulez, de ne me pas entendre ;
Mais, croyez-moi, cessez de craindre pour un bien
Où je serois fâché de vous disputer rien.
J'aime fort la beauté qui n'est point profanée,
Et ne veux point brûler pour une abandonnée.

LÉLIE.

Tout beau, tout beau, Léandre.

LÉANDRE.

Ah, que vous êtes bon !
Allez, vous dis-je encor, servez-la sans façon,
Vous pourrez vous nommer homme à bonnes fortunes.
Il est vrai, sa beauté n'est pas des plus communes ;
Mais en revanche aussi le reste est fort commun.

LÉLIE.

Léandre, arrêtez là ce discours importun.
Contre moi tant d'efforts qu'il vous plaira pour elle,
Mais surtout retenez cette atteinte mortelle.
Sachez que je m'impute à trop de lâcheté
D'entendre mal parler de ma divinité ;
Et que j'aurai toujours bien moins de répugnance
A souffrir votre amour, qu'un discours qui l'offense.

LÉANDRE.

Ce que j'avance ici, me vient de bonne part.

LÉLIE.

Quiconque vous l'a dit est un lâche, un pendard.
On ne peut imposer de tache à cette fille ;
Je connois bien son cœur.

LÉANDRE.

Mais enfin, Mascarille
D'un semblable procès est juge compétent ;
C'est lui qui la condamne.

LÉLIE.

Oui ?

LÉANDRE.

Lui-même.

LÉLIE.

Il prétend

ACTE III. SCÈNE IV.

D'une fille d'honneur insolemment médire,
Et que peut-être encor je n'en ferai que rire !
Gage qu'il se dédit.

LÉANDRE.
Et moi, gage que non.
LÉLIE.
Parbleu, je le ferois mourir sous le bâton,
S'il m'avoit soutenu des faussetés pareilles.
LÉANDRE.
Moi, je lui couperois sur-le-champ les oreilles,
S'il n'étoit pas garant de tout ce qu'il m'a dit.

SCÈNE IV.
LÉLIE, LÉANDRE, MASCARILLE.
LÉLIE.
Ah, bon, bon, le voilà. Venez-çà, chien maudit.
MASCARILLE.
Quoi?
LÉLIE.
Langue de serpent fertile en impostures,
Vous osez sur Célie attacher vos morsures,
Et lui calomnier la plus rare vertu *
Qui puisse faire éclat sous un sort abattu ?
MASCARILLE *bas à Lélie.*
Doucement, ce discours est de mon industrie
LÉLIE.
Non, non, point de clin-d'œil et point de raillerie.
Je suis aveugle à tout, sourd à quoi que ce soit ;
Fût-ce mon propre frère, il me la payeroit ;
Et sur ce que j'adore oser porter le blâme,
C'est me faire une plaie au plus tendre de l'ame.
Tous ces signes sont vains. Quels discours as-tu faits ?
MASCARILLE.
Mon Dieu, ne cherchons point querelle, ou je m'en vais.

* *Et lui calomnier la plus rare vertu.*
On n'écrit pas calomnier à quelqu'un.

LELIE.

Tu n'échapperas pas.

MASCARILLE.

Ahi.

LELIE.

Parle donc, confesse.

MASCARILLE *bas à Lélie.*

Laissez-moi, je vous dis que c'est un tour d'adresse.

LELIE.

Dépêche, qu'as-tu dit? Vide entre nous ce point.

MASCARILLE *bas à Lélie.*

J'ai dit ce que j'ai dit : ne vous emportez point.

LELIE *mettant l'épée à la main.*

Ah, je vous ferai bien parler d'une autre sorte !

LEANDRE *l'arrêtant.*

Halte un peu, retenez l'ardeur qui vous emporte.

MASCARILLE *à part.*

Fût-il jamais au monde un esprit moins sensé ?

LELIE.

Laissez-moi contenter mon courage offensé.

LEANDRE.

C'est trop que de vouloir le battre en ma présence.

LELIE.

Quoi, châtier mes gens n'est pas en ma puissance?

LEANDRE.

Comment vos gens ?

MASCARILLE *à part.*

Encore ! Il va tout découvrir.

LELIE.

Quand j'aurois volonté de le battre à mourir,
Hé bien? c'est mon valet.

LEANDRE.

C'est maintenant le nôtre.

LELIE.

Le trait est admirable ! Et comment donc le vôtre?

LEANDRE.

Sans doute.

ACTE III. SCÈNE IV.

MASCARILLE *bas à Lélie.*

Doucement.

LELIE.

Hem, que veux-tu conter?

MASCARILLE *à part.*

Ah, le double bourreau qui me va tout gâter,
Et qui ne comprend rien, quelque signe qu'on donne.

LELIE.

Vous rêvez bien, Léandre, et me la baillez bonne.
Il n'est pas mon valet.

LEANDRE.

Pour quelque mal commis,
Hors de votre service il n'a pas été mis.

LELIE.

Je ne sais ce que c'est.

LEANDRE.

Et plein de violence,
Vous n'avez pas chargé son dos avec outrance?

LELIE.

Point du tout. Moi, l'avoir chassé, roué de coups?
Vous vous moquez de moi, Léandre, ou lui de vous.

MASCARILLE *à part.*

Pousse, pousse, bourreau, tu fais bien tes affaires.

LEANDRE *à Mascarille.*

Donc les coups de bâtons ne sont qu'imaginaires!

MASCARILLE.

Il ne sait ce qu'il dit, sa mémoire....

LEANDRE.

Non, non,
Tous ces signes pour toi ne disent rien de bon.
Oui, d'un tour délicat mon esprit te soupçonne,
Mais pour l'invention, va, je te le pardonne.
C'est bien assez pour moi, qu'il m'ait désabusé,
De voir par quels motifs tu m'avois imposé,
Et, que m'étant commis à ton zèle hypocrite,
A si bon compte encor je m'en sois trouvé quitte.
Ceci doit s'appeler *un avis au lecteur.*
Adieu, Lélie, adieu, très-humble serviteur.

SCÈNE V.
LÉLIE, MASCARILLE.
MASCARILLE.
Courage, mon garçon, tout heur nous accompagne,
Mettons flamberge au vent, et bravoure en campagne,
Faisons l'*Olibrius*, l'occiseur d'innocens.
LELIE.
Il t'avoit accusé de discours médisans.
Contre....
MASCARILLE.
Et vous ne pouviez souffrir mon artifice,
Lui laisser son erreur, qui vous rendoit service,
Et par qui son amour s'en étoit presque allé ?
Non, il a l'esprit franc, et point dissimulé.
Enfin chez son rival je m'ancre avec adresse,
Cette fourbe en mes mains va mettre sa maîtresse,
Il me la fait manquer; avec de faux rapports,
Je veux de son rival ralentir les transports,
Mon brave incontinent vient qui le désabuse ;
J'ai beau lui faire signe, et montrer que c'est rusé,
Point d'affaire; il poursuit sa pointe jusqu'au bout,
Et n'est point satisfait qu'il n'ait découvert tout.
Grand et sublime effort d'une imaginative
Qui ne le cède point à personne qui vive !
C'est une rare pièce, et digne, sur ma foi,
Qu'on en fasse présent au cabinet d'un roi.
LELIE.
Je ne m'étonne pas si je romps tes attentes ;
A moins d'être informé des choses que tu tentes,
J'en ferois encor cent de la sorte.
MASCARILLE.
Tant pis.
LELIE.
Au moins, pour t'emporter à de justes dépits,
Fais-moi dans tes desseins entrer de quelque chose ;
Mais que de leurs ressorts la porte me soit close,
C'est ce qui fait toujours que je suis pris sans verd.

ACTE III. SCÈNE V.

MASCARILLE.

Ah, voilà tout le mal ! c'est cela qui nous perd.
Ma foi, mon cher patron, je vous le dis encore,
Vous ne serez jamais qu'une pauvre pécore.

LELIE.

Puisque la chose est faite, il n'y faut plus penser.
Mon rival, en tout cas, ne peut me traverser,
Et pourvu que tes soins, en qui je me repose.....

MASCARILLE.

Laissons-là ce discours, et parlons d'autre chose.
Je ne m'apaise pas, non, si facilement,
Je suis trop en colère. Il faut premièrement
Me rendre un bon office, et nous verrons ensuite
Si je dois de vos feux embrasser la conduite.

LELIE.

S'il ne tient qu'à cela, je n'y résiste pas.
As-tu besoin, dis-moi, de mon sang, de mon bras ?

MASCARILLE.

De quelle vision sa cervelle est frappée !
Vous êtes de l'humeur de ces amis d'épée,
Que l'on trouve toujours plus prompts à dégaîner,
Qu'à tirer un teston *, s'il falloit le donner.

LELIE.

Que puis-je donc pour toi ?

MASCARILLE.

          C'est que de votre père
Il faut absolument apaiser la colère.

LELIE.

Nous avons fait la paix.

---

* *Qu'à tirer un teston, s'il falloit le donner.*

En 1513 on fit des testons et des demi-testons. Le teston valoit 10 sols tournois ; le demi-teston 5 sols tournois ; le marc d'argent étoit à 12 liv. 10 sols. Ces nouvelles espèces furent appelées testons, à cause de la tête de Louis XII qui y étoit représentée. Cette monnoie d'argent subsista jusqu'à Henri III, qui leur substitua les pièces de 20 sols, mais le mot s'étoit conservé sans doute dans le peuple, puisque Mascarille en fait usage.

L'ÉTOURDI.

MASCARILLE.

Oui ; mais non pas pour nous.
Je l'ai fait ce matin mort pour l'amour de vous ;
La vision le choque *, et de pareilles feintes
Aux vieillards comme lui sont de dures atteintes,
Qui, sur l'état prochain de leur condition,
Leur font faire à regret triste réflexion.
Le bon homme, tout vieux, chérit fort la lumière,
Et ne veut point de jeu dessus cette matière ;
Il craint le pronostic, et, contre moi fâché,
On m'a dit qu'en justice il m'avoit recherché.
J'ai peur, si le logis du Roi fait ma demeure,
De m'y trouver si bien dès le premier quart-d'heure,
Que j'aye peine aussi d'en sortir par après.
Contre moi dès long-tems on a force décrets ;
Car enfin la vertu n'est jamais sans envie,
Et dans ce maudit siècle est toujours poursuivie.
Allez donc le fléchir.

LÉLIE.

Oui, nous le fléchirons :
Mais aussi tu promets....

MASCARILLE.

Ah, mon Dieu, nous verrons.

(*Lélie sort.*)

Ma foi, prenons haleine après tant de fatigues.
Cessons pour quelque tems le cours de nos intrigues,
Et de nous tourmenter de même qu'un lutin.
Léandre pour nous nuire est hors de garde enfin,
Et Célie arrêtée avecque l'artifice....

---

* Du tems de Molière on supprimoit dans cette scène quatre vers commençant par *La vision le choque*, etc. Ces vers peu soignés avoient paru inutiles.

SCÈNE VI.

ERGASTE, MASCARILLE.

ERGASTE.

Je te cherchois partout pour te rendre un service,
Pour te donner avis d'un secret important.

MASCARILLE.

Quoi donc ?

ERGASTE.

N'avons-nous point ici quelque écoutant ?

MASCARILLE.

Non.

ERGASTE.

Nous sommes amis autant qu'on le peut être,
Je sais tous tes desseins et l'amour de ton maître ;
Songez à vous tantôt. Léandre fait parti
Pour enlever Célie, et je suis averti
Qu'il a mis ordre à tout, et qu'il se persuade
D'entrer chez Trufaldin par une mascarade,
Ayant su qu'en ce tems, assez souvent le soir,
Des femmes du quartier en masque l'alloient voir.

MASCARILLE.

Oui ? Suffit ; il n'est pas au comble de sa joie,
Je pourrai bien tantôt lui souffler cette proie ;
Et contre cet assaut je sais un coup fourré,
Par qui je veux qu'il soit de lui-même enferré.
Il ne sait pas les dons dont mon ame est pourvue,
Adieu, nous boirons pinte à la première vue.

SCÈNE VII.

MASCARILLE seul.

Il faut, il faut tirer à nous ce que d'heureux
Pourroit avoir en soi ce projet amoureux,
Et par une surprise adroite et non commune,
Sans courir le danger, en tenter la fortune.
Si je vais me masquer pour devancer ses pas,

Léandre assurément ne nous bravera pas,
Et là, premier que lui, si nous faisons la prise,
Il aura fait pour nous les frais de l'entreprise ;
Puisque * par son dessein déja presque éventé,
Le soupçon tombera toujours de son côté,
Et que nous, à couvert de toutes ses poursuites,
De ce coup hasardeux ne craindrons point de suites.
C'est ne se point commettre à faire de l'éclat,
Et tirer les marrons de la patte du chat.
Allons donc nous masquer avec quelques bons frères ;
Pour prévenir nos gens, il ne faut tarder guères.
Je sais où gît le lièvre, et me puis sans travail,
Fournir en un moment d'hommes et d'attirail.
Croyez que je mets bien mon adresse en usage :
Si j'ai reçu du ciel des fourbes en partage,
Je ne suis point au rang de ces esprits mal nés,
Qui cachent les talens que Dieu leur a donnés.

SCÈNE VIII.

LÉLIE, ERGASTE.

LÉLIE.

Il prétend l'enlever avec sa mascarade ?

ERGASTE.

Il n'est rien plus certain. Quelqu'un de sa brigade
M'ayant de ce dessein instruit, sans m'arrêter,
A Mascarille alors j'ai couru tout conter,
Qui s'en va, m'a-t-il dit, rompre cette partie
Par une invention dessus le champ bâtie ;
Et, comme je vous ai rencontré par hasard,
J'ai cru que je devois du tout vous faire part.

---

* Autre retranchement indiqué dans l'édition de 1682 de quatre vers commençant par *Croyez que je mets bien mon adresse*, etc. Ce retranchement étoit très-nécessaire. Mascarille est seul sur le théâtre, à quoi pouvoit-il s'adresser en disant, *Croyez ?* On en supprimoit encore quatre autres, commençant par *Puisque par son dessein*, etc.

ACTE III. SCÈNE X.

LÉLIE.
Tu m'obliges par trop avec cette nouvelle :
Va, je reconnoîtrai ce service fidèle.

SCÈNE IX.

LÉLIE *seul*.

Mon drôle assurément leur jouera quelque trait ;
Mais je veux de ma part seconder son projet.
Il ne sera pas dit qu'en un fait qui me touche,
Je ne me sois non plus remué qu'une souche.
Voici l'heure, ils seront surpris à mon aspect.
Foin ! Que n'ai-je avec moi pris mon porte-respect ?
Mais vienne qui voudra contre notre personne,
J'ai deux bons pistolets, et mon épée est bonne.
Hola ! Quelqu'un, un mot.

SCÈNE X.

TRUFALDIN *à sa fenêtre*, LÉLIE.

TRUFALDIN.
Qu'est-ce ? qui me vient voir ?
LÉLIE.
Fermez soigneusement votre porte ce soir.
TRUFALDIN.
Pourquoi ?
LÉLIE.
Certaines gens font une mascarade
Pour vous venir donner une fâcheuse aubade ;
Ils veulent enlever votre Célie.
TRUFALDIN.
O dieux !
LÉLIE.
Et sans doute bientôt ils viendront en ces lieux.
Demeurez ; vous pourrez voir tout de la fenêtre.
Hé bien ? qu'avois-je dit ? Les voyez-vous paroître ?
Chut, je veux à vos yeux leur en faire l'affront.
Nous allons voir beau jeu, si la corde ne rompt.

8 *

L'ÉTOURDI.

SCÈNE XI.

LÉLIE, TRUFALDIN, MASCARILLE,
et sa suite masqués.

TRUFALDIN.

O les plaisans robins *, qui pensent me surprendre !

LÉLIE.

Masques, où courez-vous? le pourroit-on apprendre ?
Trufaldin, ouvrez-leur pour jouer un momon **.
   (*à Mascarille déguisé en femme*)
Bon Dieu, qu'elle est jolie, et qu'elle a l'air mignon !
Et quoi, vous murmurez? mais, sans vous faire outrage,
Peut-on lever le masque et voir votre visage ?

TRUFALDIN.

Allez, fourbes, méchans, retirez-vous d'ici,
Canaille; et vous, Seigneur, bon soir et grand merci.

SCÈNE XII.

LÉLIE, MASCARILLE.

LÉLIE *après avoir démasqué Mascarille.*

Mascarille, est-ce toi ?

---

* *Oh ! les plaisans robins.*

Ce terme de *robin* signifioit autrefois un facétieux, un plaisant. *Voyez* le Dictionnaire de Monet. *Robinerie*, dans celui de Cotgrave, signifie plaisanterie.

** . . . . *Ouvrez-leur pour jouer un momon.*

Le momon est une somme d'argent que des gens masqués jouoient sans parler. *C'est un défi au jeu de dez porté par des masques*, dit le Dictionnaire de l'Académie. Μομω en grec signifie *larva*, masque. En Sicile on appelle un fou *momar*, à cause des extravagances des masques.

   Et ni plus ni moins que des masques
   Qui viennent de perdre un momon.
              Scarron, Giganthomachie, chant 4.

ACTE III. SCÈNE XIII.

MASCARILLE.

Nenni-dà, c'est quelque autre.

LELIE.

Hélas, quelle surprise ! et quel sort est le nôtre !
L'aurois-je deviné, n'étant point averti
Des secrettes raisons qui t'avoient travesti ?
Malheureux que je suis, d'avoir dessous ce masque
Été, sans y penser, te faire cette frasque !
Il me prendroit envie, en mon juste courroux,
De me battre moi-même, et me donner cent coups.

MASCARILLE.

Adieu, sublime esprit, rare imaginative.

LELIE.

Las ! Si de ton secours ta colère me prive,
A quel saint me vouerai-je !

MASCARILLE.

Au grand diable d'enfer.

LELIE.

Ah, si ton cœur pour moi n'est de bronze ou de fer,
Qu'encore un coup du moins mon imprudence ait grace !
S'il faut pour l'obtenir que tes genoux j'embrasse,
Vois-moi....

MASCARILLE.

Tarare : allons, camarades, allons :
J'entends venir des gens qui sont sur nos talons.

SCÈNE XIII.

LÉANDRE *et sa suite masqués*, TRUFALDIN
à sa fenêtre.

LÉANDRE.

Sans bruit ; ne faisons rien que de la bonne sorte.

TRUFALDIN.

Quoi, masques toute nuit assiégeront ma porte !
Messieurs, ne gagnez point de rhumes à plaisir ;
Tout cerveau qui le fait, est certes de loisir.
Il est un peu trop tard pour enlever Célie :
Dispensez-l'en ce soir, elle vous en supplie ;

La belle est dans le lit, et ne peut vous parler;
J'en suis fâché pour vous. Mais pour vous régaler
Du souci qui, pour elle, ici vous inquiète,
Elle vous fait présent de cette cassolette *.

LÉANDRE.

Fi, cela sent mauvais, et je suis tout gâté.
Nous sommes découverts, tirons de ce côté.

ACTE IV.

SCÈNE I.

LÉLIE, *déguisé en Arménien*, MASCARILLE.

MASCARILLE.

Vous voilà fagotté d'une plaisante sorte.
LÉLIE.
Tu ranimes par-là mon espérance morte.
MASCARILLE.
Toujours de ma côlère on me voit revenir;
J'ai beau jurer, pester, je ne m'en puis tenir.
LELIE.
Aussi crois, si jamais je suis dans la puissance **,
Que tu seras content de ma reconnoissance,
Et que, quand je n'aurois qu'un seul morceau de pain....

* *Elle vous fait présent de cette cassolette.*
Fi, cela sent mauvais, etc.

Cet acte se termine par une grossièreté digne des farces italiennes. Nous avons payé quelquefois bien cher notre goût pour la littérature d'un pays où les arts perdus s'étoient remontrés.

** *Aussi crois, si jamais je suis dans la puissance.*

Pour dire *si jamais je me trouve en état de te récompenser.* Vers négligé. Molière a dit depuis tout ce qu'il a voulu dire, mais il falloit qu'il le voulût; et lorsqu'il écrivit l'*Étourdi*, la poésie française avoit encore peu de règles et de modèles.

ACTE IV. SCÈNE I.

MASCARILLE.

Baste ; songez à vous dans ce nouveau dessein.
Au moins si l'on vous voit commettre une sottise,
Vous n'imputerez plus l'erreur à la surprise ;
Votre rôle en ce jeu par cœur doit être su.

LELIE.

Mais comment Trufaldin chez lui t'a-t-il reçu ?

MASCARILLE.

D'un zèle simulé j'ai bridé le bon sire ;
Avec empressement je suis venu lui dire,
S'il ne songeoit à lui, que l'on le surprendroit ;
Que l'on couchoit en joue, et de plus d'un endroit,
Celle dont il a vu qu'une lettre en avance
Avoit si faussement divulgué la naissance ;
Qu'on avoit bien voulu m'y mêler quelque peu,
Mais que j'avois tiré mon épingle du jeu ;
Et que, touché d'ardeur pour ce qui le regarde,
Je venois l'avertir de se donner de garde.
De là, moralisant, j'ai fait de grands discours
Sur les fourbes qu'on voit ici-bas tous les jours ;
Que pour moi, las du monde et de sa vie infame,
Je voulois travailler au salut de mon ame,
A m'éloigner du trouble, et pouvoir longuement
Près de quelqu'honnête homme être paisiblement ;
Que, s'il le trouvoit bon, je n'aurois d'autre envie
Que de passer chez lui le reste de ma vie,
Et que même à tel point il m'avoit su ravir,
Que, sans lui demander gages pour le servir,
Je mettrois en ses mains, que je tenois certaines,
Quelque bien de mon père, et le fruit de mes peines,
Dont, avenant que Dieu de ce monde m'ôtât,
J'entendois tout de bon que lui seul héritât.
C'étoit le vrai moyen d'acquérir sa tendresse.
Et comme, pour résoudre avec votre maitresse
Des biais * qu'on doit prendre à terminer vos vœux,

* *Des biais qu'on doit prendre*, etc.

Voilà de ces mots dont les poëtes disposoient à leur gré, aujourd'hui *biais* n'a qu'une syllabe.

Je voulois en secret vous aboucher tous deux ;
Lui-même a su m'ouvrir une voie assez belle,
De pouvoir hautement vous loger avec elle,
Venant m'entretenir d'un fils privé du jour,
Dont cette nuit en songe il a vu le retour :
A ce propos, voici l'histoire qu'il m'a dite,
Et sur quoi j'ai tantôt notre fourbe construite.

LELIE.

C'est assez, je sais tout : tu me l'a dit deux fois.

MASCARILLE.

Oui, oui, mais quand j'aurois passé jusques à trois,
Peut-être encor qu'avec toute sa suffisance,
Votre esprit manquera dans quelque circonstance.

LELIE.

Mais à tant différer je me fais de l'effort.

MASCARILLE.

Ah, de peur de tomber, ne courons pas si fort !
Voyez-vous ? Vous avez la caboche un peu dure,
Rendez-vous affermi dessus cette aventure.
Autrefois Trufaldin de Naples est sorti,
Et s'appeloit alors Zanobio Ruberti ;
Un parti qui causa quelque émeute civile,
Dont il fut seulement soupçonné dans sa ville,
(De fait il n'est pas homme a troubler un état)
L'obligea d'en sortir une nuit sans éclat.
Une fille fort jeune, et sa femme laissées,
A quelque tems de là se trouvant trépassées,
Il en eut la nouvelle, et dans ce grand ennui,
Voulant dans quelque ville emmener avec lui,
Outre ses biens, l'espoir qui restoit de sa race,
Un sien fils écolier, qui se nommoit Horace,
Il écrit à Bologne, ou pour mieux être instruit,
Un certain maître Albert jeune l'avoit conduit ;
Mais pour se joindre tous, le rendez-vous qu'il donne
Durant deux ans entiers ne lui fit voir personne :
Si bien que, les jugeant morts après ce tems-là,
Il vint en cette ville, et prit le nom qu'il a,
Sans que de cet Albert ni de ce fils Horace

ACTE IV. SCÈNE I.

Douze ans aient découvert jamais la moindre trace.
Voilà l'histoire en gros, redite seulement
Afin de vous servir ici de fondement.
Maintenant vous serez un marchand d'Arménie,
Qui les aurez vus sains l'un et l'autre en Turquie.
Si j'ai, plutôt qu'aucun, un tel moyen trouvé
Pour les ressusciter sur ce qu'il a rêvé,
C'est qu'en fait d'aventure, il est très-ordinaire
De voir gens pris sur mer par quelque Turc corsaire,
Puis * être à leur famille à point nommé rendus,
Après quinze ou vingt ans qu'on les a cru perdus.
Pour moi, j'ai vu déjà cent contes de la sorte.
Sans nous alambiquer, servons-nous-en ; qu'importe ?
Vous leur aurez ouï leur disgrace conter,
Et leur aurez fourni de quoi se racheter,
Mais que, parti plutôt pour chose nécessaire,
Horace vous chargea de voir ici son père
Dont il a su le sort, et chez qui vous devez
Attendre quelques jours qu'ils y soient arrivés.
Je vous ai fait tantôt des leçons étendues.

LÉLIE.

Ces répétitions ne sont que superflues.
Dès d'abord mon esprit a compris tout le fait.

MASCARILLE.

Je m'en vais là-dedans donner le premier trait.

LELIE.

Écoute, Mascarille, un seul point me chagrine.
S'il alloit de son fils me demander la mine ?

MASCARILLE.

Belle difficulté ! Devez-vous pas savoir
Qu'il étoit fort petit alors qu'il l'a pu voir ?
Et puis, outre cela, le tems et l'esclavage
Pourroient-ils pas avoir changé tout son visage ?

* La troupe de Molière supprimoit, dans cette scène, quatre vers commençant par *Puis être à leur famille*, etc., c'étoit pour abréger ce morceau de Mascarille déjà fort long.

L'ÉTOURDI.

LELIE.

Il est vrai. Mais dis-moi, s'il connoît qu'il m'a vu *,
Que faire ?

MASCARILLE.

De mémoire êtes-vous dépourvu,
Nous avons dit tantôt, qu'outre que votre image
N'avoit dans son esprit pu faire qu'un passage,
Pour ne vous avoir vu que durant un moment;
Et le poil et l'habit déguisent grandement.

LELIE.

Fort bien. Mais à propos, cet endroit de Turquie ?

MASCARILLE.

Tout, vous dis-je, est égal, Turquie ou Barbarie.

LELIE.

Mais le nom de la ville où j'aurai pu le voir ?

MASCARILLE.

Tunis. Il me tiendra, je crois, jusques au soir.
La répétition, dit-il, est inutile,
Et j'ai déjà nommé douze fois cette ville.

LELIE.

Va, va-t-en commencer, il ne me faut plus rien.

MASCARILLE.

Au moins soyez prudent, et vous conduisez bien;
Ne donnez point ici de l'imaginative.

LELIE.

Laisse-moi gouverner. Que ton ame est craintive !

MASCARILLE.

Horace dans Bologne écolier, Trufaldin
Zanobio Ruberti dans Naples citadin,
Le précepteur Albert....

LELIE.

Ah, c'est me faire honte
Que de me tant prêcher ! Suis-je un sot, à ton compte ?

MASCARILLE.

Non pas du tout, mais bien quelque chose approchant.

---

* .... *S'il connoît qu'il m'a vu*, pour dire *s'il se souvient de m'avoir vu*. Négligence.

SCÈNE II.
LÉLIE seul.

Quand il m'est inutile, il fait le chien couchant,
Mais, parce qu'il sent bien le secours qu'il me donne,
Sa familiarité jusques-là s'abandonne.
Je vais être de pres éclairé des beaux yeux
Dont la force m'impose un joug si précieux ;
Je m'en vais sans obstacle ; avec des traits de flamme,
Peindre à cette beauté les tourmens de mon ame ;
Je saurai quel arrêt je dois.... Mais les voici.

SCÈNE III.
TRUFALDIN, LÉLIE, MASCARILLE.

TRUFALDIN.
Sois béni, juste ciel, de mon sort adouci !
MASCARILLE.
C'est à vous de rêver, et de faire des songes,
Puisqu'en vous il est faux que songes sont mensonges.
TRUFALDIN à *Lélie.*
Quelle grace, quels biens vous rendrai-je, Seigneur,
Vous, que je dois nommer l'ange de mon bonheur ?
LÉLIE.
Ce sont soins superflus, et je vous en dispense.
TRUFALDIN à *Mascarille.*
J'ai, je ne sais pas où, vu quelque ressemblance
De cet Arménien.
MASCARILLE.
C'est ce que je disois ;
Mais on voit des rapports admirables par fois.
TRUFALDIN.
Vous avez vu ce fils où mon espoir se fonde ?
LÉLIE.
Oui, Seigneur Trufaldin, le plus gaillard du monde.
TRUFALDIN.
Il vous a dit sa vie, et parlé fort de moi ?

LÉLIE.

Plus de dix mille fois.

MASCARILLE.

Quelque peu moins, je crois.

LÉLIE.

Il vous a dépeint tel que je vous vois paroître,
Le visage, le port....

TRUFALDIN.

Cela pourroit-il être,
Si lorsqu'il m'a pu voir il n'avoit que sept ans,
Et si son précepteur, même depuis ce tems,
Auroit peine à pouvoir connoître mon visage ?

MASCARILLE.

Le sang, bien autrement, conserve cette image ;
Par des traits si profonds ce portrait est tracé,
Que mon père....

TRUFALDIN.

Suffit. Où l'avez-vous laissé ?

LÉLIE.

En Turquie, à Turin.

TRUFALDIN.

Turin ? Mais cette ville
Est, je pense, en Piémont.

MASCARILLE *à part.*

O cerveau mal habile !

(*à Trufaldin.*)

Vous ne l'entendez pas, il veut dire Tunis,
Et c'est en effet là qu'il laissa votre fils ;
Mais les Arméniens ont tous, par habitude,
Certain vice de langue à nous autres fort rude ;
C'est que dans tous les mots ils changent nis en rin,
Et pour dire Tunis, ils prononcent Turin.

TRUFALDIN.

Il falloit, pour l'entendre, avoir cette lumière.
Quel moyen, vous dit-il, de rencontrer son père ?

MASCARILLE.

(*à part.*)   (*à Trufaldin, après s'être escrimé.*)

Voyez s'il répondra. Je repassois un peu

ACTE IV. SCÈNE III.

Quelque leçon d'escrime; autrefois en ce jeu
Il n'étoit point d'adresse à mon adresse égale,
Et j'ai battu le fer en mainte et mainte salle.

TRUFALDIN à *Mascarille*.

Ce n'est pas maintenant ce que je veux savoir.
(à *Lélie*.)
Quel autre nom, dit-il, que je devois avoir?

MASCARILLE.

Ah, Seigneur Zanobio Ruberti, quelle joie
Est celle maintenant que le ciel nous envoie!

LÉLIE.

C'est là votre vrai nom, et l'autre est emprunté.

TRUFALDIN.

Mais où vous a-t-il dit qu'il reçut la clarté?

MASCARILLE.

Naples est un séjour qui paroit agréable;
Mais pour vous ce doit être un lieu fort haïssable.

TRUFALDIN.

Ne peux-tu, sans parler, souffrir notre discours?

LÉLIE.

Dans Naples son destin a commencé son cours.

TRUFALDIN.

Où l'envoyai-je jeune, et sous quelle conduite?

MASCARILLE.

Ce pauvre maître Albert a beaucoup de mérite
D'avoir depuis Bologne accompagné ce fils,
Qu'à sa discrétion vos soins avoient commis.

TRUFALDIN.

Ah!

MASCARILLE à *part*.

Nous sommes perdus si cet entretien dure.

TRUFALDIN.

Je voudrois bien savoir de vous leur aventure,
Sur quel vaisseau le sort qui m'a su travailler....

MASCARILLE.

Je ne sais ce que c'est, je ne fais que bâiller;
Mais, Seigneur Trufaldin, songez-vous que peut-être
Ce monsieur l'étranger a besoin de repaître
Et qu'il est tard aussi?

L'ÉTOURDI.

LÉLIE.
Pour moi point de repas.
MASCARILLE.
Ah, vous avez plus faim que vous ne pensez pas *?
TRUFALDIN.
Entrez donc.
LÉLIE.
Après vous.
MASCARILLE à *Trufaldin.*
Monsieur, en Arménie,
Les maîtres du logis sont sans cérémonie.
(*à Lélie, après que Trufaldin est entré dans sa maison.*)
Pauvre esprit ! Pas deux mots !
LÉLIE.
D'abord il m'a surpris,
Mais n'appréhende plus, je reprends mes esprits,
Et m'en vais débiter avecque hardiesse....
MASCARILLE.
Voici votre rival qui ne sait pas la pièce.
(*Ils entrent dans la maison de Trufaldin.*)

SCÈNE IV.
ANSELME, LÉANDRE.

ANSELME.

ARRÊTEZ-vous, Léandre, et souffrez un discours
Qui cherche le repos et l'honneur de vos jours.
Je ne vous parle point en père de ma fille,
En homme intéressé pour ma propre famille ;
Mais comme votre père ému pour votre bien,
Sans vouloir vous flatter et vous déguiser rien ;
Bref, comme je voudrois d'une ame franche et pure

---

* *Ah ! vous avez plus faim que vous ne pensez pas.*

Pas est de trop dans ce vers et ne sert qu'à la rime ; Molière étoit bien loin de retomber dans cette faute lorsqu'il fit dire à Martine des *femmes savantes*:

De pas mis avec ne *tu fais la récidive,*
Et c'est, comme on t'a dit, trop d'une négative.

Que l'on fît à mon sang en pareille aventure.
Savez-vous de quel œil chacun voit cet amour,
Qui dedans une nuit vient d'éclater au jour * ?
A combien de discours, et de traits de risée
Votre entreprise d'hier est partout exposée ?
Quel jugement on fait du choix capricieux,
Qui pour femme, dit-on, vous désigne en ces lieux
Un rebut de l'Egypte, une fille coureuse,
De qui le noble emploi n'est qu'un métier de gueuse ?
J'en ai rougi pour vous encor plus que pour moi,
Qui me trouve compris dans l'éclat que je voi :
Moi, dis-je, dont la fille à vos ardeurs promise,
Ne peut, sans quelque affront, souffrir qu'on la méprise.
Ah, Léandre, sortez de cet abaissement !
Ouvrez un peu les yeux sur votre aveuglement.
Si notre esprit n'est pas sage à toutes les heures,
Les plus courtes erreurs sont toujours les meilleures.
Quand on ne prend en dot que la seule beauté,
Le remords est bien près de la solemnité,
Et la plus belle femme a très-peu de défense
Contre cette tiédeur qui suit la jouissance.
Je vous le dis encor, ces bouillans mouvemens,
Ces ardeurs de jeunesse et ces emportemens
Nous font trouver d'abord quelques nuits agréables ;
Mais ces félicités ne sont guères durables,
Et, notre passion ralentissant son cours,
Après ces bonnes nuits, donnent de mauvais jours ;
De là viennent les soins, les soucis, les misères,
Les fils déshérités par le courroux des pères.

LÉANDRE.

Dans tout votre discours je n'ai rien écouté
Que mon esprit déjà ne m'ait représenté.
Je sais combien je dois à cet honneur insigne.

* *Qui dedans une nuit vient d'éclater au jour.*

Qu'est-ce qu'un amour qui dans une *nuit* éclate *au jour ?* Il faut se souvenir que Molière n'eut jamais un moment à donner à la révision de ses ouvrages.

Que vous me voulez faire, et dont je suis indigne;
Et vois, malgré l'effort dont je suis combattu,
Ce que vaut votre fille, et quelle est sa vertu :
Aussi veux-je tâcher....

ANSELME.

On ouvre cette porte :
Retirons-nous plus loin, de crainte qu'il n'en sorte
Quelque secret poison dont vous seriez surpris.

SCÈNE V.
LÉLIE, MASCARILLE.

MASCARILLE.

Bientôt de notre fourbe on verra le débris,
Si vous continuez des sottises si grandes.

LÉLIE.

Dois-je éternellement ouïr tes réprimandes ?
De quoi te peux-tu plaindre ? Ai-je pas réussi
En tout ce que j'ai dit depuis ?

MASCARILLE.

Couci-couci.
Témoins les Turcs par vous appelés hérétiques,
Et que vous assurez par sermens authentiques
Adorer pour leurs dieux la lune et le soleil.
Passe. Ce qui me donne un dépit non pareil,
C'est qu'ici votre amour étrangement s'oublie ;
Près de Célie, il est ainsi que la bouillie *,
Qui par un trop grand feu s'enfle, croît jusqu'aux bords
Et de tous les côtés se répand au-dehors.

LÉLIE.

Pourroit-on se forcer à plus de retenue ?
Je ne l'ai presque point encore entretenue.

---

* Dans cette scène on voit avec peine l'amour de *Lélie* comparé à la *bouillie*. Cela se retranchoit du tems de Molière, suivant l'édition de 1682, qui devroit toujours guider nos acteurs. On supprimoit encore dans cette scène quatre autres vers commençant par *Pour moi, j'en ai souffert*. On ne voit pas la raison du retranchement de ces derniers vers. Ils renferment une comparaison très-heureuse.

ACTE IV. SCÈNE V.

MASCARILLE.

Oui ; mais ce n'est pas tout que de ne parler pas ;
Par vos gestes, durant un moment de repas,
Vous avez aux soupçons donné plus de matière,
Que d'autres ne feroient dans une année entière.

LÉLIE.

Et comment donc?

MASCARILLE.

Comment? chacun a pu le voir.
A table où Trufaldin l'oblige de se seoir,
Vous n'avez toujours fait qu'avoir les yeux sur elle.
Rouge, tout interdit, jouant de la prunelle,
Sans prendre jamais garde à ce qu'on vous servoit,
Vous n'aviez point de soif qu'alors qu'elle buvoit ;
Et dans ses propres mains vous saisissant du verre,
Sans le vouloir rincer, sans rien jeter à terre,
Vous buviez sur son reste, et montriez d'affecter *
Le côté qu'à sa bouche elle avoit su porter.
Sur les morceaux touchés de sa main délicate,
Ou mordus de ses dents, vous étendiez la patte
Plus brusquement qu'un chat dessus une souris,
Et les avaliez tous ainsi que des pois gris.
Puis, outre tout cela, vous faisiez sous la table
Un bruit, un triquetrac de pieds insupportable,
Dont Trufaldin, heurté de deux coups trop pressans,
A puni par deux fois deux chiens tres-innocens,
Qui, s'ils eussent osé, vous eussent fait querelle :
Et puis après cela votre conduite est belle ?
Pour moi, j'en ai souffert la gêne sur mon corps.
Malgré le froid, je sue encor de mes efforts.
Attaché dessus vous comme un joueur de boule
Après le mouvement de la sienne qui roule,
Je pensois retenir toutes vos actions,
En faisant de mon corps mille contorsions.

* *Vous buviez sur son reste, et montriez d'affecter.*

En disant *et vouliez affecter*, Molière eût évité la prononciation dure de *montriez* en deux syllabes.

LÉLIE.

Mon Dieu, qu'il t'est aisé de condamner des choses
Dont tu ne ressens pas les agréables causes !
Je veux bien néanmoins, pour te plaire une fois,
Faire force à l'amour qui m'impose des lois.
Désormais....

SCÈNE VI.

TRUFALDIN, LÉLIE, MASCARILLE.

MASCARILLE.

Nous parlions des fortunes d'Horace.

TRUFALDIN.

(à Lélie.)

C'est bien fait. Cependant me ferez-vous la grace
Que je puisse lui dire un seul mot en secret ?

LÉLIE.

Il faudroit autrement être fort indiscret.

(Lélie entre dans la maison de Trufaldin.)

SCÈNE VII.

TRUFALDIN, MASCARILLE.

TRUFALDIN.

Écoute : sais-tu bien ce que je viens de faire ?

MASCARILLE.

Non ; mais, si vous voulez, je ne tarderai guère,
Sans doute, à le savoir.

TRUFALDIN.

D'un chêne grand et fort,
Dont près de deux cents ans ont déjà fait le sort,
Je viens de détacher une branche admirable,
Choisie expressément de grosseur raisonnable,
Dont j'ai fait sur-le-champ, avec beaucoup d'ardeur,
(Il montre son bras.)
Un bâton à peu près.... oui, de cette grandeur,
Moins gros par l'un des bouts, mais, plus que trente gaules,

ACTE IV. SCÈNE VII.

Propre, comme je pense, à rosser les épaules;
Car il est bien en main, vert, noueux et massif.
MASCARILLE.
Mais pour qui, je vous prie, un tel préparatif ?
TRUFALDIN.
Pour toi premièrement ; puis pour ce bon apôtre,
Qui veut m'en donner d'une, et m'en jouer d'une autre,
Pour cet Arménien, ce marchand déguisé,
Introduit sous l'appas d'un conte supposé.
MASCARILLE.
Quoi, vous ne croyez pas ?...
TRUFALDIN.
      Ne cherche point d'excuse,
Lui-même heureusement a découvert sa ruse,
En disant à Célie, en lui serrant la main,
Que pour elle il venoit sous ce prétexte vain ;
Il n'a pas aperçu Jeannette, ma fillole,
Laquelle a tout ouï, parole pour parole,
Et je ne doute point, quoiqu'il n'en ait rien dit,
Que tu ne sois de tout le complice maudit.
MASCARILLE.
Ah, vous me faites tort. S'il faut qu'on vous affronte,
Croyez qu'il m'a trompé le premier à ce conte.
TRUFALDIN.
Veux-tu me faire voir que tu dis vérité ?
Qu'à le chasser, mon bras soit du tien assisté,
Donnons-en à ce fourbe et du long et du large,
Et de tout crime après mon esprit te décharge.
MASCARILLE.
Oui-dà, très-volontiers, je l'épousterai bien,
Et par-là vous verrez que je n'y trempe en rien.
     (à part.)
Ah, vous serez rossé, monsieur de l'Arménie,
Qui toujours gâtez tout !

SCÈNE VIII.
LÉLIE, TRUFALDIN, MASCARILLE.

TRUFALDIN *à Lélie, après avoir heurté à sa porte.*
Un mot, je vous supplie.
Donc, monsieur l'imposteur, vous osez aujourd'hui
Duper un honnête homme, et vous jouer de lui ?
MASCARILLE.
Feindre avoir vu son fils en une autre contrée,
Pour vous donner chez lui plus librement entrée ?
TRUFALDIN *bat Lélie.*
Vidons, vidons sur l'heure.
LÉLIE *à Mascarille qui le bat aussi.*
Ah, coquin !
MASCARILLE.
C'est ainsi
Que les fourbes...
LÉLIE.
Bourreau !
MASCARILLE.
Sont ajustés ici.
Gardez-moi bien cela.
LÉLIE.
Quoi donc, je serois homme...
MASCARILLE *le battant toujours et le chassant.*
Tirez, tirez, vous dis-je, ou bien je vous assomme.
TRUFALDIN.
Voilà qui me plaît fort ; rentre, je suis content.
(*Mascarille suit Trufaldin qui rentre dans sa maison.*)
LÉLIE *revenant.*
A moi par un valet cet affront éclatant !
L'auroit-on pu prévoir l'action de ce traître,
Qui vient insolemment de maltraiter son maitre ?
MASCARILLE *à la fenêtre de Trufaldin.*
Peut-on vous demander comment va votre dos ?
LÉLIE.
Quoi, tu m'oses encor tenir un tel propos ?

ACTE IV. SCÈNE VIII.
MASCARILLE.
Voilà *, voilà que c'est de ne voir pas Jeannette,
Et d'avoir en tout tems une langue indiscrette :
Mais pour cette fois-ci je n'ai point de courroux ;
Je cesse d'éclater, de pester contre vous ;
Quoique de l'action l'imprudence soit haute,
Ma main sur votre échine a lavé votre faute.
LELIE.
Ah, je me vengerai de ce trait déloyal !
MASCARILLE.
Vous vous êtes causé vous-même tout le mal.
LELIE.
Moi ?
MASCARILLE.
Si vous n'étiez pas une cervelle folle,
Quand vous avez parlé naguère à votre idole,
Vous auriez aperçu Jeannette sur vos pas,
Dont l'oreille subtile a découvert le cas.
LELIE.
On auroit pu surprendre un mot dit à Célie ?
MASCARILLE.
Et d'où doncques viendroit cette brusque sortie ?
Oui, vous n'êtes dehors que par votre caquet.
Je ne sais si souvent vous jouez au piquet ** ;
Mais au moins faites-vous des écarts admirables.
LELIE.
O le plus malheureux de tous les misérables !
Mais encore, pourquoi me voir chassé par toi ?

* *Voilà, voilà que c'est de ne voir pas Jeannette.*

La Grammaire veut *voilà ce que c'est*, et il étoit aisé à Molière de dire : *Et voilà ce que c'est de ne pas voir Jeannette.*

** *Je ne sais si souvent vous jouez au piquet,*
Mais au moins faites-vous des écarts admirables.

Ce jeu de mots est dans la bouche de Mascarille, et c'est une plaisanterie de l'auteur italien, ainsi que presque toutes celles de ce genre. Nous remarquerons ici en passant que les quolibets et les pointes, cette misère de l'esprit qu'on appelle le génie des sots, recommencent parmi nous à empoisonner nos jolis soupers, sous le nom de charades, de calembours, etc.

L'ÉTOURDI.

MASCARILLE.

Je ne fis jamais mieux que d'en prendre l'emploi ;
Par-là, j'empêche au moins que de cet artifice
Je ne sois soupçonné d'être auteur ou complice.

LÉLIE.

Tu devois donc pour toi frapper plus doucement.

MASCARILLE.

Quelque sot. Trufaldin lorgnoit exactement :
Et puis, je vous dirai, sous ce prétexte utile,
Je n'étois point fâché d'évaporer ma bile.
Enfin, la chose est faite, et, si j'ai votre foi
Qu'on ne vous verra point vouloir venger sur moi,
Soit ou directement, ou par quelqu'autre voie,
Les coups sur votre rable assenés avec joie,
Je vous promets, aidé par le poste où je suis,
De contenter vos vœux avant qu'il soit deux nuits.

LÉLIE.

Quoique ton traitement ait eu trop de rudesse,
Qu'est-ce que dessus moi ne peut cette promesse ?

MASCARILLE.

Vous le promettez donc ?

LÉLIE

Oui, je te le promets.

MASCARILLE.

Ce n'est pas encor tout. Promettez que jamais
Vous ne vous mêlerez dans quoi que j'entreprenne.

LÉLIE.

Soit.

MASCARILLE.

Si vous y manquez, votre fievre quartaine... *

---

* *Si vous y manquez, votre fièvre quartaine.*

Expression italienne. On lit dans l'Hypocrite de l'Arétin, acte 2, scène 18, *la quartana che t'uccida !* Rabelais en fait usage, liv. 5, chap. 13. *Or çà tes fortes fièvres quartaines qui te puissent pouser.* Le commentateur cite à ce propos *Alain Chartier*, dans son livre *des quatre Dames* :

> *De fièvre quartaine épousée
> Soit telle merdaille.*

ACTE IV. SCÈNE IX.
LELIE.
Mais tiens-moi donc parole, et songe à mon repos.
MASCARILLE.
Allez quitter l'habit, et graisser votre dos.
LELIE *seul.*
Faut-il que le malheur qui me suit à la trace,
Me fasse voir toujours disgrace sur disgrace !
MASCARILLE, *sortant de chez Trufaldin.*
Quoi, vous n'êtes pas loin ? sortez vîte d'ici ;
Mais, surtout, gardez-vous de prendre aucun souci :
Puisque je suis pour vous, que cela vous suffise :
N'aidez point mon projet de la moindre entreprise ;
Demeurez en repos.
LELIE *en sortant.*
Oui, va, je m'y tiendrai.
MASCARILLE *seul.*
Il faut voir maintenant quels biais je prendrai.

SCÈNE IX.
ERGASTE, MASCARILLE.
ERGASTE.
Mascarille, je viens te dire une nouvelle,
Qui donne à tes desseins une atteinte cruelle.
A l'heure que je parle, un jeune Egyptien,
Qui n'est pas noir pourtant et sent assez son bien,
Arrive accompagné d'une vieille fort have,
Et vient chez Trufaldin racheter cette esclave,
Que vous vouliez ; pour elle il paroît fort zélé.
MASCARILLE.
Sans doute c'est l'amant dont Célie a parlé.
Fut-il jamais destin plus brouillé que le nôtre ?
Sortant d'un embarras, nous entrons dans un autre.
En vain nous apprenons que Léandre est au point
De quitter la partie et ne nous troubler point ;
Que son père, arrivé contre toute espérance,
Du côté d'Hippolyte emporte la balance,
Qu'il a tout fait changer par son autorité,

Et va dès aujourd'hui conclure le traité :
Lorsqu'un rival s'éloigne, un autre plus funeste
S'en vient nous enlever tout l'espoir qui nous reste.
Toutefois par un trait merveilleux de mon art,
Je crois que je pourrai retarder leur départ,
Et me donner le tems qui sera nécessaire
Pour tâcher de finir cette fameuse affaire.
Il s'est fait un grand vol, par qui ? l'on n'en sait rien ;
Eux autres rarement passent pour gens de bien :
Je veux adroitement, sur un soupçon frivole,
Faire pour quelques jours emprisonner le drôle *.
Je sais des officiers de justice altérés,
Qui sont pour de tels coups de vrais délibérés ;
Dessus l'avide espoir de quelque paraguante,
Il n'est rien que leur art aveuglément ne tente,
Et du plus innocent, toujours à leur profit,
La bourse est criminelle, et paye son délit.

ACTE V.

SCÈNE I.

MASCARILLE, ERGASTE.

MASCARILLE.

Ah, chien ! Ah, double chien ! Mâtine de cervelle,
Ta persécution sera-t-elle éternelle !

ERGASTE.

Par les soins vigilans de l'exempt Balafré,
Ton affaire alloit bien, le drôle étoit coffré,

---

* Les six derniers vers de cette scène ne se récitoient plus du tems de Molière.

ACTE V. SCÈNE II.

Si ton maître au moment ne fût venu lui-même,
En vrai désespéré rompre ton stratagême :
Je ne saurois souffrir, a-t-il dit hautement,
Qu'un honnête homme soit traîné honteusement,
J'en réponds sur sa mine, et je le cautionne :
Et, comme on résistoit à lâcher sa personne,
D'abord il a chargé si bien sur les recors,
Qui sont gens d'ordinaire à craindre pour leur corps,
Qu'à l'heure que je parle ils sont encore en fuite,
Et pensent tous avoir un Lélie à leur suite.

MASCARILLE.

Le traître ne sait pas que cet Egyptien
Est déjà là-dedans pour lui ravir son bien.

ERGASTE.

Adieu. Certaine affaire à te quitter m'oblige.

SCÈNE II.

MASCARILLE seul.

Oui, je suis stupéfait de ce dernier prodige.
On diroit, et pour moi j'en suis persuadé,
Que ce démon brouillon, dont il est possédé,
Se plaise à me braver, et me l'aille conduire
Partout où sa présence est capable de nuire.
Pourtant je veux poursuivre, et malgré tous ces coups,
Voir qui l'emportera, de ce diable ou de nous.
Célie est quelque peu de notre intelligence,
Et ne voit son départ qu'avecque répugnance.
Je tâche à profiter de cette occasion :
Mais ils viennent ; songeons à l'exécution.
Cette maison meublée est en ma bienséance,
Je puis en disposer avec grande licence :
Si le sort nous en dit, tout sera bien réglé,
Nul que moi ne s'y tient, et j'en garde la clé.
O Dieu, qu'en peu de tems on a vu d'aventures,
Et qu'un fourbe est contraint de prendre de figures !

L'ÉTOURDI.
SCÈNE III.
CÉLIE, ANDRÉS.

ANDRÉS.

Vous le savez, Célie, il n'est rien que mon cœur
N'ait fait pour vous prouver l'excès de son ardeur.
Chez les Vénitiens, dès un assez jeune âge *,
La guerre en quelque estime avoit mis mon courage,
Et j'y pouvois un jour, sans trop croire de moi,
Prétendre, en les servant, un honorable emploi,
Lorsqu'on me vit pour vous oublier toute chose,
Et que le prompt effet d'une métamorphose,
Qui suivit de mon cœur le soudain changement,
Parmi vos compagnons sut ranger votre amant,
Sans que mille accidens ni votre indifférence
Aient pu me détacher de ma persévérance.
Depuis, par un hasard, d'avec vous séparé
Pour beaucoup plus de tems que je n'eusse auguré,
Je n'ai, pour vous rejoindre, épargné tems ni peine ;
Enfin, ayant trouvé la vieille Egyptienne,
Et plein d'impatience apprenant votre sort,
Que pour certain argent qui leur importoit fort,
Et qui de tous vos gens détourna le naufrage,
Vous aviez en ces lieux été mise en otage,
J'accours vite y briser ces chaînes d'intérêt,
Et recevoir de vous les ordres qu'il vous plaît :
Cependant on vous voit une morne tristesse
Alors que dans vos yeux doit briller l'alégresse.
Si pour vous la retraite avoit quelques appas,
Venise, du butin fait parmi les combats,
Me garde pour tous deux de quoi pouvoir y vivre ;
Que si, comme devant, il vous faut encor suivre,
J'y consens, et mon cœur n'ambitionnera
Que d'être auprès de vous tout ce qu'il vous plaira.

* Andrés tombe des nues dans cette scène. Ce qu'il y dit est peu vraisemblable, fort long et fort obscur. C'est le défaut de ces intrigues d'esclaves, à la manière des anciens; elles ne peuvent être dans nos mœurs.

ACTE V. SCÈNE IV.
CÉLIE.
Votre zèle pour moi visiblement éclate ;
Pour en paroître triste il faudroit être ingrate ;
Et mon visage aussi, par son émotion,
N'explique point mon cœur en cette occasion.
Une douleur de tête y peint sa violence,
Et, si j'avois sur vous quelque peu de puissance,
Notre voyage, au moins pour trois ou quatre jours,
Attendroit que ce mal eût pris un autre cours.
ANDRÉS.
Autant que vous voudrez, faites qu'il se diffère,
Toutes mes volontés ne butent qu'à vous plaire.
Cherchons une maison à vous mettre en repos.
L'écriteau que voici s'offre tout à propos.

SCÈNE IV.
CÉLIE, ANDRÉS, MASCARILLE
déguisé en Suisse.

ANDRÉS.
Seigneur Suisse, êtes-vous de ce logis le maître ?
MASCARILLE.
Moi pour serfir à fous.
ANDRÉS.
Pourrions-nous y bien être ?
MASCARILLE.
Oui, moi pour détrancher chappon champre carni.
Ma che non point locher te gent te méchant fi.
ANDRÉS.
Je crois votre maison franche de tout ombrage.
MASCARILLE.
Fous noufeau dans sti fil, moi foir à la fissage.
ANDRÉS.
Oui.
MASCARILLE.
La matame est-il mariache al monsieur ?
ANDRÉS.
Quoi ?

MASCARILLE.

S'il être son fame, ou s'il être son sœur ?

ANDRÉS.

Non.

MASCARILLE.

Mon foi bien choli, fenir pour marchantise,
Ou bien pour temander à la palais choustice :
La procès il faut rien, il couter tant d'archant,
La procurer larron, l'afocat pien méchant.

ANDRÉS.

Ce n'est pas pour cela.

MASCARILLE.

Fous tonc mener sti file,
Pour fenir pourmener et récarter la file ?

ANDRÉS à Célie.

Il n'importe. Je suis à vous dans un moment.
Je vais faire venir la vieille promptement;
Contremander aussi notre voiture prête.

MASCARILLE.

Li ne porte pas pien.

ANDRÉS.

Elle a mal à la tête.

MASCARILLE.

Moi chafoir te pon fin, et te formache bon.
Entre fous, entre fous tans mon petit maison.

(Célie, Andrés et Mascarille entrent dans la maison.)

SCÈNE V.

LÉLIE seul.

Quel que soit le transport d'une ame impatiente,
Ma parole m'engage à rester en attente,
A laisser faire un autre, et voir, sans rien oser,
Comme de mes destins le ciel veut disposer.

SCÈNE VI.

ANDRÉS, LÉLIE.

LELIE *à Andrés qui sort de la maison.*

Demandez-vous quelqu'un dedans cette demeure ?

ANDRÉS.

C'est un logis garni que j'ai pris tout à l'heure.

LÉLIE.

A mon père pourtant la maison appartient,
Et mon valet la nuit pour la garder s'y tient.

ANDRÉS.

Je ne sais ; l'écriteau marque au moins qu'on la loue,
Lisez.

LÉLIE.

Certes, ceci me surprend, je l'avoue.
Qui diantre l'auroit mis : et par quel intérêt...
Ah, ma foi, je devine à peu près ce que c'est !
Cela ne peut venir que de ce que j'augure.

ANDRÉS.

Peut-on vous demander quelle est cette aventure ?

LELIE.

Je voudrois à tout autre en faire un grand secret ;
Mais pour vous il n'importe, et vous serez discret.
Sans doute l'écriteau que vous voyez paroître,
Comme je conjecture, au moins ne sauroit être
Que quelque invention du valet que je di,
Que quelque nœud subtil qu'il doit avoir ourdi
Pour mettre en mon pouvoir certaine Egyptienne,
Dont j'ai l'ame piquée, et qu'il faut que j'obtienne ;
Je l'ai déjà manquée, et même plusieurs coups.

ANDRÉS.

Vous l'appelez ?

LELIE.

Célie.

ANDRÉS.

Hé, que ne disiez-vous ?
Vous n'aviez qu'à parler, je vous aurois sans doute
Epargné tous les soins que ce projet vous coûte

LÉLIE.
Quoi, vous la connoissez?

ANDRÉS.
C'est moi qui maintenant
Viens de la racheter.

LÉLIE.
O discours surprenant!

ANDRÉS.
Sa santé, de partir ne pouvant nous permettre,
Au logis que voilà je venois de la mettre;
Et je suis très-ravi, dans cette occasion,
Que vous m'ayez instruit de votre intention.

LÉLIE.
Quoi, j'obtiendrois de vous le bonheur que j'espère?
Vous pourriez....

ANDRÉS *allant frapper à la porte.*
Tout à l'heure on va vous satisfaire.

LÉLIE.
Que pourrai-je vous dire? Et quel remercîment....

ANDRÉS.
Non, ne m'en faites point, je n'en veux nullement.

SCÈNE VII.

LÉLIE, ANDRÉS, MASCARILLE.

MASCARILLE *à part.*
Hé bien, ne voilà pas mon enragé de maître!
Il nous va faire encor quelque nouveau bicêtre *.

* *Eh bien, ne voilà pas mon enragé de maître!*
Il va nous faire encor quelque nouveau bicêtre.

Il faut au premier vers *ne voilà-t-il pas*. A l'égard du mot de *bicêtre*, dont il seroit impossible aujourd'hui de se servir dans ce sens, c'est une vieille expression qui signifioit *malheur*, et dont l'origine vient du mot *Bissexte*, parce que les anciens regardoient comme malheureuses les années bissextiles, et notamment le jour intercalé qu'ils nommoient *Bissexte*.

A mesure qu'on avancera dans la lecture de Molière, on aura moins de choses d'un si mauvais goût à lui reprocher.

ACTE V. SCENE VII.

LELIE.
Sous ce grotesque habit qui l'auroit reconnu !
Approche, Mascarille, et sois le bien venu.
MASCARILLE.
Moi Souisse ein chant t'honneur, moi non point maquerille
Chai point fentre jamais le fame ni le fille.
LELIE.
Le plaisant baragouin ! il est bon, sur ma foi !
MASCARILLE.
Allez fous pourmener, sans toi rire de moi.
LELIE.
Va, va, lève ton masque, et reconnois ton maître.
MASCARILLE.
Partié, tiable, mon foi chamais toi chai connaître.
LELIE.
Tout est accommodé, ne te déguise point.
MASCARILLE.
Si toi point en aller, chai paillé ein cou te point.
LELIE.
Ton jargon allemand est superflu, te dis-je,
Car nous sommes d'accord, et sa bonté m'oblige.
J'ai tout ce que mes vœux lui peuvent demander,
Et tu n'as pas sujet de rien appréhender.
MASCARILLE.
Si vous êtes d'accord par un bonheur extrême,
Je me désuisse donc, et redeviens moi-même.
ANDRÉS.
Ce valet vous servoit avec beaucoup de feu :
Mais je reviens à vous, demeurez quelque peu.

Bicêtre est une maison de force où l'on enferme les filous, les mendians et les fous. Ce mot vient par corruption du nom de *Wincester*, dont l'Evêque fit bâtir ce château en 1290. Ménage dit, qu'au rapport d'*André Duchesne*, ce château étoit nommé anciennement *la Grange aux Gueux*; mais Ménage devoit lire *la Grange aux Queux*, *Coqui*, cuisiniers, ce qui est fort différent : ce château de Wincester fut détruit sous Charles VI, par *Gois*, un des bouchers de Paris, qui entrèrent dans le parti du duc Jean de Bourgogne. Il appartenoit alors au duc de Berry.

SCÈNE VIII.

LÉLIE, MASCARILLE.

LELIE.

Hé bien, que diras-tu ?

MASCARILLE.

Que j'ai l'ame ravie
De voir d'un beau succès notre peine suivie.

LELIE.

Tu feignois à sortir de ton déguisement,
Et ne pouvois me croire en cet événement ?

MASCARILLE.

Comme je vous connois, j'étois dans l'épouvante,
Et trouve l'aventure aussi fort surprenante.

LELIE.

Mais confesse qu'enfin c'est avoir fait beaucoup.
Au moins j'ai réparé mes fautes à ce coup,
Et j'aurai cet honneur d'avoir fini l'ouvrage.

MASCARILLE.

Soit ; vous aurez été bien plus heureux que sage.

SCÈNE IX.

CÉLIE, ANDRÉS, LÉLIE, MASCARILLE.

ANDRÉS.

N'est-ce pas là l'objet dont vous m'avez parlé ?

LELIE.

Ah, quel bonheur au mien pourroit être égalé !

ANDRÉS.

Il est vrai, d'un bienfait je vous suis redevable ;
Si je ne l'avouois, je serois condamnable :
Mais enfin ce bienfait auroit trop de rigueur,
S'il falloit le payer aux dépens de mon cœur.
Jugez dans le transport où sa beauté me jette,
Si je dois à ce prix vous acquitter ma dette ;
Vous êtes généreux, vous ne le voudriez pas :
Adieu. Pour quelques jours retournons sur nos pas.

SCÈNE X.

LÉLIE, MASCARILLE.

MASCARILLE *après avoir chanté.*

Je chante, et toutefois je n'en ai guère envie.
Vous voilà bien d'accord, il vous donne Célie ;
Hem, vous m'entendez bien.

LÉLIE.

C'est trop, je ne veux plus
Te demander pour moi des secours superflus.
Je suis un chien, un traître, un bourreau détestable,
Indigne d'aucun soin, de rien faire incapable.
Va, cesse tes efforts pour un malencontreux,
Qui ne sauroit souffrir que l'on le rende heureux.
Après tant de malheur, après mon imprudence,
Le trépas me doit seul prêter son assistance.

SCÈNE XI.

MASCARILLE *seul.*

Voilà le vrai moyen d'achever son destin,
Il ne lui manque plus que de mourir, enfin,
Pour le couronnement de toutes ses sottises.
Mais en vain son dépit pour ses fautes commises,
Lui fait licencier mes soins et mon appui,
Je veux, quoi qu'il en soit, le servir malgré lui,
Et dessus son lutin obtenir la victoire.
Plus l'obstacle est puissant, plus on reçoit de gloire;
Et les difficultés dont on est combattu,
Sont les dames d'atour qui parent la vertu.

SCÈNE XII.

CÉLIE, MASCARILLE.

CÉLIE *à Mascarille qui lui a parlé bas.*

Quoi que tu véuilles dire et que l'on se propose,
De ce retardement j'attends fort peu de chose *.
Ce qu'on voit de succès peut bien persuader
Qu'ils ne sont pas encor fort près de s'accorder.
Et je t'ai déjà dit qu'un cœur comme le nôtre
Ne voudroit pas pour l'un faire injustice à l'autre,
Et que très-fortement, par de différens nœuds,
Je me trouve attachée au parti de tous deux.
Si Lélie a pour lui l'amour et sa puissance,
Andrés pour son partage a la reconnoissance,
Qui ne souffrira point que mes pensers secrets
Consultent jamais rien contre ses intérêts.
Oui, s'il ne peut avoir plus de place en mon ame,
Si le don de mon cœur ne couronne sa flamme,
Au moins dois-je le prix à ce qu'il fait pour moi
De n'en choisir point d'autre au mépris de sa foi,
Et de faire à mes yeux autant de violence,
Que j'en fais aux désirs qu'il met en évidence.
Sur ces difficultés qu'oppose mon devoir,
Juge ce que tu peux te permettre d'espoir.

MASCARILLE.

Ce sont, à dire vrai, de très-fâcheux obstacles;
Et je ne sais point l'art de faire des miracles;
Mais je veux employer mes efforts plus puissans,
Remuer terre et ciel, m'y prendre de tous sens,
Pour tâcher de trouver un biais salutaire,
Et vous dirai bientôt ce qui se pourra faire.

* On ne conçoit pas que *Célie* emmenée par *Andrés*, qui doit craindre de la perdre de vue, se trouve ici seule avec Mascarille.

SCÈNE XIII.
HIPPOLYTE, CÉLIE.
HIPPOLYTE.

Depuis votre séjour, les dames de ces lieux
Se plaignent justement des larcins de vos yeux,
Si vous leur dérobez leurs conquêtes plus belles,
Et de tous leurs amans faites des infidèles :
Il n'est guères de cœurs qui puissent échapper
Aux traits dont à l'abord vous savez les frapper ;
Et mille libertés, à vos chaînes offertes,
Semblent vous enrichir chaque jour de nos pertes.
Quant à moi, toutefois je ne me plaindrois pas
Du pouvoir absolu de vos rares appas,
Si, lorsque mes amans sont devenus les vôtres,
Un seul m'eût consolé de la perte des autres :
Mais qu'inhumainement vous me les ôtez tous,
C'est un dur procédé dont je me plains à vous.

CÉLIE.

Voilà d'un air galant faire une raillerie ;
Mais épargnez un peu celle qui vous en prie.
Vos yeux, vos propres yeux se connoissent trop bien,
Pour pouvoir de ma part redouter jamais rien ;
Ils sont fort assurés du pouvoir de leurs charmes,
Et ne prendront jamais de pareilles alarmes.

HIPPOLYTE.

Pourtant en ce discours je n'ai rien avancé,
Qui dans tous les esprits ne soit déjà passé ;
Et, sans parler du reste, on sait bien que Célie
A causé des desirs à Léandre et Lélie.

CÉLIE.

Je crois qu'étant tombés dans cet aveuglement,
Vous vous consoleriez de leur perte aisément,
Et trouveriez pour vous l'amant peu souhaitable,
Qui d'un si mauvais choix se trouveroit coupable.

HIPPOLYTE.

Au contraire, j'agis d'un air tout différent,

L'ÉTOURDI.

Et trouvé en vos beautés un mérite si grand ;
J'y vois tant de raisons capables de défendre
L'inconstance de ceux qui s'y laissent surprendre,
Que je ne peux blâmer la nouveauté des feux
Dont envers moi Léandre a parjuré ses vœux,
Et le vais voir tantôt, sans haine et sans colère,
Ramené sous mes lois par le pouvoir d'un père.

SCÈNE XIV.
CÉLIE, HIPPOLYTE, MASCARILLE.

MASCARILLE.

Grande, grande nouvelle, et succès surprenant
Que ma bouche vous vient annoncer maintenant.

CÉLIE.

Qu'est-ce donc ?

MASCARILLE.

Écoutez, voici sans flatterie....

CÉLIE.

Quoi ?

MASCARILLE.

La fin d'une vraie et pure comédie.
La vieille Egyptienne à l'heure même....

CÉLIE.

Hé bien ?

MASCARILLE.

Passoit dedans la place et ne songeoit à rien *.
Alors qu'une autre vieille, assez défigurée,

---

* Le dénouement, comme on l'a dit, est pénible et peu vraisemblable. Ce récit de Mascarille est écrit plaisamment et avec rapidité, il annonce toutes les reconnoissances faites et à faire ; mais la gaîté de ce récit n'en justifie pas la fable trop éloignée de la vraisemblance.
Dans ce récit on retranchoit, suivant l'édition de 1682, que nous suivons exactement à cet égard, d'abord quatre vers commençant par *Qui pour armes*, etc. Ensuite seize vers de suite commençant par *Me fait vous reconnoître*, etc., et seize autres encore commençant par *Oui, mon père, je suis*, etc. Ce récit, avant ces retranchemens, étoit d'une longueur fatigante.

L'ayant de près au nez long-tems considérée,
Par un bruit enroué de mots injurieux,
A donné le signal d'un combat furieux,
Qui pour armes, pourtant, mousquets, dagues ou flèches,
Ne faisoit voir en l'air que quatre griffes sèches,
Dont ces deux combattans s'efforçoient d'arracher
Ce peu que sur leurs os les ans laissent de chair.
On n'entend que ces mots, chienne, louve, bagace.
D'abord leurs escofions ont volé par la place,
Et laissant voir à nud deux têtes sans cheveux,
Ont rendu le combat risiblement affreux.
Andrés et Trufaldin, à l'éclat du murmure,
Ainsi que force monde, accourus d'aventure,
Ont à les décharpir eu de la peine assez,
Tant leurs esprits étoient par la fureur poussés.
Cependant que chacune, après cette tempête,
Songe a cacher aux yeux la honte de sa tête,
Et que l'on veut savoir qui causoit cette humeur;
Celle qui la première avoit fait la rumeur,
Malgré la passion dont elle étoit émue,
Ayant sur Trufaldin long-tems tenu la vue :
C'est vous, si quelque erreur n'abuse ici mes yeux,
Qu'on m'a dit qui viviez inconnu dans ces lieux,
A-t-elle dit tout haut; ô rencontre opportune!
Oui, Seigneur Zanobio Ruberti, la fortune

On supprimoit de plus les quatre premiers vers de la dernière scène, commençant par *Voyons si votre diable*, etc.

Cette pièce, dit M. de Voltaire, eut plus de succès que le *Misantrope*, l'*Avare* et les *Femmes savantes*. C'est, dit-il, que la réputation de Molière ne faisoit pas encore d'ombrage. On ajoutera à cette décision que la pièce de l'*Etourdi*, par le romanesque et l'embarras de l'intrigue, différoit moins des comédies du tems où elle parut, que les trois chefs-d'œuvre cités par M. de Voltaire. D'ailleurs, il faut bien que le succès de l'*Etourdi* n'ait pas été si grand qu'on le dit, puisque ce fut à la fin du même mois de Décembre qu'on vit paroître le *Dépit amoureux*.

Il s'en faut bien qu'on ait observé ici toutes les fautes et toutes les négligences de style de cette pièce. C'est sur les vrais chefs-d'œuvre de Molière qu'on a cru devoir porter un coup-d'œil plus attentif.

Me fait vous reconnoître, et dans le même instant
Que pour votre intérêt je me tourmentois tant.
Lorsque Naples vous vit quitter votre famille,
J'avois, vous le savez, en mes mains votre fille,
Dont j'élevois l'enfance, et qui, par mille traits,
Faisoit voir dès quatre ans sa grace et ses attraits.
Celle que vous voyez, cette infâme sorcière,
Dedans notre maison se rendant familière,
Me vola ce trésor. Hélas ! de ce malheur
Votre femme, je crois, conçut tant de douleur,
Que cela servit fort pour avancer sa vie !
Si bien qu'entre mes mains cette fille ravie
Me faisant redouter un reproche fâcheux,
Je vous fis annoncer la mort de toutes deux :
Mais il faut maintenant, puisque je l'ai connue,
Qu'elle fasse savoir ce qu'elle est devenue.
Au nom de Zanobio Ruberti, que sa voix
Pendant tout ce récit répétoit plusieurs fois,
Andrés ayant changé quelque tems de visage,
A Trufaldin surpris a tenu ce langage :
Quoi donc, le ciel me fait trouver heureusement
Celui que jusqu'ici j'ai cherché vainement,
Et que j'avois pu voir, sans pourtant reconnoître,
La source de mon sang et l'auteur de mon être !
Oui, mon père, je suis Horace votre fils;
D'Albert, qui me gardoit, les jours étant finis,
Me sentant naître au cœur d'autres inquiétudes,
Je sortis de Bologne, et quittant mes études,
Portai durant six ans mes pas en divers lieux,
Selon que me poussoit un desir curieux :
Pourtant, après ce tems, une secrette envie
Me pressa de revoir les miens et ma patrie :
Mais dans Naples, hélas ! je ne vous trouvai plus,
Et n'y sus votre sort que par des bruits confus :
Si bien qu'a votre quête ayant perdu mes peines,
Venise pour un tems borna mes courses vaines ;
Et j'ai vécu depuis, sans que de ma maison
J'eusse d'autres clartés que d'en savoir le nom.
Je vous laisse à juger si, pendant ces affaires,

ACTE V. SCÈNE XV.

Trufaldin ressentoit des transports ordinaires.
Enfin, pour retrancher ce que plus à loisir
Vous aurez le moyen de vous faire éclaircir,
Par la confession de votre Egyptienne,
Trufaldin maintenant vous reconnoît pour sienne,
Andrés est votre frère; et comme de sa sœur
Il ne peut plus songer à se voir possesseur,
Une obligation qu'il prétend reconnoître,
A fait qu'il vous obtient pour épouse à mon maître,
Dont le père, témoin de tout l'événement,
Donne à cet hyménée un plein consentement;
Et pour mettre une joie entière en sa famille,
Pour le nouvel Horace a proposé sa fille.
Voyez que d'incidens à la fois enfantés !

CÉLIE

Je demeure immobile à tant de nouveautés.

MASCARILLE.

Tous viennent sur mes pas, hors les deux championnes,
Qui du combat encor remettent leurs personnes,
Léandre est de la troupe, et votre père aussi.
Moi, je vais avertir mon maître de ceci,
Et que, lorsqu'à ses vœux on croit le plus d'obstacle,
Le ciel en sa faveur produit comme un miracle.

(*Mascarille sort.*)

HIPPOLYTE.

Un tel ravissement rend mes esprits confus,
Que pour mon propre sort je n'en aurois pas plus.
Mais les voici venir.

SCÈNE XV.

TRUFALDIN, ANSELME, PANDOLFE, CÉLIE, HIPPOLYTE, LÉANDRE, ANDRÉS.

TRUFALDIN.

Ah, ma fille !

CÉLIE.

Ah, mon père !

TRUFALDIN.

Sais tu déjà comment le ciel nous est prospère?

CÉLIE.

J'en viens d'entendre ici le succès merveilleux.

HIPPOLYTE à *Léandre*.

En vain vous parleriez pour excuser vos feux,
Si j'ai devant les yeux ce que vous pouvez dire.

LÉANDRE.

Un généreux pardon est ce que je desire :
Mais j'atteste les cieux, qu'en ce retour soudain
Mon père fait bien moins que mon propre dessein.

ANDRÈS à *Célie*.

Qui l'auroit jamais cru que cette ardeur si pure
Pût être condamnée un jour par la nature !
Toutefois tant d'honneur la sut toujours régir,
Qu'en y changeant fort peu je puis la retenir.

CÉLIE.

Pour moi, je me blâmois, et croyois faire faute
Quand je n'avois pour vous qu'une estime très-haute.
Je ne pouvois savoir quel obstacle puissant
M'arrêtoit sur un pas si doux et si glissant,
Et détournoit mon cœur de l'aveu d'une flamme
Que mes sens s'efforçoient d'introduire en mon ame.

TRUFALDIN à *Célie*.

Mais en te retrouvant, que diras-tu de moi,
Si je songe aussitôt à me priver de toi,
Et t'engage à son fils sous les lois d'hyménée ?

CÉLIE.

Que de vous maintenant dépend ma destinée.

ACTE V. SCÈNE XVI.

SCÈNE XVI ET DERNIÈRE.

TRUFALDIN, ANSELME, PANDOLFE, CÉLIE, HIPPOLYTE, LÉLIE, LÉANDRE, ANDRÉS, MASCARILLE.

MASCARILLE à *Lélie.*

Voyons si votre diable aura bien le pouvoir
De détruire à ce coup un si solide espoir;
Et si, contre l'excès du bien qui nous arrive,
Vous armerez encor votre imaginative?
Par un coup imprévu des destins les plus doux,
Vos vœux sont couronnés, et Célie est à vous.

LÉLIE.

Croirai-je que du ciel la puissance absolue....

TRUFALDIN.

Oui, mon gendre, il est vrai.

PANDOLFE.

La chose est résolue.

ANDRÉS à *Lélie.*

Je m'acquitte par là de ce que je vous dois.

LÉLIE à *Mascarille.*

Il faut que je t'embrasse et mille et mille fois.
Dans cette joie.

MASCARILLE.

Ahi! ahi! doucement, je vous prie.
Il m'a presque étouffé. Je crains fort pour Célie,
Si vous la caressez avec tant de transport ;
De vos embrassemens on se passeroit fort.

TRUFALDIN à *Lélie.*

Vous savez le bonheur que le ciel me renvoie ;
Mais puisqu'un même jour nous met tous dans la joie,
Ne nous séparons point qu'il ne soit terminé,
Et que son père aussi nous soit vite amené.

MASCARILLE.

Vous voilà tous pourvus. N'est-il point quelque fille
Qui pût accommoder le pauvre Mascarille?

A voir chacun se joindre à sa chacune ici,
J'ai des démangeaisons de mariage aussi.

ANSELME.

J'ai ton fait,

MASCARILLE.

Allons donc ; et que les cieux prospères
Nous donnent des enfans dont nous soyions les pères !

FIN.

AVERTISSEMENT

DE L'ÉDITEUR

SUR LE DÉPIT AMOUREUX.

Cette Comédie en vers et en cinq actes, parut pour la première fois à Béziers en 1654, lorsque M. le prince de Conti, qui avoit été compagnon d'études de Molière, et qui alors étoit bien loin d'écrire contre l'art dramatique, tenoit les Etats du Languedoc; elle fut depuis donnée à Paris sur le théâtre du Petit Bourbon, à la fin de Décembre 1658.

Il y a grande apparence que Molière qui, depuis peu de tems couroit la province, avoit dans son porte-feuille, avant de se faire chef de troupe, et la comédie de l'*Etourdi*, et celle du *Dépit amoureux*, qu'il avoit pu composer pendant les troubles de la Fronde ; car on ne sait absolument ce qu'il faisoit alors. Heureux l'homme de lettres qui se laisse ignorer pendant ses premières années ! c'est dans ce tems d'obscurité qu'il fait paisiblement l'utile amas des richesses qu'il doit étaler un jour. On doit le faire remarquer ici; Molière avoit trente-trois ans, lorsqu'il donna sa première comédie à Lyon.

Les différens auteurs qui ont parlé du *Dépit amoureux*, ne mettent pas cette comédie au rang des bonnes pièces de Molière; et il faut convenir avec eux qu'elle n'annonçoit point encore le peintre de nos mœurs, et qu'elle est aussi négligemment écrite que l'*Etourdi*.

Cependant il y a peu d'années où nous ne voyions quelques représentations de cet ouvrage, parce qu'il offre en plus d'un endroit et cette gaîté dont Plaute avoit donné des leçons à Molière, et cet examen heureux du cœur humain qui lui étoit si naturel, et ce comique brillant et facile qui mettra toujours son dialogue au-dessus de celui de tous nos écrivains du théâtre.

L. Riccoboni, dans ses observations, indique deux sources où Molière puisa l'idée de cette seconde comédie. La première est une pièce *du Bon Théâtre*, dit-il, intitulée l'*Interesse di Nicolo Secchi*, et l'autre est un ancien canevas, sous le nom de *Sdegni Amorosi*.

Le titre de cette dernière farce inconnue pourroit faire supposer qu'il y étoit question de tracasserie d'amans, et par conséquent du plus agréable objet du *Dépit amoureux*; mais on n'en trouve pas un mot dans la pièce du *Bon Théâtre*, dans l'*Interesse du Secchi*. Molière ne put emprunter de ce dernier que ce qui rend la fable de sa comédie trop compliquée et trop étrangère à nos usages.

L'ouvrage du *Secchi* a donc fourni à notre auteur le roman peu naturel d'*Ascagne*, sa supposition invraisemblable, et son mariage secret, moins croyable encore.

L'exemple de Molière n'auroit pas dû autoriser un de nos auteurs à prendre pour fonds d'une intrigue dramatique, un pareil mariage, où l'un des conjoints est dans l'erreur sur la personne à laquelle il est uni (1). Il est vrai qu'il est plus aisé de n'imiter des grands hommes que leurs fautes.

Les scènes charmantes de *Lucile* et d'*Eraste* rachètent bien, à la vérité, le vice de l'intrigue, et elles ne doivent rien au *Secchi*, *Flaminio* et *Virginia* qui sont dans la pièce du *Poëte Italien* ce que *Lucile* et *Eraste* sont dans l'ouvrage de Molière, n'ont pas même une seule scène ensemble.

On a remarqué que ces scènes de dépit, toujours sûres du succès, sont une imitation de l'Ode d'Horace, *Donec gratus eram*, et Molière est le premier qui ait fait passer ce tableau charmant sous nos yeux; on l'a beaucoup imité depuis, et c'est aujourd'hui ce qu'on appelle un *lieu commun*.

___

(1) Voyez l'Epoux par supercherie.

AVERTISSEMENT, etc.

En convenant que Molière doit au *Secchi* le fonds de sa pièce, ce n'est pas dire qu'il en a emprunté l'ordre, l'arrangement, le développement ni les idées, et encore moins le dialogue. Molière sera toujours un modèle à proposer aux imitateurs ; il ne se traîne point sur les traces de son original, il s'élance de ses propres forces, et bientôt il le laisse loin de lui. C'est le cas d'appliquer ici ce que dit si ingénieusement M. de Voltaire des imitations du grand Corneille. *Cinq ou six endroits touchans, mais noyés dans la foule des irrégularités de Guilain de Castro, furent sentis par ce grand homme, comme on découvre un sentier couvert de ronces et d'épines.*

LE DEPIT
AMOUREUX,
COMÉDIE EN CINQ ACTES.

ACTEURS.

ALBERT, père de Lucile et d'Ascagne.
POLIDORE, père de Valère.
LUCILE, fille d'Albert.
ASCAGNE, fille d'Albert, déguisée en homme.
ERASTE, amant de Lucile.
VALÈRE, fils de Polidore.
MARINETTE, suivante de Lucile.
FROSINE, confidente d'Ascagne.
MÉTAPHRASTE, pédant.
GROS-RENÉ, valet d'Eraste.
MASCARILLE, valet de Valère.
LA RAPIÈRE, breteur.

La scène est à Paris.

LE DÉPIT AMOUREUX.

ACTE PREMIER.

SCÈNE I.

ÉRASTE, GROS-RENÉ.

ÉRASTE.

Veux-tu que je te die *? Une atteinte secrette
Ne laisse point mon ame en une bonne assiette;
Oui, quoi qu'à mon amour tu puisses répartir,
Il craint d'être la dupe, à ne te point mentir;
Qu'en faveur d'un rival ta foi ne se corrompe,
Ou du moins, qu'avec moi, toi-même on ne te trompe.

* *Veux-tu que je te die?* Il falloit que ce fut l'usage de dire *que je te die*, au lieu de *que je te dise*, car ici le dernier est égal pour le vers. M. de Vaugelas prétend qu'il y avoit des gens qui alloient jusqu'à dire, *quoique vous diiez*, pour *quoique vous disiez*; ce législateur de la langue décide que *quoique l'on die* n'est pas une faute, mais le *quoique vous diiez* lui paroît insupportable. M. Racine, en 1668, se sert encore du mot *die* pour *dise.* Voyez la scène 7 du premier acte *des Plaideurs: Monsieur, que je vous die*, etc. On le trouve même encore dans *Bajazet*, acte 2, scène 5. *J'épouserois, et qui? S'il faut que je le die*, etc.
J'aurois dû observer encore, à l'égard de cette façon de parler, qu'on en trouve l'usage en prose même, et que, si c'est une faute, c'est la seule qu'on puisse remarquer dans les ouvrages de M. Fléchier. *Voyez* aussi l'avis à Ménage : *Pendant que j'y suis, il faut que je vous die*, etc.

GROS-RENÉ.

Pour moi, me soupçonner de quelque mauvais tour,
Je dirai, n'en déplaise à monsieur votre amour,
Que c'est injustement blesser ma prud'hommie,
Et se connoître mal en physionomie.
Les gens de mon minois ne sont point accusés
D'être, graces à Dieu, ni fourbes, ni rusés.
Cet honneur qu'on nous fait, je ne le démens guères,
Et suis homme fort rond de toutes les manières.
Pour que l'on me trompât, cela se pourroit bien ;
Le doute est mieux fondé ; pourtant je n'en crois rien.
Je ne vois point encore, ou je suis une bête,
Sur quoi vous avez pû prendre martel en tête.
Lucile, à mon avis, vous montre assez d'amour ;
Elle vous voit, vous parle à toute heure du jour ;
Et Valère, après tout, qui cause votre crainte,
Semble n'être à présent souffert que par contrainte.

ÉRASTE.

Souvent d'un faux espoir un amant est nourri,
Le mieux reçu toujours n'est pas le plus chéri ;
Et tout ce que d'ardeur font paroître les femmes,
Par fois n'est qu'un beau voile à couvrir d'autres flammes.
Valère, enfin, pour être un amant rebuté,
Montre depuis un tems trop de tranquillité ;
Et ce qu'à ces faveurs, dont tu crois l'apparence,
Il témoigne de joie ou bien d'indifférence,
M'empoisonne à tous coups * leurs plus charmans appas,
Me donne ce chagrin que tu ne comprends pas,
Tient mon bonheur en doute, et me rend difficile
Une entière croyance aux propos de Lucile.
Je voudrois, pour trouver un tel destin bien doux,
Y voir entrer un peu de son transport jaloux ;
Et sur ses déplaisirs et son impatience
Mon ame prendroit lors une pleine assurance.
Toi-même penses-tu qu'on puisse, comme il fait,

---

* *M'empoisonne à tous coups.* Ce mot *à tous coups* a vieilli et ne se dit plus.

ACTE I. SCÈNE I.

Voir chérir un rival d'un esprit satisfait ?
Et, si tu n'en crois rien, dis-moi, je t'en conjure,
Si j'ai lieu de rêver dessus * cette aventure.

GROS-RENÉ.

Peut-être que son cœur a changé de desirs,
Connoissant qu'il poussoit d'inutiles soupirs.

ÉRASTE.

Lorsque par les rebuts une ame est détachée,
Elle veut fuir l'objet dont elle fut touchée,
Et ne rompt point sa chaîne avec si peu d'éclat
Qu'elle puisse rester en un paisible état.
De ce qu'on a chéri, la fatale présence
Ne nous laisse jamais dedans ** l'indifférence ;
Et, si de cette vue on n'accroît son dédain,
Notre amour est bien près de nous rentrer au sein :
Enfin, crois-moi, si bien qu'on éteigne une flamme,
Un peu de jalousie occupe encore une ame ;
Et l'on ne sauroit voir, sans en être piqué,
Posséder par un autre un cœur qu'on a manqué.

GROS-RENÉ.

Pour moi, je ne sais point tant de philosophie ;
Ce que voyent mes yeux, franchement je m'y fie ;
Et ne suis point de moi si mortel ennemi,
Que je m'aille affliger sans sujet ni demi ***.
Pourquoi subtiliser, et faire le capable
A chercher des raisons pour être misérable ?
Sur des soupçons en l'air je m'irois alarmer !

* *Si j'ai lieu de rêver dessus cette aventure. Dessus* pour *sur*, qui est aujourd'hui le mot nécessaire.

** *Dedans l'indifférence. Dedans* pour *dans*, même faute.

*** *Sans sujet ni demi.* Vieille expression, hors d'usage aujourd'hui. Cela pouvoit se passer dans le poëme burlesque de la Gigantomachie de Scarron.

> Or, vous n'avez qu'à vous résoudre
> D'être sans foudre ni demi, etc. *chant* 2.

LE DÉPIT AMOUREUX.

Laissons venir la fête avant que * la chommer.
Le chagrin me paroît une incommode chose,
Je n'en prends point, pour moi, sans bonne et juste cause;
Et mêmes ** à mes yeux cent sujets d'en avoir
S'offrent le plus souvent, que je ne veux pas voir.
Avec vous en amour je cours même fortune,
Celle que vous aurez, me doit être commune;
La maîtresse ne peut abuser votre foi,
A moins que la suivante en fasse *** autant pour moi :
Mais j'en fuis la pensée avec un soin extrême.
Je veux croire les gens, quand on me dit, je t'aime;
Et ne vais point chercher, pour m'estimer heureux,
Si Mascarille ou non s'arrache les cheveux.
Que tantôt Marinette endure qu'à son aise
Jodelet par plaisir la caresse et la baise,
Et que ce beau rival en rie ainsi qu'un fou,
A son exemple aussi j'en rirai tout mon saoul,
Et l'on verra qui rit avec meilleure grace.

ÉRASTE.

Voilà de tes discours.

GROS-RENÉ.

Mais je la vois qui passe.

SCÈNE II.
ÉRASTE, MARINETTE, GROS-RENE.

GROS-RENÉ.

St... Marinette?

---

* *Avant que la chommer.* Il faut *avant que de la chommer*, ou *avant de la chommer.*

** *Et mêmes à mes yeux. Même* n'admet point d's lorsqu'il peut se rendre en latin par l'adverbe *quidem* ; Molière pouvoit dire aisément *Et même à mes regards.*
Il falloit dire qu'on trouveroit plus d'un exemple de l'adverbe *même* employé avec une s. Voyez le vers de Thomas Corneille : *Je sais mêmes à quoi ma parole m'engage.*

*** *A moins que la suivante en fasse autant pour moi.* L'exactitude demande *n'en fasse autant.* Mais du tems de Molière, les poëtes supprimoient à leur gré les particules négatives.

ACTE I. SCÈNE II.

MARINETTE.
Ho, ho. Que fais-tu là ?
GROS-RENÉ.
Ma foi,
Demande, nous étions tout-à-l'heure sur toi *.
MARINETTE.
Vous êtes aussi là, monsieur ! Depuis une heure,
Vous m'avez fait trotter comme un basque, ou je meure.
ÉRASTE.
Comment ?
MARINETTE.
Pour vous chercher j'ai fait dix mille pas,
Et vous promets **, ma foi...
ÉRASTE.
Quoi ?
MARINETTE.
Que vous n'êtes pas
Au temple, au cours, chez vous, ni dans la grande place.
GROS-RENÉ.
Il falloit en jurer.
ÉRASTE.
Apprends-moi donc de grace,
Qui te fait me chercher ?
MARINETTE.
Quelqu'un, en vérité,
Qui pour vous n'a pas trop mauvaise volonté ;
Ma maîtresse, en un mot.

* ..... *Nous étions tout-à-l'heure sur toi*; pour dire, nous étions occupés tout-à-l'heure à parler de toi. Mauvaise tournure aisée à éviter, en disant : *Demande, nous parlions tout-à-l'heure de toi.*

** *Et vous promets.* Le mot *promettre* est ici pour celui d'*assurer*. Si quelquefois ils peuvent s'employer l'un pour l'autre, c'est à l'égard d'une chose qui doit arriver, comme dans cette phrase : *Je vous promets*, ou *Je vous assure que cela sera* ; mais on ne peut jamais dire, comme Molière l'a fait, *Je vous promets.... que vous n'êtes pas au temple*, etc., il falloit, *Je vous assure.*

LE DÉPIT AMOUREUX,

ÉRASTE.

Ah, chère Marinette,
Ton discours de son cœur est-il bien l'interprète ?
Ne me déguise point un mystère fatal,
Je ne t'en voudrai pas pour cela plus de mal :
Au nom des dieux, dis-moi si ta belle maîtresse
N'abuse point mes vœux d'une fausse tendresse.

MARINETTE.

Hé, hé, d'où vous vient donc ce plaisant mouvement ?
Elle ne fait pas voir assez son sentiment ?
Quel garant est-ce encor que votre amour demande ?
Que lui faut-il ?

GROS-RENÉ.

A moins que Valère se pende *,
Bagatelle, son cœur ne s'assurera point.

MARINETTE.

Comment ?

GROS-RENÉ.

Il est jaloux jusques en un tel point **,

MARINETTE.

De Valère ? Ah, vraiment la pensée est bien belle !
Elle peut seulement naître en votre cervelle.
Je vous croyois du sens, et jusqu'à ce moment
J'avois de votre esprit quelque bon sentiment ;
Mais, à ce que je vois, je m'étois fort trompée.
Ta tête de ce mal est-elle aussi frappée ?

GROS-RENÉ.

Moi, jaloux ? Dieu m'en garde, et d'être assez badin
Pour m'aller emmaigrir avec un tel chagrin.
Outre que de ton cœur ta foi me cautionne,
L'opinion que j'ai de moi-même est trop bonne,
Pour croire auprès de moi que quelqu'autre te plût.
Où diantre pourrois-tu trouver qui me valût ?

* *A moins que Valère se pende.* Il faut *ne se pende*, autre correction aisée à faire : *A moins qu'un rival ne se pende.*

** *Il est jaloux jusques en un tel point ;* pour *Il est jaloux jusqu'à ce point.* Style lâche et négligé.

ACTE I. SCÈNE II.
MARINETTE.

En effet, tu dis bien ; voilà comme il faut être.
Jamais de ces soupçons qu'un jaloux fait paroître ;
Tout le fruit qu'on en cueille est de se mettre mal,
Et d'avancer par là les desseins d'un rival.
Au mérite souvent de qui l'éclat vous blesse,
Vos chagrins font ouvrir les yeux d'une maîtresse ;
Et j'en sais tel, qui doit son destin le plus doux
Aux soins trop inquiets de son rival jaloux.
Enfin, quoi qu'il en soit, témoigner de l'ombrage,
C'est jouer en amour un mauvais personnage,
Et se rendre, après tout, misérable à crédit.
Cela, Seigneur Éraste, en passant vous soit dit.

ERASTE.

Hé bien, n'en parlons plus. Que venois-tu m'apprendre ?

MARINETTE.

Vous mériteriez bien que l'on vous fît attendre,
Qu'afin de vous punir je vous tinsse caché
Le grand secret pourquoi je vous ai tant cherché *.
Tenez, voyez ce mot, et sortez hors de doute ;
Lisez-le donc tout haut, personne ici n'écoute.

ERASTE *lit.*

Vous m'avez dit que votre amour
Etoit capable de tout faire ;
Il se couronnera lui-même dans ce jour,
S'il peut avoir l'aveu d'un père.
Faites parler les droits qu'on a dessus mon cœur **,
Je vous en donne la licence ;
Et si c'est en votre faveur,
Je vous réponds de mon obéissance.

Ah, quel bonheur ! O toi, qui me l'as apporté,
Je te dois regarder comme une déité !

---

* *Le grand secret pourquoi je vous ai tant cherché.* L'exactitude demanderoit *pour lequel* : Le secret pour lequel je vous ai tant cherché.

** *Qu'on a dessus mon cœur.* Pour *que l'on a sur mon cœur.*

GROS-RENÉ.

Je vous le disois bien : contre votre croyance,
Je ne me trompe guère aux choses que je pense.

ÉRASTE *relit*.

Faites parler les droits qu'on a dessus mon cœur,
Je vous en donne la licence ;
Et si c'est en votre faveur,
Je vous réponds de mon obéissance.

MARINETTE.

Si je lui rapportois vos foiblesses d'esprit,
Elle désavoueroit bientôt un tel écrit.

ÉRASTE.

Ah ! cache-lui, de grace, une peur passagère
Où mon ame a cru voir quelque peu de lumière ;
Ou, si tu la lui dis, ajoute que ma mort
Est prête d'expier l'erreur de ce transport ;
Que je vais à ses pieds, si j'ai pu lui déplaire,
Sacrifier ma vie à sa juste colère.

MARINETTE.

Ne parlons point de mort, ce n'en est point le tems.

ÉRASTE.

Au reste, je te dois beaucoup, et je prétens
Reconnoître dans peu, de la bonne manière,
Les soins d'une si noble et si belle courière.

MARINETTE.

A propos ; savez-vous où je vous ai cherché,
Tantôt encore ?

ÉRASTE.

Hé bien ?

MARINETTE.

Tout proche du marché,
Où vous savez.

ÉRASTE.

Où donc ?

MARINETTE.

Là.... dans cette boutique
Où dès le mois passé votre cœur magnifique
Me promit, de sa grace, une bague.

ACTE I, SCÈNE II.

ERASTE.

Ah, j'entends.

GROS-RENÉ.

La matoise !

ERASTE.

Il est vrai, j'ai tardé trop long-tems
A m'acquitter vers toi d'une telle promesse :
Mais....

MARINETTE.

Ce que j'en ai dit, n'est pas que je vous presse.

GROS-RENÉ.

Ho, que non ?

ERASTE *lui donne sa bague.*

Celle-ci peut-être aura de quoi
Te plaire ; accepte-la pour celle que je doi.

MARINETTE.

Monsieur, vous vous moquez, j'aurois honte à la prendre.

GROS-RENÉ.

Pauvre honteuse, prends sans davantage attendre,
Refuser ce qu'on donne est bon à faire aux fous.

MARINETTE.

Ce sera pour garder quelque chose de vous.

ERASTE.

Quand puis-je rendre grace à cet ange adorable ?

MARINETTE.

Travaillez à vous rendre un père favorable.

ERASTE.

Mais s'il me rebutoit, dois-je ?...

MARINETTE.

Alors comme alors,
Pour vous on emploiera toutes sortes d'efforts *.
D'une façon ou d'autre il faut qu'elle soit vôtre :
Faites votre pouvoir, et nous ferons le nôtre.

---

* *Pour vous on employera toutes sortes d'efforts.* Molière qui a donné trois syllabes au mot *payera*, n'en donne que trois à celui d'*employera*. Il profitoit ici pour son vers de l'usage familier et populaire de le prononcer ainsi ; usage qui depuis a fait règle.

ERASTE.

Adieu, nous en saurons le succès dans ce jour.

(*Eraste relit la lettre tout bas.*)

MARINETTE à *Gros-René.*

Et nous, que dirons-nous aussi de notre amour ?
Tu ne m'en parles point.

GROS-RENÉ.

Un hymen qu'on souhaite,
Entre gens comme nous, est chose bientôt faite.
Je te veux; me veux-tu de même ?

MARINETTE.

Avec plaisir.

GROS-RENÉ.

Touche, il suffit.

MARINETTE.

Adieu, Gros-René, mon desir.

GROS-RENÉ.

Adieu, mon astre.

MARINETTE.

Adieu, beau tison de ma flamme.

GROS-RENÉ.

Adieu, chère comète, arc-en-ciel de mon ame.

(*Marinette sort.*)

Le bon Dieu soit loué, nos affaires vont bien,
Albert n'est pas un homme à vous refuser rien.

ERASTE.

Valère vient à nous.

GROS-RENÉ.

Je plains le pauvre hère,
Sachant ce qui se passe.

SCÈNE III *.
VALÈRE, ÉRASTE, GROS-RENÉ.

ERASTE.

Hé bien, Seigneur Valère ?

* Cette scène bien théâtrale, et à laquelle le *Secchi* n'a point de part, est mieux écrite que les deux précédentes ; aucun modele ne gênoit ici le talent de Molière : il est admirable quand il est lui-même.

ACTE I. SCÈNE III.

VALÈRE.

Hé bien, Seigneur Eraste?

ERASTE.

En quel état l'amour?

VALÈRE.

En quel état vos feux?

ERASTE.

Plus forts de jour en jour.

VALÈRE.

Et mon amour plus fort.

ERASTE.

Pour Lucile?

VALÈRE.

Pour elle.

ERASTE.

Certes, je l'avouerai, vous êtes le modèle
D'une rare constance.

VALÈRE.

Et votre fermeté
Doit être un rare exemple à la postérité.

ERASTE.

Pour moi, je suis peu fait à cet amour austère,
Qui dans les seuls regards trouve à se satisfaire,
Et je ne forme point d'assez beaux sentimens
Pour souffrir constamment les mauvais traitemens :
Enfin, quand j'aime bien, j'aime fort que l'on m'aime.

VALÈRE.

Il est très-naturel, et j'en suis bien de même.
Le plus parfait objet, dont je serois charmé,
N'auroit pas mes tributs n'en étant point aimé.

ERASTE.

Lucile cependant....

VALÈRE.

Lucile dans son ame
Rend tout ce que je veux qu'elle rende à ma flamme.

ERASTE.

Vous êtes donc facile à contenter?

LE DÉPIT AMOUREUX,

VALÈRE.

Pas tant
Que vous pourriez penser.

ERASTE.

Je puis croire pourtant,
Sans trop de vanité, que je suis en sa grace *.

VALÈRE

Moi, je sais que j'y tiens une assez bonne place.

ERASTE.

Ne vous abusez point, croyez-moi.

VALÈRE.

Croyez-moi,
Ne laissez point duper vos yeux à trop de foi **.

ERASTE.

Si j'osois vous montrer une preuve assurée
Que son cœur.... Non, votre ame en seroit altérée.

VALÈRE.

Si je vous osois, moi, découvrir en secret....
Mais je vous fâcherois, et veux être discret.

ERASTE.

Vraiment, vous me poussez, et, contre mon envie,
Votre présomption veut que je l'humilie.
Lisez.

VALÈRE *après avoir lu*.

Ces mots sont doux.

ERASTE.

Vous connoissez la main.

VALÈRE.

Oui, de Lucile.

ERASTE.

Hé bien ? cet espoir si certain....

VALÈRE *riant et s'en allant*.

Adieu, Seigneur Eraste.

* *Que je suis en sa grace.* Mauvaise tournure et mauvaise rime avec le mot *place*, qui est bref.

** *Ne laissez point duper vos yeux à trop de foi. Duper à* ne se dit point.

ACTE I. SCÈNE IV.

GROS-RENÉ.
Il est fou, le bon sire.
Où vient-il donc pour lui de voir le mot pour rire?
ERASTE.
Certes, il me surprend, et j'ignore, entre nous,
Quel diable de mystère est caché là-dessous.
GROS-RENÉ.
Son valet vient, je pense.
ERASTE.
Oui, je le vois paroître.
Feignons, pour le jeter sur l'amour de son maître.

SCÈNE IV *.

ÉRASTE, MASCARILLE, GROS-RENÉ.

MASCARILLE à part.
Non, je ne trouve point d'état plus malheureux
Que d'avoir un patron jeune et fort amoureux.
GROS-RENÉ.
Bon jour.
MASCARILLE.
Bon jour.
GROS-RENÉ.
Où tend Mascarille à cette heure?
Que fait-il? Revient-il? Va-t-il? ou s'il demeure?
MASCARILLE.
Non, je ne reviens pas, car je n'ai pas été;
Je ne vais pas aussi, car je suis arrêté;
Et ne demeure point, car, tout de ce pas même,
Je prétends m'en aller.
ERASTE.
La rigueur est extrême;
Doucement, Mascarille.
MASCARILLE.
Ah, Monsieur, serviteur.

* Autre scène fort comique et que Molière ne doit point à l'auteur Italien. On voit ici combien Molière étoit rempli du Dialogue de Plaute et de Térence.

ERASTE.
Vous nous fuyez bien vîte ! hé quoi, vous fais-je peur ?
MASCARILLE.
Je ne crois pas cela de votre courtoisie.
ERASTE.
Touche ; nous n'avons plus sujet de jalousie,
Nous devenons amis, et mes feux que j'éteins,
Laissent la place libre à vos heureux desseins.
MASCARILLE.
Plût à Dieu !
ERASTE.
Gros-René sait qu'ailleurs je me jette.
GROS-RENÉ.
Sans doute ; et je te cède aussi la Marinette.
MASCARILLE.
Passons sur ce point-là ; notre rivalité *
N'est pas pour en venir à grande extrémité :
Mais est-ce un coup bien sûr que votre Seigneurie
Soit désenamourée **, ou si c'est raillerie ?
ERASTE.
J'ai su qu'en ses amours ton maître étoit trop bien,
Et je serois un fou de prétendre plus rien
Aux étroites faveurs qu'il a de cette belle.
MASCARILLE.
Certes, vous me plaisez avec cette nouvelle.
Outre qu'en nos projets je vous craignois un peu,
Vous tirez sagement votre épingle du jeu.
Oui, vous avez bien fait de quitter une place

---

* Le mot de *rivalité* est à ce qu'on dit, de la création de Molière ; il n'osa le risquer encore que dans la bouche d'un valet ; il a passé dans celle des maîtres. Le mot *sériosité* qu'avoit risqué Balzac, et dont Vaugelas avoit si bonne opinion, a été moins heureux.

** *Soit dés-enamourée*, etc. Ce mot ne se trouve point dans nos Dictionnaires, c'est une imitation du mot espagnol *enamorado* enamouré, d'où Molière a fait le *privatif dés-enamouré*.
Le mot *enamourer* se trouve dans le Dictionnaire de Monnet en 1639. Molière n'a fait que créer le privatif.

ACTE I, SCÈNE IV.

Où l'on vous caressoit pour la seule grimace;
Et mille fois sachant tout ce qui se passoit,
J'ai plaint le faux espoir dont on vous repaissoit.
On offense un brave homme alors que l'on l'abuse;
Mais d'où diantre, après tout, avez-vous su la ruse?
Car cet engagement mutuel de leur foi
N'eut pour témoins, la nuit, que deux autres et moi,
Et l'on croit jusqu'ici la chaîne fort secrette
Qui rend de nos amans la flamme satisfaite.

ERASTE.

Hé! que dis-tu?

MASCARILLE.

Je dis que je suis interdit,
Et ne sais pas, monsieur, qui peut vous avoir dit
Que, sous ce faux semblant, qui trompe tout le monde
En vous trompant aussi, leur ardeur sans seconde
D'un secret mariage a serré le lien.

ERASTE.

Vous en avez menti,

MASCARILLE.

Monsieur, je le veux bien,

ERASTE.

Vous êtes un coquin.

MASCARILLE.

D'accord.

ERASTE.

Et cette audace
Mériteroit cent coups de bâton sur la place.

MASCARILLE.

Vous avez tout pouvoir.

ERASTE.

Ah, Gros-René!

GROS-RENÉ.

Monsieur.

ERASTE.

Je démens un discours dont je n'ai que trop peur.
(à Mascarille.)
Tu penses fuir.

LE DÉPIT AMOUREUX.

MASCARILLE.

Nenni.

ERASTE.

Quoi? Lucile est la femme....

MASCARILLE.

Non, monsieur, je raillois.

ERASTE.

Ah, vous raillez, infâme.

MASCARILLE.

Non, je ne raillois point.

ERASTE.

Il est donc vrai?

MASCARILLE.

Non pas;
Je ne dis pas cela.

ERASTE.

Que dis-tu donc?

MASCARILLE.

Hélas!
Je ne dis rien, de peur de mal parler.

ERASTE.

Assure
Ou si la chose est vraie, ou si c'est imposture.

MASCARILLE.

C'est ce qu'il vous plaira, je ne suis pas ici
Pour vous rien contester.

ERASTE *tirant son épée*,

Veux-tu dire? Voici,
Sans marchander, de quoi te délier la langue.

MASCARILLE.

Elle ira faire encor quelque sotte harangue.
Hé, de grace, plutôt, si vous le trouvez bon,
Donnez-moi vitement quelques coups de bâton,
Et me laissez tirer mes chausses sans murmure.

ERASTE.

Tu mourras, ou je veux que la vérité pure
S'exprime par ta bouche.

ACTE I, SCÈNE IV.

MASCARILLE.

Hélas ! je la dirai :
Mais peut-être, monsieur, que je vous fâcherai.

ERASTE.

Parle : mais prends bien garde à ce que tu vas faire ;
A ma juste fureur rien ne te peut soustraire,
Si tu mens d'un seul mot en ce que tu diras.

MASCARILLE.

J'y consens, rompez-moi les jambes et les bras,
Faites-moi pire encor, tuez moi, si j'impose *,
En tout ce que j'ai dit ici, la moindre chose.

ERASTE.

Ce mariage est vrai ?

MASCARILLE.

Ma langue en cet endroit,
A fait un pas de clerc dont elle s'aperçoit ;
Mais enfin cette affaire est comme vous la dites,
Et c'est après cinq jours de nocturnes visites,
Tandis que vous serviez à mieux couvrir leur jeu
Que depuis avant-hier ils sont joints de ce nœud ;
Et Lucile depuis fait encor moins paroître
Le violent amour qu'elle porte à mon maître,
Et veut absolument que tout ce qu'il verra,
Et qu'en votre faveur son cœur témoignera,
Il l'impute à l'effet d'une haute prudence,
Qui veut de leurs secrets ôter la connoissance.
Si, malgré mes sermens, vous doutez de ma foi,
Gros-René peut venir une nuit avec moi,
Et je lui ferai voir, étant en sentinelle,
Que nous avons dans l'ombre un libre accès chez elle.

* . . . . . *Tuez-moi, si j'impose,*
En tout ce que j'ai dit ici, la moindre chose.

Lorsqu'on se sert du mot *imposer* pour tromper, abuser, sans régime, l'Académie décide qu'il faut toujours dire *en imposer*, et non *imposer*. Mais lorsque ce verbe est suivi d'un régime, on peut l'employer comme Molière l'a fait, puisqu'on dit *imposer un crime à quelqu'un*.

LE DÉPIT AMOUREUX,

ERASTE.

Ote-toi de mes yeux, maraud.

MASCARILLE.

Et de grand cœur,
C'est ce que je demande.

SCÈNE V.
ÉRASTE, GROS-RENÉ.

ERASTE.

Hé bien ?

GROS-RENÉ.

Hé bien, monsieur ?
Nous en tenons tous deux, si l'autre est véritable.

ERASTE.

Las, il ne l'est que trop, le bourreau détestable !
Je vois trop d'apparence à tout ce qu'il a dit;
Et ce qu'a fait Valère, en voyant cet écrit,
Marque bien leur concert, et que c'est une baie *
Qui sert, sans doute, aux feux dont l'ingrate le paie.

SCÈNE VI.
ÉRASTE, MARINETTE, GROS-RENÉ.

MARINETTE.

Je viens vous avertir que tantôt sur le soir
Ma maîtresse au jardin vous permet de la voir.

ERASTE.

Oses-tu me parler, ame double et traîtresse ?
Va, sors de ma présence, et dis à ta maîtresse
Qu'avecque ses écrits elle me laisse en paix,
Et que voilà l'état, infâme, que j'en fais.
(Il déchire la lettre et sort.)

---

* . . . . *Et que c'est une baie.* L'Académie décide que ce mot n'est que du *style familier*, et il paroît ici mal employé par Eraste, furieux de ce que vient lui apprendre Mascarille : les grands mouvemens de l'ame excluent le *familier*.

ACTE II. SCÈNE I.

MARINETTE.

Gros-René, dis-moi donc quelle mouche le pique ?

GROS-RENÉ.

M'oses-tu bien encor parler, femelle inique ?
Crocodile trompeur, de qui le cœur félon
Est pire qu'un Saïrape, ou bien qu'un Lestrigon * !
Va, va rendre réponse à ta bonne maîtresse,
Et lui dis bien et beau que, malgré sa souplesse,
Nous ne sommes plus sots ni mon maître ni moi,
Et désormais qu'elle aille au diable avecque toi.

MARINETTE seule.

Ma pauvre Marinette, es-tu bien éveillée ?
De quel démon est donc leur ame travaillée ?
Quoi, faire un tel accueil à nos soins obligeans ?
Oh ! que ceci chez nous va surprendre les gens !

ACTE II.

SCÈNE I.

ASCAGNE, FROSINE.

FROSINE.

Ascagne, je suis fille à secret, Dieu merci **.

ASCAGNE.

Mais, pour un tel discours, sommes-nous bien ici ?
Prenons garde qu'aucun ne nous vienne surprendre,
Ou que de quelque endroit on ne nous puisse entendre.

---

* *Lestrigon*, peuple de la Campanie, dont les poëtes ont fait des Antropophages.

** Cet acte commence par deux vers masculins, quoique celui qui le précède finisse par deux vers du même genre, ce qui est une petite négligence.

FROSINE.

Nous serions au logis beaucoup moins sûrement :
Ici de tous côtés on découvre aisément,
Et nous pouvons parler avec toute assurance.

ASCAGNE.

Hélas, que j'ai de peine à rompre mon silence !

FROSINE.

Ouais, ceci doit donc être un important secret ?

ASCAGNE.

Trop, puisque je le fie à vous-même à regret,
Et que, si je pouvois le cacher davantage,
Vous ne le sauriez point.

FROSINE.

Ah, c'est me faire outrage !
Feindre à s'ouvrir à moi *, dont vous avez connu
Dans tous vos intérêts l'esprit si retenu ;
Moi, nourrie avec vous, et qui tiens sous silence
Des choses qui vous sont de si grande importance ;
Qui sais....

ASCAGNE.

Oui, vous savez la secrette raison
Qui cache aux yeux de tous mon sexe et ma maison ;
Vous savez que dans celle où passa mon bas âge
Je suis pour y pouvoir retenir l'héritage
Que relâchoit ailleurs le jeune Ascagne mort,
Dont mon déguisement fait revivre le sort ;
Et c'est aussi pourquoi ma bouche se dispense
A vous ouvrir mon cœur avec plus d'assurance.
Mais avant que passer, Frosine, à ce discours,
Éclaircissez un doute où je tombe toujours.
Se pourroit-il qu'Albert ne sût rien du mystère
Qui masque ainsi mon sexe, et l'a rendu mon père ?

FROSINE.

En bonne foi, ce point sur quoi vous me pressez,
Est une affaire aussi qui m'embarrasse assez :
Le fond de cette intrigue est pour moi lettre close,

---

* *Feindre à s'ouvrir à moi.* Le verbe *feindre* doit toujours être suivi de la préposition *de*.

ACTE II. SCÈNE I.

Et ma mère ne put m'éclaircir mieux la chose.
Quand il mourut ce fils, l'objet de tant d'amour,
Au destin de qui même, avant qu'il vînt au jour,
Le testament d'un oncle abondant en richesses,
D'un soin particulier avoit fait des largesses,
Et que sa mère fit un secret de sa mort *,
De son époux absent redoutant le transport,
S'il voyoit chez un autre aller tout l'héritage
Dont sa maison tiroit un si grand avantage ;
Quand, dis-je, pour cacher un tel événement,
La supposition fut de son sentiment,
Et qu'on vous prit chez nous où vous étiez nourrie,
(Votre mère d'accord de cette tromperie,
Qui remplaçoit ce fils à sa garde commis,)
En faveur des présens le secret fut promis.
Albert ne l'a point su de nous ; et pour sa femme
L'ayant plus de douze ans conservé dans son ame,
Comme le mal fut prompt dont on la vit mourir,
Son trépas imprévu ne put rien découvrir ;
Mais cependant je vois qu'il garde intelligence
Avec celle de qui vous tenez la naissance.
J'ai su qu'en secret même il lui faisoit du bien ;
Et peut-être cela ne se fait pas pour rien.
D'autre part, il vous veut porter au mariage ;
Et, comme il le prétend, c'est un mauvais langage.
Je ne sais s'il sauroit la supposition
Sans le déguisement ; mais la digression
Tout insensiblement pourroit trop loin s'étendre,
Revenons au secret que je brûle d'apprendre.

* Cette première scène où le mystère de la supposition d'enfant et du mariage secret se développe entre Ascagne et Frosine, est écrite difficilement, et les négligences du style y sont trop nombreuses pour les remarquer ici. L'édition de 1682 marque quatre vers qui se supprimoient dans le rôle de Frosine, commençant par *Et que sa mère fit un secret*, etc., et quatre autres encore commençant par *J'ai su qu'en secret même*, etc. Ces retranchemens n'empêchent pas que Molière n'eût encore eu beaucoup de corrections à faire dans cette scène, pour en rendre le style naturel et facile, comme celui de ses autres pièces.

LE DÉPIT AMOUREUX.

ASCAGNE.

Sachez donc que l'amour ne sait point s'abuser,
Que mon sexe à ses yeux n'a pu se déguiser,
Et que ses traits subtils, sous l'habit que je porte,
Ont su trouver le cœur d'une fille peu forte :
J'aime, enfin.

FROSINE.

Vous aimez !

ASCAGNE.

Frosine, doucement.
N'entrez pas tout-à-fait dedans l'étonnement;
Il n'est pas tems encore; et ce cœur qui soupire,
A bien, pour vous surprendre, autre chose à vous dire.

FROSINE.

Et quoi ?

ASCAGNE.

J'aime Valère.

FROSINE.

Ah, vous avez raison !
L'objet de votre amour, lui, dont à la maison
Votre imposture enlève un puissant héritage,
Et qui, de votre sexe ayant le moindre ombrage,
Verroit incontinent ce bien lui retourner !
C'est encore un plus grand sujet de s'étonner.

ASCAGNE.

J'ai de quoi, toutefois, surprendre plus votre ame :
Je suis sa femme.

FROSINE.

O dieux, sa femme !

ASCAGNE.

Oui, sa femme *.

---

* *Je suis sa femme.*
O dieux, sa femme.
Oui, sa femme.

Oui, dans ce vers, a deux syllabes comme dans les mots *épanoui*, *évanoui*; liberté qu'on prenoit encore lorsque le *Dépit amoureux* parut, mais dont on ne peut user aujourd'hui. On verra que Molière, dans la même pièce, s'est servi de la même licence.

ACTE II. SCÈNE I.

FROSINE.

Ah, certes, celui-là l'emporte, et vient à bout
De toute ma raison !

ASCAGNE.

Ce n'est pas encor tout.

FROSINE.

Encore

ASCAGNE.

Je la suis *, dis-je, sans qu'il le pense,
Ni qu'il ait de mon sort la moindre connoissance.

FROSINE.

Ho ! poussez, je le quitte, et ne raisonne plus,
Tant mes sens coup sur coup se trouvent confondus.
A ces énigmes-là je ne puis rien comprendre.

ASCAGNE.

Je vais vous l'expliquer, si vous voulez m'entendre.
Valère dans les fers de ma sœur arrêté,
Me sembloit un amant digne d'être écouté ;
Je ne pouvois souffrir qu'on rebutât sa flamme,
Sans qu'un peu d'intérêt touchât pour lui mon ame ;
Je voulois que Lucile aimât son entretien ;
Je blâmois ses rigueurs, et les blâmai si bien,
Que moi-même j'entrai, sans pouvoir m'en défendre,
Dans tous les sentimens qu'elle ne pouvoit prendre.
C'étoit, en lui parlant, moi qu'il persuadoit ;
Je me laissois gagner aux soupirs qu'il perdoit ;
Et ses vœux rejetés de l'objet qui l'enflamme,
Etoient, comme vainqueurs, reçus dedans mon ame.
Ainsi mon cœur, Frosine, un peu trop foible, hélas !
Se rendit à des soins qu'on ne lui rendoit pas,
Par un coup réfléchi reçut une blessure,

---

* *Je la suis*, etc. On ne connoissoit point encore, du tems de Molière, cette règle qui nous force aujourd'hui à écrire *je le suis*. On sait que Madame de Sévigné craignoit qu'il ne lui vînt de la barbe, en disant d'elle-même *je le suis*.

J'ai mal à propos observé ici une faute qui n'existe point, le pronom *la* se rapportant à un pronom substantif doit en prendre le genre et le nombre. La citation du mot de Madame de Sévigné est donc déplacée.

Et paya pour un autre avec beaucoup d'usure.
Enfin, ma chère, enfin l'amour que j'eus pour lui
Se voulut expliquer, mais sous le nom d'autrui.
Dans ma bouche, une nuit, cet amant trop aimable
Crut rencontrer Lucile à ses vœux favorable ;
Et je sus ménager si bien cet entretien,
Que du déguisement il ne reconnut rien.
Sous ce voile trompeur, qui flattoit sa pensée,
Je lui dis que pour lui mon ame étoit blessée,
Mais que voyant mon père en d'autres sentimens,
Je devois une feinte à ses commandemens ;
Qu'ainsi de notre amour nous ferions un mystère
Dont la nuit seulement seroit dépositaire ;
Et qu'entre nous, de jour, de peur de rien gâter,
Tout entretien secret se devoit éviter ;
Qu'il me verroit alors la même indifférence
Qu'avant que nous eussions aucune intelligence ;
Et que, de son côté, de même que du mien,
Geste, parole, écrit, ne m'en dît jamais rien.
Enfin, sans m'arrêter à toute l'industrie
Dont j'ai conduit le fil de cette tromperie,
J'ai poussé jusqu'au bout un projet si hardi,
Et me suis assuré l'époux que je vous di.

FROSINE.

Ho, ho, les grands talens que votre esprit possède !
Diroit-on qu'elle y touche avec sa mine froide ?
Cependant vous avez été bien vîte ici ;
Car je veux que la chose ait d'abord réussi ;
Ne jugez-vous pas bien, à regarder l'issue,
Qu'elle ne peut long-tems éviter d'être sue ?

ASCAGNE.

Quand l'amour est bien fort, rien ne peut l'arrêter,
Ses projets seulement vont à se contenter ;
Et, pourvu qu'il arrive au but qu'il se propose,
Il croit que tout le reste après est peu de chose.
Mais enfin aujourd'hui je me découvre à vous,
Afin que vos conseils.... Mais voici cet époux.

SCÈNE II.

VALÈRE, ASCAGNE, FROSINE.

VALÈRE.

Si vous êtes tous deux en quelque conférence,
Où je vous fasse tort de mêler ma présence,
Je me retirerai.

ASCAGNE.

Non, non, vous pouvez bien,
Puisque vous le faisiez, rompre notre entretien.

VALÈRE.

Moi ?

ASCAGNE.

Vous-même.

VALÈRE.

Et comment ?

ASCAGNE.

Je disois que Valère
Auroit, si j'étois fille, un peu trop su me plaire,
Et que, si je faisois tous les vœux de son cœur,
Je ne tarderois guère à faire son bonheur.

VALÈRE.

Ces protestations ne coûtent pas grand'chose,
Alors qu'à leur effet un pareil si s'oppose :
Mais vous seriez bien pris si quelque événement
Alloit mettre à l'épreuve un si doux compliment.

ASCAGNE.

Point du tout : je vous dis que, régnant dans votre ame,
Je voudrois de bon cœur couronner votre flamme.

VALÈRE.

Et si c'étoit quelqu'une, où par votre secours
Vous pussiez être utile au bonheur de mes jours ?

ASCAGNE.

Je pourrois assez mal répondre à votre attente.

VALÈRE.

Cette confession n'est pas trop obligeante.

ASCAGNE.

Hé, quoi? Vous voudriez, Valère, injustement,
Qu'étant fille, et mon cœur vous aimant tendrement,
Je m'allasse engager avec une promesse
De servir vos ardeurs pour quelqu'autre maîtresse?
Un si pénible effort pour moi m'est interdit.

VALÈRE.

Mais cela n'étant pas?

ASCAGNE.

Ce que je vous ai dit,
Je l'ai dit comme fille, et vous devez le prendre
Tout de même.

VALÈRE.

Ainsi donc il ne faut rien prétendre,
Ascagne, à des bontés que vous auriez pour nous,
A moins que le ciel fasse * un grand miracle en vous;
Bref, si vous n'êtes fille, adieu votre tendresse,
Il ne vous reste rien qui pour nous s'intéresse.

ASCAGNE.

J'ai l'esprit délicat plus qu'on ne peut penser,
Et le moindre scrupule a de quoi m'offenser,
Quand il s'agit d'aimer. Enfin je suis sincère,
Je ne m'engage point à vous servir, Valère,
Si vous ne m'assurez, au moins absolument,
Que vous avez pour moi le même sentiment;
Que pareille chaleur d'amitié vous transporte,
Et que, si j'étois fille, une flamme plus forte
N'outrageroit point celle où je vivrois pour vous.

VALÈRE.

Je n'avois jamais vu ce scrupule jaloux;
Mais tout nouveau qu'il est, ce mouvement m'oblige,
Et je vous fais ici tout l'aveu qu'il exige.

ASCAGNE.

Mais sans fard?

VALÈRE.

Oui, sans fard.

* *A moins que le ciel fasse*, etc. Il faut *que le ciel ne fasse*.

ACTE II. SCÈNE II.

ASCAGNE.
>   S'il est vrai, désormais
Vos intérêts seront les miens, je vous promets.

VALÈRE.
J'ai bientôt à vous dire un important mystère,
Où l'effet de ces mots me sera nécessaire.

ASCAGNE.
Et j'ai quelque secret de même à vous ouvrir,
Où votre cœur pour moi se pourra découvrir.

VALÈRE.
Hé, de quelle façon cela pourroit-il être?

ASCAGNE.
C'est que j'ai de l'amour qui ne sauroit paroître,
Et vous pourriez avoir sur l'objet de mes vœux
Un empire à pouvoir rendre mon sort heureux.

VALÈRE.
Expliquez-vous, Ascagne, et croyez par avance *
Que votre heur est certain, s'il est en ma puissance.

ASCAGNE.
Vous promettez ici plus que vous ne croyez.

VALÈRE.
Non, non, dites l'objet pour qui vous m'employez.

ASCAGNE.
Il n'est pas encor tems; mais c'est une personne
Qui vous touche de près.

VALÈRE.
>   Votre discours m'étonne.
Plût à Dieu que ma sœur....

> * . . . . *Et croyez par avance*
> *Que votre heur est certain*, etc.

Heur pour *bonheur* ne se dit plus. Le *que* pouvant se supprimer, on peut rétablir le mot nécessaire : *Et croyez par avance votre bonheur certain*, etc.

Cette scène, ainsi que la précédente, est écrite avec peine ; il semble que Molière n'ait plus le même talent lorsqu'il s'agit de faire une scène dont le fonds est peu vraisemblable et peu naturel.

ASCAGNE.

     Ce n'est pas la saison
De m'expliquer, vous dis-je.

    VALÈRE.

     Et pourquoi?

    ASCAGNE.

        Pour raison;
Vous saurez mon secret, quand je saurai le vôtre.

    VALÈRE.

J'ai besoin pour cela de l'aveu de quelque autre.

    ASCAGNE.

Ayez-le donc; et lors, nous expliquant nos vœux,
Nous verrons qui tiendra mieux parole des deux.

    VALÈRE.

Adieu, j'en suis content.

    ASCAGNE.

     Et moi content, Valère.

    (*Valère sort.*)

    FROSINE.

Il croit trouver en vous l'assistance d'un frère.

SCÈNE III.

LUCILE, ASCAGNE, FROSINE, MARINETTE.

  LUCILE à *Marinette les trois premiers vers.*

C'en est fait; c'est ainsi que je puis me venger,
Et, si cette action a de quoi l'affliger,
C'est toute la douceur que mon cœur s'y propose.
Mon frère, vous voyez une métamorphose.
Je veux chérir Valère après tant de fierté,
Et mes vœux maintenant tournent de son côté.

    ASCAGNE.

Que dites-vous, ma sœur? Comment! courir au change * ?
Cette inégalité me semble trop étrange.

---

* . . . . . *Comment! courir au change?* pour *courir au changement*, ne se dit plus.

ACTE II. SCÈNE III.
LUCILE.
La vôtre me surprend avec plus de sujet.
De vos soins autrefois Valère étoit l'objet ;
Je vous ai vu pour lui m'accuser de caprice,
D'aveugle cruauté, d'orgueil et d'injustice ;
Et, quand je veux l'aimer, mon dessein vous déplaît ?
Et je vous vois parler contre son intérêt ?
ASCAGNE.
Je le quitte, ma sœur, pour embrasser le vôtre :
Je sais qu'il est rangé dessous les lois d'une autre ;
Et ce seroit un trait honteux à vos appas,
Si vous le rappeliez, et qu'il ne revînt pas.
LUCILE.
Si ce n'est que cela, j'aurai soin de ma gloire,
Et je sais, pour son cœur, tout ce que j'en dois croire
Il s'explique à mes yeux intelligiblement ;
Ainsi découvrez-lui, sans peur, mon sentiment,
Ou, si vous refusez de le faire, ma bouche
Lui va faire savoir que son ardeur me touche.
Quoi, mon frère, à ces mots vous restez interdit ?
ASCAGNE.
Ah, ma sœur ! si sur vous je puis avoir crédit,
Si vous êtes sensible aux prières d'un frère,
Quittez un tel dessein, et n'ôtez point Valère
Aux vœux d'un jeune objet dont l'intérêt m'est cher,
Et qui, sur ma parole, a droit de vous toucher.
La pauvre infortunée aime avec violence,
A moi seul de ses feux elle fait confidence,
Et je vois dans son cœur de tendres mouvemens
A dompter la fierté des plus durs sentimens.
Oui, vous auriez pitié de l'état de son ame,
Connoissant de quel coup vous menacez sa flamme ;
Et je ressens si bien la douleur qu'elle aura,
Que je suis assuré, ma sœur, qu'elle en mourra,
Si vous lui dérobez l'amant qui peut lui plaire.
Éraste est un parti qui doit vous satisfaire,
Et des feux mutuels....
LUCILE.
Mon frère, c'est assez.

Je ne sais point pour qui vous vous intéressez ;
Mais, de grace, cessons ce discours, je vous prie,
Et me laissez un peu dans quelque rêverie.

ASCAGNE.

Allez, cruelle sœur, vous me désespérez,
Si vous effectuez vos desseins déclarés.

SCÈNE IV.

LUCILE, MARINETTE.

MARINETTE.

La résolution, madame, est assez prompte.

LUCILE.

Un cœur ne pèse rien alors que l'on l'affronte * ;
Il court à sa vengeance, et saisit promptement
Tout ce qu'il croit servir à son ressentiment.
Le traître ! Faire voir cette insolence extrême !

MARINETTE.

Vous m'en voyez encor toute hors de moi-même ;
Et quoique là-dessus je rumine sans fin,
L'aventure me passe, et j'y perds mon latin.
Car enfin, aux transports d'une bonne nouvelle,
Jamais cœur ne s'ouvrit d'une façon plus belle ;
De l'écrit obligeant le sien tout transporté
Ne me donnoit pas moins que de la déité ;
Et cependant jamais à cet autre message,
Fille ne fut traitée avecque tant d'outrage.
Je ne sais, pour causer de si grands changemens,
Ce qui s'est pu passer entre ces courts momens.

LUCILE.

Rien ne s'est pu passer dont il faille être en peine,
Puisque rien ne le doit défendre de ma haine.
Quoi, tu voudrois chercher hors de sa lâcheté,
La secrette raison de cette indignité ?

---

* *Un cœur ne pèse rien alors que l'on l'affronte.* Mauvais vers. Qu'est-ce qu'un cœur qui ne pèse rien ? Et puis ce *l'on l'aff....*

ACTE II. SCÈNE IV.

Cet écrit malheureux, dont mon ame s'accuse,
Peut-il à son transport souffrir la moindre excuse?

MARINETTE.

En effet; je comprends que vous avez raison,
Et que cette querelle est pure trahison.
Nous en tenons, madame; et puis, prêtons l'oreille
Aux bons chiens de pendards qui nous chantent merveille,
Qui, pour nous accrocher, feignent tant de langueur;
Laissons à leurs beaux mots fondre notre rigueur;
Rendons-nous à leurs vœux, trop foibles que nous sommes:
Foin de notre sottise, et peste soit des hommes!

LUCILE.

Hé bien, bien qu'il s'en vante, et rie à nos dépens,
Il n'aura pas sujet d'en triompher long-tems;
Et je lui ferai voir qu'en une ame bien faite
Le mépris suit de près la faveur qu'on rejette.

MARINETTE.

Au moins en pareil cas, est-ce un bonheur bien doux,
Quand on sait qu'on n'a point d'avantage sur nous;
Marinette eut bon nez, quoi qu'on en puisse dire,
De ne permettre rien un soir qu'on vouloit rire.
Quelqu'autre, sous l'espoir du *matrimonion*,
Auroit ouvert l'oreille à la tentation;
Mais moi, *nescio vos*.

LUCILE.

Que tu dis de folies,
Et choisis mal ton tems pour de telles saillies!
Enfin je suis touchée au cœur sensiblement;
Et si jamais celui de ce perfide amant,
Par un coup de bonheur, dont j'aurois tort, je pense,
De vouloir à présent concevoir l'espérance;
(Car le ciel a trop pris plaisir de m'affliger,
Pour me donner celui de me pouvoir venger.)
Quand, dis-je, par un sort à mes desirs propice,
Il reviendroit m'offrir sa vie en sacrifice,
Détester à mes pieds l'action d'aujourd'hui,
Je te défends, surtout, de me parler pour lui;
Au contraire, je veux que ton zèle s'exprime

A me bien mettre aux yeux la grandeur de son crime;
Et même si mon cœur étoit pour lui tenté
De descendre jamais à quelque lâcheté,
Que ton affection me soit alors sévère,
Et tienne, comme il faut, la main à ma colère.

MARINETTE.

Vraiment, n'ayez point peur, et laissez faire à nous,
J'ai pour le moins autant de colère que vous;
Et je serois plutôt fille toute ma vie,
Que mon gros traître aussi me redonnât envie....
S'il vient....

SCÈNE V.

ALBERT, LUCILE, MARINETTE.

ALBERT.

Rentrez, Lucile, et me faites venir
Le Précepteur; je veux un peu l'entretenir,
Et m'informer de lui, qui me gouverne Ascagne,
S'il sait point quel ennui depuis peu l'accompagne.

SCÈNE VI.

ALBERT seul.

En quel gouffre de soins et de perplexité
Nous jette une action faite sans équité ?
D'un enfant supposé par mon trop d'avarice,
Mon cœur depuis long-tems souffre bien le supplice;
Et quand je vois les maux où je me suis plongé,
Je voudrois à ce bien n'avoir jamais songé.
Tantôt je crains de voir, par la fourbe éventée,
Ma famille en opprobre et misère jetée;
Tantôt pour ce fils-là qu'il me faut conserver,
Je crains cent accidens qui peuvent arriver.
S'il advient que dehors quelque affaire m'appelle,
J'appréhende au retour cette triste nouvelle:
Las, vous ne savez pas, vous l'a-t-on annoncé ?

Votre fils a la fièvre, ou jambe, ou bras cassé * :
Enfin, à tous momens sur quoi que je m'arrête,
Cent sortes de chagrins me roulent dans la tête.
Ah !...

SCÈNE VII.
ALBERT, MÉTAPHRASTE.

MÉTAPHRASTE.

Mandatum tuum curo diligenter.

ALBERT.

Maître, j'ai voulu....

MÉTAPHRASTE.

Maître est dit *à magis ter* **.
C'est comme qui diroit trois fois plus grand.

ALBERT.

Je meure,
Si je savois cela, mais soit, à la bonne heure.
Maître, donc....

MÉTAPHRASTE.

Poursuivez.

ALBERT.

Je veux poursuivre aussi;
Mais ne poursuivez point, vous, d'interrompre ainsi.
Donc, encore une fois, maître, c'est la troisième,
Mon fils me rend chagrin : vous savez que je l'aime,
Et que soigneusement je l'ai toujours nourri.

* .... *Ou jambe, ou bras cassé.* C'est une faute de n'avoir pas mis le mot *cassé* au pluriel, puisqu'il est précédé de deux substantifs, avec lesquels il doit s'accorder.

** Cette scène du Pédagogue *Métaphraste* et d'*Albert*, a servi de modèle à beaucoup de portraits de pédans. L'auteur de *la Fille mal gardée* y a pris, mot à mot, le trait plaisant de *maître est dit à magister,* comme qui diroit *magis-ter,* trois fois grand. Il y a dans la pièce du *Secchi* un pédagogue *Hermogène*, mais pesant et triste, et ne ressemblant en rien à celui de Molière. Le *Jobelin* de Rabelais étoit pour notre auteur un modèle bien meilleur à suivre.

MÉTAPHRASTE.

Il est vrai : *Filio non potest præferri*
Nisi filius.

ALBERT.

Maître, en discourant ensemble,
Ce jargon n'est pas fort nécessaire, me semble ;
Je vous crois grand latin, et grand Docteur juré,
Je m'en rapporte à ceux qui m'en ont assuré :
Mais dans un entretien qu'avec vous je destine,
N'allez point déployer toute votre doctrine,
Faire le pédagogue, et cent mots me cracher,
Comme si vous étiez en chaire pour prêcher.
Mon père, quoiqu'il eût la tête des meilleures,
Ne m'a jamais rien fait apprendre que mes heures,
Qui, depuis cinquante ans, dites journellement,
Ne sont encor pour moi que du haut allemand.
Laissez donc en repos votre science auguste,
Et que votre langage à mon foible s'ajuste.

MÉTAPHRASTE.

Soit.

ALBERT.

A mon fils, l'hymen me paroît faire peur ;
Et sur quelque parti que je sonde son cœur,
Pour un pareil lien il est froid et recule.

MÉTAPHRASTE.

Peut-être a-t-il l'humeur du frère de Marc-Tulle,
Dont avec Atticus le même fait *sermon ;*
Et comme aussi les Grecs disent *Atanaton.....*

ALBERT.

Mon Dieu, maître éternel, laissez-là, je vous prie,
Les Grecs, les Albanois, avec l'Esclavonie,
Et tous ces autres gens dont vous voulez parler ;
Eux et mon fils n'ont rien ensemble à démêler.

MÉTAPHRASTE.

Hé bien donc, votre fils ?

ALBERT.

Je ne sais si dans l'ame
Il ne sentiroit point une secrette flamme ;

ACTE II. SCÈNE VII.

Quelque chose le trouble, ou je suis fort déçu;
Et je l'aperçus hier, sans en être aperçu *,
Dans un recoin du bois où nul ne se retire.

MÉTAPHRASTE.

Dans un lieu reculé du bois, voulez-vous dire?
Un endroit écarté? *Latinè secessus*;
Virgile l'a dit : *Est in secessu locus....*

ALBERT.

Comment auroit-il pu l'avoir dit, ce Virgile,
Puisque je suis certain que, dans ce lieu tranquille,
Ame du monde enfin n'étoit lors que nous deux.

MÉTAPHRASTE.

Virgile est nommé là comme un auteur fameux
D'un terme plus choisi que le mot que vous dîtes,
Et non comme témoin de ce qu'hier vous vîtes.

ALBERT.

Et moi, je vous dis, moi, que je n'ai pas besoin
De terme plus choisi, d'auteur, ni de témoin,
Et qu'il suffit ici de mon seul témoignage.

MÉTAPHRASTE.

Il faut choisir pourtant les mots mis en usage
Par les meilleurs auteurs. *Tu vivendo, bonos*;
Comme on dit : *scribendo, sequare peritos*.

ALBERT.

Homme, ou démon, veux-tu m'entendre sans conteste?

MÉTAPHRASTE.

Quintilien en fait le précepte.

ALBERT.

                La peste
Soit du causeur!

MÉTAPHRASTE.

        Et dit là-dessus doctement
Un mot que vous serez bien aise assurément
D'entendre.

---

* *Et je l'aperçus hier, sans en être aperçu.* Molière qui emploie ici le mot *hier* pour une syllabe, lui en a cependant donné deux dans la même scène, lorsqu'il dit : *Et non comme témoin de ce qu'hier vous vîtes.*

ALBERT.
Je serai le diable qui t'emporte,
Chien d'homme ! Oh, que je suis tenté d'étrange sorte
De faire sur ce mufle une application !

MÉTAPHRASTE.
Mais qui cause, Seigneur, votre inflammation ?
Que voulez-vous de moi ?

ALBERT.
      Je veux que l'on m'écoute,
Vous ai-je dit vingt fois, quand je parle.

MÉTAPHRASTE.
         Ah, sans doute,
Vous serez satisfait, s'il ne tient qu'à cela,
Je me tais.

ALBERT.
   Vous ferez sagement.

MÉTAPHRASTE.
        Me voilà
Tout prêt de vous ouïr.

ALBERT.
   Tant mieux.

MÉTAPHRASTE.
        Que je trépasse,
Si je dis plus mot.

ALBERT.
   Dieu vous en fasse la grace.

MÉTAPHRASTE.
Vous n'accuserez point mon caquet désormais.

ALBERT.
Ainsi soit-il.

MÉTAPHRASTE.
   Parlez quand vous voudrez.

ALBERT.
        J'y vais.

MÉTAPHRASTE.
Et n'appréhendez plus l'interruption nôtre.

ALBERT.
C'est assez dit.

ACTE II. SCÈNE VII.

MÉTAPHRASTE.
Je suis exact plus qu'aucun autre.

ALBERT.
Je le crois.

MÉTAPHRASTE.
J'ai promis que je ne dirai rien.

ALBERT.
Suffit.

MÉTAPHRASTE.
Dès-à-présent je suis muet.

ALBERT.
Fort bien.

MÉTAPHRASTE.
Parlez; courage; au moins je vous donne audience
Vous ne vous plaindrez pas de mon peu de silence:
Je ne desserre pas la bouche seulement.

ALBERT à part.
Le traître !

MÉTAPHRASTE.
Mais, de grace, achevez vîtement :
Depuis long-tems j'écoute ; il est bien raisonnable
Que je parle à mon tour.

ALBERT.
Donc, bourreau détestable...

MÉTAPHRASTE.
Hé, bon Dieu ! Voulez-vous que j'écoute à jamais?
Partageons le parler du moins, ou je m'en vais.

ALBERT.
Ma patience est bien....

MÉTAPHRASTE.
Quoi, voulez-vous poursuivre ?
Ce n'est pas encor fait ? *Per Jovem*, je suis ivre !

ALBERT.
Je n'ai pas dit....

MÉTAPHRASTE.
Encor ? Bon Dieu que de discours!
Rien n'est-il suffisant d'en arrêter le cours ?

ALBERT.

J'enrage.

MÉTAPHRASTE.

De rechef? ô l'étrange torture!
Hé! laissez-moi parler un peu, je vous conjure,
Un sot qui ne dit mot, ne se distingue pas
D'un savant qui se tait.

ALBERT.

Parbleu tu te tairas.

SCÈNE VIII.

MÉTAPHRASTE seul.

D'où vient fort à propos cette sentence expresse
D'un philosophe : parle, afin qu'on te connoisse.
Doncques si de parler le pouvoir m'est ôté,
Pour moi, j'aime autant perdre aussi l'humanité,
Et changer mon essence en celle d'une bête.
Me voilà pour huit jours avec un mal de tête.
Oh, que les grands parleurs par moi sont détestés!
Mais quoi! Si les savans ne sont pas écoutés,
Si l'on veut que toujours ils aient la bouche close,
Il faut donc renverser l'ordre de chaque chose.
Que les poules dans peu dévorent les renards;
Que les jeunes enfans remontrent aux vieillards;
Qu'à poursuivre les loups les agnelets s'ébattent;
Qu'un fou fasse les lois, que les femmes combattent;
Que par les criminels les Juges soient jugés,
Et par les écoliers les maîtres fustigés;
Que le malade au sain présente le remède;
Que le lièvre craintif....

ACTE III. SCÈNE I.   221

SCÈNE IX.

ALBERT, MÉTAPHRASTE.

Albert sonne aux oreilles de Métaphraste une cloche de mulet, qui le fait fuir.

MÉTAPHRASTE *fuyant.*

Miséricorde! à l'aide!

~~~~~~~~~~~~~~~~~~~~~~~~~~~~~~~~~~

ACTE III.

SCÈNE I.

MASCARILLE.

Le ciel par fois seconde un dessein téméraire **,
Et l'on sort, comme on peut, d'une méchante affaire ;
Pour moi, qu'une imprudence a trop fait discourir,
Le remède plus prompt où j'ai su recourir,
C'est de pousser ma pointe, et dire en diligence
A notre vieux patron toute la manigance.
Son fils, qui m'embarrasse, est un évaporé :
L'autre diable disant ce que j'ai déclaré,

* La cloche de mulet qu'*Albert* vient sonner aux oreilles de *Métaphraste*, et qui termine le second acte, excède le comique français, qui doit s'arrêter où commence la farce. *On ne souffriroit pas aujourd'hui*, dit M. Diderot, *qu'un père vînt avec une cloche de mulet mettre en fuite un pédant*, et il a raison. Mais il ne falloit pas que cet ingénieux auteur ajoutât : *ni qu'un mari se cachât sous une table pour s'assurer des discours qu'on tient à sa femme. Voyez* les observations sur *le Tartufe*.

** Cet acte commence par des rimes féminines, quoique la dernière scène du précédent finisse par deux vers féminins.

Gare une irruption sur notre fripperie :
Au moins, avant qu'on puisse échauffer sa furie,
Quelque chose de bon nous pourra succéder,
Et les vieillards entr'eux se pourront accorder.
C'est ce qu'on va tenter ; et de la part du nôtre,
Sans perdre un seul moment, je m'en vais trouver l'autre.

(*Il frappe à la porte d'Albert.*)

SCÈNE II.

ALBERT, MASCARILLE.

ALBERT.

Qui frappe ?

MASCARILLE.

Ami.

ALBERT.

Oh, oh, qui te peut amener,
Mascarille ?

MASCARILLE.

Je viens, monsieur, pour vous donner
Le bon jour.

ALBERT.

Ah, vraiment tu prends beaucoup de peine :
De tout mon cœur, bon jour.

(*Il s'en va.*)

MASCARILLE.

La réplique est soudaine.
Quel homme brusque !

(*Il heurte.*)

ALBERT.

Encor ?

MASCARILLE.

Vous n'avez pas ouï,
Monsieur....

ALBERT.

Ne m'as-tu pas donné le bon jour ?

MASCARILLE.

Oui.

ACTE III. SCÈNE II.

ALBERT.

Hé bien, bon jour, te dis-je.
(*Il s'en va, Mascarille l'arrête.*)

MASCARILLE.

Oui ; mais je viens encore
Vous saluer au nom du seigneur Polidore.

ALBERT.

Ah, c'est un autre fait ! Ton maître t'a chargé
De me me saluer ?

MASCARILLE.

Oui.

ALBERT.

Je lui suis obligé ;
Va *, que je lui souhaite une joie infinie.
(*Il s'en va.*)

MASCARILLE.

Cet homme est ennemi de la cérémonie.
(*Il heurte.*)
Je n'ai pas achevé, monsieur, son compliment ;
Il voudroit vous prier d'une chose instamment.

ALBERT.

Hé bien, quand il voudra, je suis à son service.

MASCARILLE *l'arrêtant*.

Attendez, et souffrez qu'en deux mots je finisse.
Il souhaite un moment pour vous entretenir
D'une affaire importante, et doit ici venir.

ALBERT.

Hé, quelle est-elle encor l'affaire qui l'oblige
A me vouloir parler ?

MASCARILLE.

Un grand secret, vous dis-je,
Qu'il vient de découvrir en ce même moment,
Et qui, sans doute, importe à tous deux grandement.
Voilà mon ambassade.

---

* *Va, que je lui souhaite une joie infinie.* Le *que* qui suit le monosyllabe *va*, n'est que pour la mesure du vers. L'ellipse est trop forte, s'il faut supposer le retranchement de *dis-lui que*, etc.

SCÈNE III.

ALBERT seul.

O juste ciel ! je tremble :
Car enfin nous avons peu de commerce ensemble.
Quelque tempête va renverser mes desseins,
Et ce secret, sans doute, est celui que je crains.
L'espoir de l'intérêt m'a fait quelque infidèle *,
Et voilà sur ma vie une tache éternelle.
Ma fourbe est découverte. Oh, que la vérité
Se peut cacher long-tems avec difficulté !
Et qu'il eût mieux valu pour moi, pour mon estime,
Suivre les mouvemens d'une peur légitime,
Par qui je me suis vu tenté plus de vingt fois
De rendre à Polidore un bien que je lui dois,
De prévenir l'éclat où ce coup-ci m'expose,
Et faire qu'en douceur passât toute la chose.
Mais, hélas ! c'en est fait, il n'est plus de saison,
Et ce bien, par la fraude entré dans ma maison,
N'en sera point tiré, que dans cette sortie
Il n'entraîne du mien la meilleure partie.

SCÈNE IV.

POLIDORE, ALBERT.

POLIDORE, *les quatre premiers vers sans voir Albert.*

S'être ainsi marié sans qu'on en ait su rien !
Puisse cette action se terminer à bien !
Je ne sais qu'en attendre : et je crains fort du père
Et la grande richesse, et la juste colère.
Mais je l'aperçois seul.

ALBERT.

Ciel, Polidore vient !

---

* *L'espoir de l'intérêt m'a fait quelque infidèle.* Ce que Molière fait dire ici à Albert n'est point exprimé clairement.

ACTE III. SCÈNE IV.

POLIDORE.
Je tremble à l'aborder.

ALBERT.
La crainte me retient.

POLIDORE.
Par où lui débuter?

ALBERT.
Quel sera mon langage?

POLIDORE.
Son ame est toute émue.

ALBERT.
Il change de visage.

POLIDORE.
Je vois, seigneur Albert, au trouble de vos yeux,
Que vous savez déjà qui m'amène en ces lieux.

ALBERT.
Hélas, oui!

POLIDORE.
La nouvelle a droit de vous surprendre,
Et je n'eusse pas cru ce que je viens d'apprendre.

ALBERT.
J'en dois rougir de honte et de confusion.

POLIDORE.
Je trouve condamnable une telle action,
Et je ne prétends point excuser le coupable.

ALBERT.
Dieu fait miséricorde au pécheur misérable.

POLIDORE.
C'est ce qui doit par vous être considéré.

ALBERT.
Il faut être chrétien.

POLIDORE.
Il est très-assuré.

ALBERT.
Grace, au nom de Dieu, grace, ô seigneur Polidore!

POLIDORE.
Hé, c'est moi qui de vous présentement l'implore!

ALBERT.
Afin de l'obtenir je me jette à genoux.

ALBERT *à part.*

O Dieu, quelle méprise, et qu'est-ce qu'il m'apprend!
Je rentre ici d'un trouble en un autre aussi grand.
Dans ces divers transports je ne sais que répondre,
Et, si je dis un mot, j'ai peur de me confondre.

POLIDORE.

A quoi pensez-vous là, seigneur Albert?

ALBERT.

A rien.
Remettons, je vous prie, à tantôt l'entretien.
Un mal subit me prend, qui veut que je vous laisse.

SCÈNE V.

POLIDORE *seul.*

Je lis dedans son ame, et vois ce qui le presse.
A quoi que sa raison l'eût déjà disposé,
Son déplaisir n'est pas encor tout apaisé.
L'image de l'affront lui revient, et sa fuite
Tâche à me déguiser le trouble qui l'agite.
Je prends part à sa honte, et son deuil m'attendrit.
Il faut qu'un peu de tems remette son esprit.
La douleur trop contrainte aisément se redouble.
Voici mon jeune fou d'où nous vient tout ce trouble.

SCÈNE VI.

POLIDORE, VALÈRE.

POLIDORE.

Enfin, le beau mignon! vos bons déportemens
Troubleront les vieux jours d'un père à tous momens;
Tous les jours vous ferez de nouvelles merveilles,
Et nous n'aurons jamais autre chose aux oreilles.

VALÈRE.

Que fais-je tous les jours qui soit si criminel?
En quoi mériter tant le courroux paternel?

ACTE III. SCÈNE VII.
POLIDORE.
Je suis un étrange homme, et d'une humeur terrible,
D'accuser un enfant si sage et si paisible.
Las ! il vit comme un saint, et dedans la maison
Du matin jusqu'au soir il est en oraison !
Dire qu'il pervertit l'ordre de la nature,
Et fait du jour la nuit ; ô la grande imposture!
Qu'il n'a considéré père, ni parenté,
En vingt occasions ; horrible fausseté !
Que de fraîche mémoire un furtif hyménée
A la fille d'Albert a joint sa destinée,
Sans craindre de la suite un désordre puissant ;
On le prend pour un autre, et le pauvre innocent
Ne sait pas seulement ce que je lui veux dire.
Ah, chien *, que j'ai reçu du ciel pour mon martyre!
Te croiras-tu toujours ? et ne pourrai-je pas
Te voir être une fois sage avant mon trépas ?

VALÈRE *seul et rêvant*.
D'où peut venir ce coup ? Mon ame embarrassée
Ne voit que Mascarille où jeter sa pensée.
Il ne sera pas homme à m'en faire un aveu.
Il faut user d'adresse, et me contraindre un peu
Dans ce juste courroux.

SCÈNE VII **.
VALÈRE, MASCARILLE.
VALÈRE.
Mascarille, mon père,
Que je viens de trouver, sait toute notre affaire.
MASCARILLE.
Il la sait ?

---

* *Ah, chien, que j'ai reçu du ciel pour mon martyre !* Cette invective d'un père outrage à la fois la nature et la bienséance.

** Scène vive et théâtrale dans le goût de Plaute, contre laquelle Molière luttoit déjà avec avantage.

VALÈRE.
Oui.
MASCARILLE.
D'où diantre, a-t-il pu le savoir?
VALÈRE.
Je ne sais point sur qui ma conjecture asseoir;
Mais enfin d'un succès cette affaire est suivie,
Dont j'ai tous les sujets d'avoir l'ame ravie.
Il ne m'en a pas dit un mot qui fût fâcheux;
Il excuse ma faute, il approuve mes feux,
Et je voudrois savoir qui peut être capable
D'avoir pu rendre ainsi son esprit si traitable.
Je ne puis t'exprimer l'aise que j'en reçoi.
MASCARILLE.
Et que me diriez-vous, monsieur, si c'étoit moi
Qui vous eût procuré cette heureuse fortune?
VALÈRE.
Bon! bon! tu voudrois bien ici m'en donner d'une.
MASCARILLE.
C'est moi, vous dis-je, moi, dont le patron le sait,
Et qui vous ait produit ce favorable effet.
VALÈRE.
Mais, là, sans te railler?
MASCARILLE.
         Que le diable m'emporte
Si je fais raillerie, et s'il n'est de la sorte.
VALÈRE *mettant l'épée à la main*.
Et qu'il m'entraîne, moi, si tout présentement
Tu n'en vas recevoir le juste paiement.
MASCARILLE.
Ah, monsieur, qu'est-ce ceci? Je défends la surprise *.

---

* *Ah, Monsieur, qu'est-ce ceci?* Il y a une syllabe de trop
dans cet hémistiche. Les éditions qui ont mis: *Qu'est ceci* n'ont
pas moins fait une faute, puisqu'il faudroit *qu'est-ce que ceci?*
Il ne falloit pas décider que les éditeurs qui ont mis *qu'est
ceci?* avoient corrigé une faute par une autre. Voyez La
Fontaine dans la fable de l'ivrogne et de sa femme. *Oh, dit-il,
qu'est ceci? ma femme est-elle veuve?*

ACTE III. SCENE VII.
VALÈRE.
C'est la fidélité que tu m'avois promise ?
Sans ma feinte, jamais tu n'eusses avoué
Le trait que j'ai bien cru que tu m'avois joué.
Traître, de qui la langue à causer trop habile,
D'un père contre moi vient d'échauffer la bile,
Qui me perds tout-a-fait ; il faut, sans discourir,
Que tu meures.

MASCARILLE.
   Tout beau, mon ame, pour mourir,
N'est pas en bon état. Daignez, je vous conjure,
Attendre le succès qu'aura cette aventure.
J'ai de fortes raisons qui m'ont fait révéler
Un hymen que vous-même aviez peine à céler ;
C'étoit un coup d'état, et vous verrez l'issue
Condamner la fureur que vous avez conçue.
De quoi vous fâchez-vous, pourvu que vos souhaits
Se trouvent par mes soins pleinement satisfaits,
Et voyent mettre à fin la contrainte où vous êtes ?

VALÈRE.
Et si tous ces discours ne sont que des sornettes ?

MASCARILLE.
Toujours serez vous lors à tems pour me tuer.
Mais enfin mes projets pourront s'effectuer.
Dieu sera pour les siens *, et, content dans la suite,
Vous me remercierez de ma rare conduite.

VALÈRE.
Nous verrons. Mais Lucile....

MASCARILLE.
   Alte, son père sort.

---

* *Dieu sera pour les siens*, dit le maraud de Mascarille. On feroit aujourd'hui de grandes difficultés pour passer ce demi vers. Laissons-le jouir de la liberté qu'il a trouvée dans un tems moins difficile, et conséquemment plus propre au comique.

SCÈNE VIII.

ALBERT, VALERE, MASCARILLE.

ALBERT, *les cinq premiers vers sans voir Valère.*

Plus je reviens du trouble où j'ai donné d'abord,
Plus je me sens piqué de ce discours étrange,
Sur qui ma peur prenoit un si dangereux change :
Car Lucile soutient que c'est une chanson,
Et m'a parlé d'un air à m'ôter tout soupçon.
Ah ! Monsieur, est-ce vous, de qui l'audace insigne
Met en jeu mon honneur, et fait ce conte indigne ?

MASCARILLE.

Seigneur Albert, prenez un ton un peu plus doux,
Et contre votre gendre ayez moins de courroux.

ALBERT.

Comment gendre ? Coquin ! tu portes bien la mine
De pousser les ressorts d'une telle machine,
Et d'en avoir été le premier inventeur.

MASCARILLE.

Je ne vois ici rien à vous mettre en fureur.

ALBERT.

Trouves-tu beau, dis-moi, de diffamer ma fille,
Et faire un tel scandale à toute une famille ?

MASCARILLE.

Le voilà prêt de faire en tout vos volontés.

ALBERT.

Que voudrois-je, sinon qu'il dît des vérités ?
Si quelque intention le pressoit pour Lucile,
La recherche en pouvoit être honnête et civile ;
Il falloit l'attaquer du côté du devoir,
Il falloit de son père implorer le pouvoir,
Et non pas recourir à cette lâche feinte,
Qui porte à la pudeur une sensible atteinte.

MASCARILLE.

Quoi ! Lucile n'est pas sous des liens secrets
A mon maître ?

ACTE III. SCÈNE VIII.

ALBERT.

Non, traître, et n'y sera jamais.

MASCARILLE.

Tout doux : et s'il est vrai que ce soit chose faite,
Voulez-vous l'approuver cette chaîne secrette ?

ALBERT.

Et s'il est constant, toi, que cela ne soit pas,
Veux-tu te voir casser les jambes et les bras ?

VALÈRE.

Monsieur, il est aisé de vous faire paroître
Qu'il dit vrai.

ALBERT.

Bon ! voilà l'autre encor, digne maître
D'un semblable valet. O les menteurs hardis !

MASCARILLE.

D'homme d'honneur, il est ainsi que je le dis.

VALÈRE.

Quel seroit notre but de vous en faire accroire ?

ALBERT *à part.*

Ils s'entendent tous deux comme larrons en foire.

MASCARILLE.

Mais venons à la preuve ; et, sans nous quereller,
Faites sortir Lucile et la laissez parler.

ALBERT.

Et si le démenti par elle vous en reste ?

MASCARILLE.

Elle n'en fera rien, monsieur, je vous proteste.
Promettez à leurs vœux votre consentement ;
Et je veux m'exposer au plus dur châtiment,
Si de sa propre bouche elle ne vous confesse
Et la foi qui l'engage, et l'ardeur qui la presse.

ALBERT.

Il faut voir cette affaire.

(*Il va frapper à sa porte.*)

MASCARILLE *à Valère.*

Allez, tout ira bien.

ALBERT.

Holà, Lucile, un mot.

VALÈRE à *Mascarille*.
Je crains....
MASCARILLE.
Ne craignez rien.

SCÈNE IX.
LUCILE, ALBERT, VALÈRE, MASCARILLE.

MASCARILLE.

Seigneur Albert, au moins silence. Enfin, Madame,
Toute chose conspire au bonheur de votre ame,
Et Monsieur votre père, averti de vos feux,
Vous laisse votre époux et confirme vos vœux;
Pourvu que, banissant toutes craintes frivoles,
Deux mots de votre aveu confirment nos paroles.

LUCILE.
Que me vient donc compter ce coquin assuré?

MASCARILLE.
Bon! me voilà déjà d'un beau titre honoré.

LUCILE.
Sachons un peu, Monsieur, quelle belle saillie
Fait ce conte galant qu'aujourd'hui l'on publie * ?

VALÈRE.
Pardon, charmant objet, un valet a parlé,
Et j'ai vu, malgré moi, notre hymen révélé.

LUCILE.
Notre hymen?

VALÈRE.
On sait tout, adorable Lucile,
Et vouloir déguiser est un soin inutile.

LUCILE.
Quoi, l'ardeur de mes feux vous a fait mon époux?

---

* *Sachons un peu, Monsieur, quelle belle saillie*
Fait ce conte galant qu'aujourd'hui l'on publie.

Style entortillé dont il y a plus d'un exemple dans cette pièce, parce que Molière n'avoit point encore perfectionné sa façon d'écrire.

ACTE III. SCÈNE IX.

VALÈRE.

C'est un bien qui me doit faire mille jaloux :
Mais j'impute bien moins ce bonheur de ma flamme
A l'ardeur de vos feux, qu'aux bontés de votre ame.
Je sais que vous avez sujet de vous fâcher,
Que c'étoit un secret que vous vouliez cacher,
Et j'ai de mes transports forcé la violence
A ne point violer votre expresse défense ;
Mais....

MASCARILLE.

Hé bien, oui, c'est moi, le grand mal que voilà ?

LUCILE.

Est-il une imposture égale à celle-là ?
Vous l'osez soutenir en ma présence même,
Et pensez m'obtenir par ce beau stratagême ?
O le plaisant amant, dont la galante ardeur
Veut blesser mon honneur au défaut de mon cœur !
Et que mon père, ému de l'éclat d'un sot conte,
Paye avec mon hymen qui me couvre de honte.
Quand tout contribueroit à votre passion,
Mon père, les destins, mon inclination,
On me verroit combattre, en ma juste colère,
Mon inclination, les destins et mon père,
Perdre même le jour avant que de m'unir
A qui, par ce moyen, auroit cru m'obtenir.
Allez ; et si mon sexe avecque bienséance
Se pouvoit emporter à quelque violence,
Je vous apprendrois bien à me traiter ainsi.

VALÈRE *à Mascarille.*

C'en est fait, son courroux ne peut être adouci.

MASCARILLE.

Laissez-moi lui parler. Hé ! Madame, de grace,
A quoi bon maintenant toute cette grimace ?
Quelle est votre pensée ? et quel bourru transport,
Contre vos propres vœux vous fait roidir si fort ?
Si monsieur votre père étoit homme farouche,
Passe ; mais il permet que la raison le touche ;
Et lui-même m'a dit qu'une confession

Vous va tout obtenir de son affection.
Vous sentez, je crois bien, quelque petite honte
A faire un libre aveu de l'amour qui vous dompte ;
Mais, s'il vous a fait prendre un peu de liberté,
Par un bon mariage on voit tout rajusté ;
Et, quoi que l'on reproche au feu qui vous consomme,
Le mal n'est pas si grand que de tuer un homme.
On sait que la chair est fragile quelquefois,
Et qu'une fille enfin n'est ni caillou ni bois.
Vous n'avez pas été sans doute la première,
Et vous ne serez pas, que je crois, la dernière *.

LUCILE.

Quoi, vous pouvez ouïr ces discours effrontés,
Et vous ne dites mot à ces indignités ?

ALBERT.

Que veux-tu que je die ? Une telle aventure
Me met tout hors de moi.

MASCARILLE.

    Madame, je vous jure
Que déjà vous devriez avoir tout confessé **.

LUCILE.

Et quoi donc confessé ?

MASCARILLE.

    Quoi ? ce qui s'est passé
Entre mon maître et vous. La belle raillerie !

LUCILE.

Et que s'est-il passé, monstre d'effronterie,
Entre ton maître et moi ?

MASCARILLE.

    Vous devez, que je crois,
En savoir un peu plus de nouvelles que moi ;

---

* *Et vous ne serez pas, que je crois, la dernière.* En substituant *je pense* à *je crois*, on retrancheroit le *que* inutile dans cette phrase.

** *Que déjà vous devriez avoir tout confessé.* La prononciation du mot *devriez* en deux syllabes, est d'une dureté inconcevable.

Et pour vous cette nuit fut trop douce pour croire
Que vous puissiez si vite en perdre la mémoire.
LUCILE.
C'est trop souffrir, mon père, un impudent valet.
(*Elle lui donne un soufflet.*)

SCÈNE X.

ALBERT, VALÈRE, MASCARILLE.

MASCARILLE.
Je crois qu'elle me vient de donner un soufflet.
ALBERT.
Va, coquin, scélérat, sa main vient sur ta joue
De faire une action dont son père la loue.
MASCARILLE.
Et, nonobstant cela, qu'un diable en cet instant
M'emporte, si j'ai dit rien que de très-constant.
ALBERT.
Et, nonobstant cela, qu'on me coupe une oreille,
Si tu portes fort loin une audace pareille.
MASCARILLE.
Voulez-vous deux témoins qui me justifieront ?
ALBERT.
Veux-tu deux de mes gens qui te bâtonneront ?
MASCARILLE.
Leur rapport doit au mien donner toute créance.
ALBERT.
Leurs bras peuvent du mien réparer l'impuissance.
MASCARILLE.
Je vous dis que Lucile agit par honte ainsi.
ALBERT.
Je te dis que j'aurai raison de tout ceci.
MASCARILLE.
Connoissez-vous Ormin, ce gros notaire habile ?
ALBERT.
Connois-tu bien Grimpant, le bourreau de la ville ?
MASCARILLE.
Et Simon le tailleur jadis si recherché ?

LE DÉPIT AMOUREUX.

ALBERT.

Et la potence mise au milieu du marché?

MASCARILLE.

Vous verrez confirmer par eux cet hyménée.

ALBERT.

Tu verras achever par eux ta destinée.

MASCARILLE.

Ce sont eux qu'ils ont pris pour témoins de leur foi.

ALBERT.

Ce sont eux qui dans peu me vengeront de toi.

MASCARILLE.

Et ces yeux les ont vu s'entre-donner parole.

ALBERT.

Et ces yeux te verront faire la capriole.

MASCARILLE.

Et, pour signe, Lucile avoit un voile noir.

ALBERT.

Et, pour signe, ton front nous le fait assez voir.

MASCARILLE.

O, l'obstiné vieillard!

ALBERT.

O le fourbe damnable!
Va, rends grace à mes ans qui me font incapable
De punir sur-le-champ l'affront que tu me fais;
Tu n'en perds que l'attente, et je te le promets.

SCÈNE XI.

VALÈRE, MASCARILLE.

VALÈRE.

Hé bien? ce beau succès que tu devois produire....

MASCARILLE.

J'entends à demi mot ce que vous voulez dire:
Tout s'arme contre moi; pour moi de tous côtés
Je vois coups de batons et gibets apprêtés.
Aussi, pour être en paix dans ce désordre extrême,
Je me vais d'un rocher précipiter moi-même,
Si, dans le désespoir dont mon cœur est outré,

ACTE IV. SCÈNE I.

Je puis en rencontrer d'assez haut à mon gré.
Adieu, Monsieur.

VALÈRE.

Non, non, ta fuite est superflue ;
Si tu meurs, je prétends que ce soit à ma vue.

MASCARILLE.

Je ne saurois mourir quand je suis regardé,
Et mon trépas ainsi se verroit retardé.

VALÈRE.

Suis-moi, traître, suis-moi ; mon amour en furie
Te fera voir si c'est matière à raillerie.

MASCARILLE *seul*.

Malheureux Mascarille, à quels maux aujourd'hui
Te vois-tu condamner pour le péché d'autrui !

ACTE IV.

SCÈNE I.

ASCAGNE, FROSINE.

FROSINE.

L'aventure est fâcheuse.

ASCAGNE.

Ah ! ma chère Frosine,
Le sort absolument a conclu ma ruine.
Cette affaire, venue au point où la voilà,
N'est pas absolument pour en demeurer là,
Il faut qu'elle passe outre ; et Lucile, et Valère,
Surpris des nouveautés d'un semblable mystère,
Voudront chercher un jour dans ces obscurités,
Par qui tous mes projets se verront avortés.
Car enfin, soit qu'Albert ait part au stratagême,

Ou qu'avec tout le monde on l'ait trompé lui-même,
S'il arrive une fois que mon sort éclairci
Mette ailleurs tout le bien dont le sien a grossi,
Jugez s'il aura lieu de souffrir ma présence :
Son intérêt détruit me laisse à ma naissance,
C'est fait de sa tendresse ; et, quelque sentiment
Où pour ma fourbe alors pût être mon amant,
Voudra-t-il avouer pour épouse une fille
Qu'il verra sans appui de bien et de famille ?

FROSINE.

Je trouve que c'est-là raisonner comme il faut,
Mais ces réflexions devoient venir plutôt.
Qui vous a jusqu'ici caché cette lumière ?
Il ne falloit pas être une grande sorcière
Pour voir, dès le moment de vos desseins pour lui,
Tout ce que votre esprit ne voit que d'aujourd'hui ;
L'action le disoit ; et dès que je l'ai sue,
Je n'en ai prévu guère une meilleure issue.

ASCAGNE.

Que dois-je faire enfin ? Mon trouble est sans pareil :
Mettez-vous en ma place, et me donnez conseil.

FROSINE.

Ce doit être à vous-même, en prenant votre place *,
A me donner conseil dessus cette disgrace :
Car je suis maintenant vous, et vous êtes moi :
Conseillez-moi, Frosine ; au point où je me voi,
Quel remède trouver ? Dites, je vous en prie.

ASCAGNE.

Hélas ! ne traitez point ceci de raillerie ;
C'est prendre peu de part à mes cuisans ennuis
Que de rire, et de voir les termes où j'en suis.

FROSINE.

Ascagne, tout de bon, votre ennui m'est sensible,
Et pour vous en tirer je ferois mon possible.
Mais que puis-je, après tout ? Je vois fort peu de jour
A tourner cette affaire au gré de votre amour.

---

* On supprimoit dans la première scène huit vers commençant par *Ce doit être à vous-même*, etc.

ACTE IV. SCÈNE II.
ASCAGNE.
Si rien ne peut m'aider, il faut donc que je meure ?
FROSINE.
Ah ! pour cela, toujours il est assez bonne heure :
La mort est un remède à trouver quand on veut,
Et l'on s'en doit servir le plus tard que l'on peut.
ASCAGNE.
Non, non, Frosine, non : si vos conseils propices
Ne conduisent mon sort parmi ces précipices,
Je m'abandonne toute aux traits du désespoir.
FROSINE.
Savez-vous ma pensée ? Il faut que j'aille voir
La.... Mais Éraste vient, qui pourroit nous distraire.
Nous pourrons, en marchant, parler de cette affaire.
Allons, retirons-nous.

SCÈNE II.
ÉRASTE, GROS-RENÉ.
ÉRASTE.
Encore rebuté ?
GROS-RENÉ.
Jamais ambassadeur ne fut moins écouté.
A peine ai-je voulu lui porter la nouvelle
Du moment d'entretien que vous souhaitiez d'elle,
Qu'elle m'a répondu, tenant son quant-à-moi,
Va, va : je fais état de lui comme de toi ;
Dis-lui qu'il se promène ; et sur ce beau langage,
Pour suivre son chemin, m'a tourné le visage ;
Et Marinette aussi, d'un dédaigneux museau,
Lâchant un, laisse-nous, beau valet de carreau,
M'a planté là comme elle ; et mon sort et le vôtre
N'ont rien à se pouvoir reprocher l'un à l'autre.
ÉRASTE.
L'ingrate ! Recevoir avec tant de fierté
Le prompt retour d'un cœur justement emporté !
Quoi ! le premier transport d'un amour qu'on abuse
Sous tant de ressemblance est indigne d'excuse ;
Et ma plus vive ardeur, en ce moment fatal,

Devoit être insensible au bonheur d'un rival?
Tout autre n'eût pas fait même chose à ma place,
Et se fût moins laissé surprendre à tant d'audace?
De mes justes soupçons suis-je sorti trop tard?
Je n'ai point attendu de sermens de sa part;
Et lorsque tout le monde encor ne sait qu'en croire,
Ce cœur impatient lui rend toute sa gloire;
Il cherche à s'excuser; et le sien voit si peu
Dans ce profond respect la grandeur de mon feu!
Loin d'assurer une ame, et lui fournir des armes
Contre ce qu'un rival lui veut donner d'alarmes,
L'ingrate m'abandonne à mon jaloux transport,
Et rejette de moi, message, écrit, abord!
Ah! sans doute, un amour a peu de violence,
Qu'est capable d'éteindre une si foible offense;
Et ce dépit si prompt à s'armer de rigueur,
Découvre assez pour moi tout le fond de son cœur.
Et de quel prix doit être à présent à mon ame
Tout ce dont son caprice a pu flatter ma flamme?
Non, je ne prétends plus demeurer engagé
Pour un cœur où je vois le peu de part que j'ai;
Et puisque l'on témoigne une froideur extrême
A conserver les gens, je veux faire de même.

GROS-RENÉ.

Et moi de même aussi. Soyons tous deux fâchés,
Et mettons notre amour au rang des vieux péchés.
Il faut apprendre à vivre à ce sexe volage,
Et lui faire sentir que l'on a du courage.
Qui souffre ses mépris, les veut bien recevoir.
Si nous avions l'esprit de nous faire valoir,
Les femmes n'auroient pas la parole si haute;
Oh! qu'elles nous sont bien fières par notre faute.
Je veux être pendu, si nous ne les verrions
Sauter à notre cou plus que nous ne voudrions *,

---

* *Sauter à notre cou plus que nous ne voudrions.* On ne peut trop le remarquer. On ne conçoit pas comment l'acteur pouvoit respecter la mesure du vers, en ne donnant que deux syllabes au mot *voudrions*. Molière dans ses commencemens a trop usé de cette liberté que s'étoient arrogée les poëtes pour le supplice de l'oreille.

ACTE IV. SCÈNE II.

Sans tous ces vils devoirs dont * la plupart des hommes
Les gâtent tous les jours dans le siècle où nous sommes.
ERASTE.
Pour moi, sur toute chose, un mépris me surprend ;
Et pour punir le sien par un autre aussi grand,
Je veux mettre en mon cœur une nouvelle flamme.
GROS-RENÉ.
Et moi, je ne veux plus m'embarrasser de femme ;
A toutes je renonce, et crois, en bonne foi,
Que vous feriez fort bien de faire comme moi.
Car, voyez-vous, la femme est, comme on dit, mon maître,
Un certain animal difficile à connoître,
Et de qui la nature est fort encline au mal ** ;
Et comme un animal est toujours animal,
Et ne sera jamais qu'animal, quand sa vie
Dureroit cent mille ans : aussi, sans répartie,
La femme est toujours femme, et jamais ne sera
Que femme, tant qu'entier le monde durera.
D'où vient qu'un certain Grec dit que sa tête passe
Pour un sable mouvant : car, goûtez bien, de grace,
Ce raisonnement-ci, lequel est des plus forts.
Ainsi que la tête est comme le chef du corps,
Et que le corps sans chef est pire qu'une bête,
Si le chef n'est pas bien d'accord avec la tête,
Que tout ne soit pas bien réglé par le compas,
Nous voyons arriver de certains embarras ;
Le partie brutale *** alors veut prendre empire

---

* *Sans tous ces vils devoirs dont la plupart des hommes les gâtent*, etc. La particule *dont* s'emploie, dit Vaugelas, pour *duquel, de laquelle* ; mais on ne diroit point *les devoirs desquels ont gâté*. Il y a donc une faute dans cette phrase, parce qu'on ne gâte pas d'une chose, mais par telle ou telle chose.

** On retranchoit vingt vers de Gros-René dans cette scène, commençant par : *Et de qui la nature*, etc. ; mais il falloit sans doute changer le vingt-unième dont le sens est lié au vers qui le précède.

*** *La partie brutale alors veut prendre empire.* Il étoit si aisé à Molière d'écrire *la partie animale*, qui est le mot propre, et

Dessus la sensitive, et l'on voit que l'un tire
A dia, l'autre à hurhaut; l'un demande du mou,
L'autre du dur; enfin tout va sans savoir où;
Pour montrer qu'ici-bas, ainsi qu'on l'interprète,
La tête d'une femme est comme une girouette
Au haut d'une maison, qui tourne au premier vent;
C'est pourquoi le cousin Aristote souvent
La compare à la mer; d'où vient qu'on dit qu'au monde
On ne peut rien trouver de si stable que l'onde.
Or, par comparaison; car la comparaison
Nous fait distinctement comprendre une raison,
Et nous aimons bien mieux, nous autres gens d'étude,
Une comparaison qu'une similitude.
Par comparaison donc, mon maitre, s'il vous plaît,
Comme on voit que la mer, quand l'orage s'accroît*,
Vient à se courroucer, le vent souffle et ravage,
Les flots contre les flots font un remu-ménage
Horrible, et le vaisseau, malgré le nautonnier,
Va tantôt à la cave, et tantôt au grenier :
Ainsi, quand une femme a sa tête fantasque,
On voit une tempête en forme de bourrasque,
Qui veut compétiter par de certains... propos,
Et lors un... certain vent, qui par... de certains flots,
De... certaine façon, ainsi qu'un banc de sable...
Quand... les femmes enfin ne valent pas le diable.

qui éviteroit la négligence de ce vers, qu'on soupçonneroit presque que c'est une faute d'impression.

Gros-René se jette ici dans un galimatias à prétention qui a été imité par bien des successeurs de Molière, et qui est toujours sûr de son succès.

* . . . . . . *Mon maître, s'il vous plaît,*
Comme on voit que la mer, quand l'orage s'accroît.

En 1675 on imprima des remarques sur la langue, qui décidoient qu'il falloit écrire : *quoiqu'il en sait*, pour *quoiqu'il en soit*; *je le crais*, pour *je le crois*; *un homme drait*, pour *droit*, etc., ce qui prouve que dès ce tems-là on avoit corrompu l'ancienne prononciation de ces mots, et qu'on prononçoit *s'accrait*, pour *s'accroit*, ce qui était nécessaire pour la rime des deux vers de cette scène.

ACTE IV. SCÈNE III.

ERASTE.

C'est fort bien raisonner.

GROS-RENÉ.

Assez bien, Dieu merci.
Mais je les vois, monsieur, qui passent par ici.
Tenez-vous ferme au moins.

ERASTE.

Ne te mets pas en peine.

GROS-RENÉ.

J'ai bien peur que ses yeux resserrent votre chaîne.

SCÈNE III *.

LUCILE, ÉRASTE, MARINETTE, GROS-RENÉ.

MARINETTE.

Je l'aperçois encor ; mais ne vous rendez point.

LUCILE.

Ne me soupçonne pas d'être foible à ce point.

MARINETTE.

Il vient à nous.

ERASTE.

Non, non, ne croyez pas, madame,
Que je revienne encor vous parler de ma flamme.
C'en est fait ; je me veux guérir, et connois bien
Ce que de votre cœur a possédé le mien.
Un courroux si constant pour l'ombre d'une offense
M'a trop bien éclairci de votre indifférence,
Et je dois vous montrer que les traits du mépris
Sont sensibles surtout aux généreux esprits.
Je l'avouerai, mes yeux observoient dans les vôtres,

* C'est à cette scène qu'appartient principalement le succès de cette comédie ; c'est ce tableau imité d'Horace que nous aimons à revoir sur notre théâtre : elle est écrite avec plus de pureté que les autres, parce qu'elle est plus dans la nature. Nous l'avons dit, on n'en trouve pas un mot dans la comédie du *Secchi*, dont l'intrigue invraisemblable et romanesque étouffa, pour ainsi dire, le talent de Molière.

Des charmes qu'ils n'ont point trouvés dans tous les autres;
Et le ravissement où j'étois de mes fers,
Les auroit préférés à des sceptres offerts.
Oui, mon amour pour vous, sans doute, étoit extrême;
Je vivois tout en vous; et je l'avouerai même,
Peut-être qu'après tout j'aurai, quoiqu'outragé,
Assez de peine encor à m'en voir dégagé :
Possible que, malgré la cure qu'elle essaie,
Mon ame saignera long-tems de cette plaie,
Et qu'affranchi d'un joug qui faisoit tout mon bien,
Il faudra me résoudre à n'aimer jamais rien.
Mais enfin, il n'importe ; et puisque votre haine
Chasse un cœur tant de fois que l'amour vous ramène *,
C'est la dernière ici des importunités
Que vous aurez jamais de mes vœux rebutés.

LUCILE.

Vous pouvez faire aux miens la grace toute entière,
Monsieur, et m'épargner encor cette dernière.

ERASTE.

Hé bien, madame, hé bien, ils seront satisfaits.
Je romps avecque vous, et j'y romps pour jamais,
Puisque vous le voulez. Que je perde la vie
Lorsque de vous parler je reprendrai l'envie.

LUCILE.

Tant mieux ; c'est m'obliger.

ERASTE.

Non, non, n'ayez pas peur
Que je fausse parole ; eussé-je un foible cœur
Jusques à n'en pouvoir effacer votre image,
Croyez que vous n'aurez jamais cet avantage
De me voir revenir.

LUCILE.

Ce seroit bien en vain.

---

* *Chasse un cœur tant de fois que l'amour vous ramène.* Il étoit aisé de sauver l'inversion de ce vers, en disant : *Tant de fois chasse un cœur que l'amour vous ramène.*

ACTE IV. SCÈNE III.
ÉRASTE.
Moi-même de cent coups je percerois mon sein,
Si j'avois jamais fait cette bassesse insigne
De vous revoir après ce traitement indigne.
LUCILE.
Soit ; n'en parlons donc plus ;
ÉRASTE.
Oui, oui, n'en parlons plus ;
Et, pour trancher ici tous propos superflus,
Et vous donner, ingrate, une preuve certaine
Que je veux, sans retour, sortir de votre chaîne,
Je ne veux rien garder qui puisse retracer
Ce que de mon esprit il me faut effacer.
Voici votre portrait ; il présente à la vue
Cent charmes merveilleux dont vous êtes pourvue ;
Mais il cache sous eux cent défauts aussi grands,
Et c'est un imposteur enfin que je vous rends.
GROS-RENÉ.
Bon.
LUCILE.
Et moi, pour vous suivre au dessein de tout rendre,
Voilà le diamant que vous m'avez fait prendre.
MARINETTE.
Fort bien.
ÉRASTE.
Il est à vous encor ce brasselet.
LUCILE.
Et cette agathe à vous qu'on fit mettre en cachet.
ÉRASTE *lit*.
Vous m'aimez d'un amour extrême,
Éraste, et de mon cœur voulez être éclairci ;
Si je n'aime Éraste de même,
Au moins aimé-je fort qu'Éraste m'aime ainsi.
LUCILE.
Vous m'assurez par-là d'agréer mon service ;
C'est une fausseté digne de ce supplice.

(*Il déchire la lettre.*)

LUCILE *lit.*

J'ignore le destin de mon amour ardente,
Et jusqu'à quand je souffrirai :
Mais je sais, ô beauté charmante !
Que toujours je vous aimerai.

ÉRASTE.

Voilà qui m'assuroit à jamais de vos feux ;
Et la main, et la lettre, ont menti toutes deux.
(*Elle déchire la lettre.*)

GROS-RENÉ.

Poussez.

ERASTE.

Elle est de vous. Suffit, même fortune.

MARINETTE *à Lucile.*

Ferme.

LUCILE.

J'aurois regret d'en épargner aucune.

GROS-RENÉ *à Éraste.*

N'ayez pas le dernier.

MARINETTE *à Lucile.*

Tenez bon jusqu'au bout.

LUCILE.

Enfin voilà le reste.

ERASTE.

Et, grace au ciel, c'est tout.
Je sois exterminé, si je ne tiens parole.

LUCILE.

Me confonde le ciel, si la mienne est frivole.

ERASTE.

Adieu donc.

LUCILE.

Adieu donc.

MARINETTE *à Lucile.*

Voilà qui va des mieux.

GROS-RENÉ *à Éraste.*

Vous triomphez.

MARINETTE *à Lucile.*

Allons, ôtez-vous de ses yeux.

ACTE IV. SCÈNE III.

GROS-RENÉ à *Éraste*.

Retirez-vous après cet effort de courage.

MARINETTE à *Lucile*.

Qu'attendez-vous encor?

GROS-RENÉ à *Éraste*.

Que faut-il davantage?

ERASTE.

Ah! Lucile, Lucile, un cœur comme le mien
Se fera regretter, et je le sais fort bien.

LUCILE.

Éraste, Éraste, un cœur fait comme est fait le vôtre,
Se peut facilement réparer par un autre.

ERASTE.

Non, non, cherchez partout, vous n'en aurez jamais
De si passionné pour vous, je vous promets.
Je ne dis pas cela pour vous rendre attendrie ;
J'aurois tort d'en former encore quelqu'envie.
Mes plus ardens respects n'ont pu vous obliger ;
Vous avez voulu rompre ; il n'y faut plus songer :
Mais personne, après moi, quoi qu'on vous fasse entendre,
N'aura jamais pour vous de passion si tendre.

LUCILE.

Quand on aime les gens, on les traite autrement ;
On fait de leur personne un meilleur jugement.

ERASTE.

Quand on aime les gens, on peut de jalousie,
Sur beaucoup d'apparence, avoir l'ame saisie :
Mais alors qu'on les aime, on ne peut en effet
Se résoudre à les perdre : et vous, vous l'avez fait.

LUCILE.

La pure jalousie est plus respectueuse.

ERASTE.

On voit d'un œil plus doux une offense amoureuse.

LUCILE.

Non, votre cœur, Éraste, étoit mal enflammé.

ERASTE.

Non, Lucile, jamais vous ne m'avez aimé.

LUCILE.

Hé, je crois que cela foiblement vous soucie *!
Peut-être en seroit-il beaucoup mieux pour ma vie,
Si je... Mais laissons-là ces discours superflus :
Je ne dis point quels sont mes pensers là-dessus.

ERASTE.

Pourquoi ?

LUCILE.

Par la raison que nous rompons ensemble,
Et que cela n'est plus de saison, ce me semble.

ERASTE.

Nous rompons ?

LUCILE.

Oui, vraiment ; quoi, n'en est-ce pas fait ?

ERASTE.

Et vous voyez cela d'un esprit satisfait ?

LUCILE.

Comme vous.

ERASTE.

Comme moi ?

LUCILE.

Sans doute. C'est foiblesse
De faire voir aux gens que leur perte nous blesse.

ERASTE.

Mais, cruelle, c'est vous qui l'avez bien voulu.

LUCILE.

Moi ? point du tout ; c'est vous qui l'avez résolu.

ERASTE.

Moi ? Je vous ai cru-là faire un plaisir extrême.

LUCILE.

Point, vous avez voulu vous contenter vous-même.

---

* *Hé, je crois que cela foiblement vous soucie !* Pour dire que cela foiblement vous affecte. Mais la rime a entraîné le mot *soucie* qui offense la langue, parce que *soucie* n'est point un verbe actif, mais un verbe réciproque.

ACTE IV. SCÈNE IV.

ÉRASTE.

Mais si mon cœur encor revouloit sa prison * ;
Si, tout fâché qu'il est, il demandoit pardon ?

LUCILE.

Non, non, n'en faites rien, ma foiblesse est trop grande ;
J'aurois peur d'accorder trop tôt votre demande.

ÉRASTE.

Ah ! vous ne pouvez pas trop tôt me l'accorder,
Ni moi sur cette peur trop tôt le demander ;
Consentez-y, madame, une flamme si belle
Doit, pour votre intérêt, demeurer immortelle.
Je le demande enfin, me l'accorderez-vous
Ce pardon obligeant ?

LUCILE.

Remenez-moi chez nous.

SCÈNE IV**.

MARINETTE, GROS-RENÉ.

MARINETTE.

O, la lâche personne !

---

* *Mais si mon cœur encor revouloit sa prison.* Voilà bien le *Quid ? si prisca redit Venus*, d'Horace, ce qui ne laisse pas douter que Molière n'ait été plus guidé par le poëte latin, que par le prétendu canevas de *Gli Sdegni amorosi*.

** Cette scène offre plus d'une expression dont notre délicatesse actuelle est blessée. *Le demi cent d'épingles de Paris, le couteau de six blancs, la chaîne de laiton,* et surtout le *morceau de fromage,* et le *potage* qu'on voudroit pouvoir rejeter, sont à la vérité des détails d'un goût bas et grossier. Mais *Gros-René* est annoncé comme un valet d'une plaisanterie ignoble. *Marinette* qui l'aime et qui dit : *Ardez le beau museau,* est bien de la même trempe. Des valets de bourgeois de 1650 étoient bien éloignés du bon air que notre luxe a laissé prendre à ceux d'aujourd'hui, parmi lesquels il se trouveroit encore quelque *Gros-René,* et même quelque *Marinette.* Un des plus grands défauts de notre coloris dramatique, est de n'être pas assez local et de ne pas varier ses nuances comme la nature.
Cependant il faut être de l'avis de M. Marmontel, lorsqu'il dit dans sa Poëtique, page 401 : *Voilà ton demi cent d'épingles de Paris,* est du comique bas ; *je voudrois bien aussi te rendre ton potage,* est du comique grossier : *la paille rompue,* est un trait de génie.

GROS-RENÉ.
Ah, le foible courage !
MARINETTE.
J'en rougis de dépit.
GROS-RENÉ.
J'en suis gonflé de rage.
Ne t'imagine pas que je me rende ainsi.
MARINETTE.
Et ne pense pas, toi, trouver ta dupe aussi.
GROS-RENÉ.
Viens, viens frotter ton nez auprès de ma colère.
MARINETTE.
Tu nous prends pour une autre ; et tu n'as pas affaire
A ma sotte maîtresse. Ardez le beau museau,
Pour nous donner envie encore de sa peau !
Moi, j'aurois de l'amour pour ta chienne de face ?
Moi, je te chercherois ? Ma foi, l'on t'en fricasse
Des filles comme nous.
GROS-RENÉ.
Oui, tu le prends par-là ;
Tiens, tiens, sans y chercher tant de façon, voilà
Ton beau galant de neige *, avec ta nompareille,
Il n'aura plus l'honneur d'être sur mon oreille.

* *Ton beau galant de neige....* à *Galante Italico, Gallicum*, Galant, *vel* Galand., dit M. Guyet. C'étoit en Italie, selon le Dictionnaire *Della Crusca*, un ornement que les femmes portoient sur la poitrine. Ici ce doit être quelque ruban auquel on avoit donné ce nom, et dont les hommes paroient leurs chapeaux.

Le mot de *galant* exprimoit des rubans ; voyez la Gallerie du Palais, comédie de Corneille, jouée en 1634 :

    Si tu fais ce coup-là, que ton pouvoir est grand ;
    Viens, je te veux donner tout-à-l'heure un *galant*.

Une agnès qui ne connoissoit ce mot que dans cette acception, entendant parler de galants d'une autre espèce, dit avec naïveté : *vraiment j'en ai une boîte pleine dans ma chambre*. Notez que le mot *galant* n'est point dans le Dictionnaire de Monnet.

ACTE IV. SCÈNE IV.

MARINETTE.

Et toi, pour te montrer que tu m'es à mépris,
Voilà ton demi-cent d'épingles de Paris,
Que tu me donnas hier avec tant de fanfare.

GROS-RENÉ.

Tiens encor ton couteau, la pièce est riche et rare;
Il te coûta six blancs, lorsque tu m'en fis don.

MARINETTE.

Tiens tes ciseaux avec ta chaîne de laiton.

GROS-RENÉ.

J'oubliois d'avant-hier ton morceau de fromage,
Tiens. Je voudrois pouvoir rejeter le potage
Que tu me fis manger, pour n'avoir rien à toi.

MARINETTE.

Je n'ai point maintenant de tes lettres sur moi,
Mais j'en ferai du feu jusques à la dernière.

GROS-RENÉ.

Et des tiennes tu sais ce que j'en saurai faire.

MARINETTE.

Prends garde à ne venir jamais me reprier.

GROS-RENÉ.

Pour couper tout chemin à nous rapatrier,
Il faut rompre la paille. Une paille rompue
Rend, entre gens d'honneur, une affaire conclue.
Ne fais point les doux yeux, je veux être fâché.

MARINETTE.

Ne me lorgne point, toi, j'ai l'esprit trop touché.

GROS-RENÉ.

Romps; voilà le moyen de ne plus s'en dédire;
Romps. Tu ris, bonne bête!

MARINETTE.

          Oui, car tu me fais rire.

GROS-RENÉ.

La peste soit ton ris; voilà tout mon courroux
Déjà dulcifié. Qu'en dis-tu? romprons-nous,
Ou ne romprons-nous pas?

MARINETTE.

          Vois.

GROS-RENÉ.
Vois, toi.

MARINETTE.
Vois, toi-même.

GROS-RENÉ.
Est-ce que tu consens que jamais je ne t'aime ?

MARINETTE.
Moi ? Ce que tu voudras.

GROS-RENÉ.
Ce que tu voudras, toi ;
Dis.

MARINETTE.
Je ne dirai rien.

GROS-RENÉ.
Ni moi non plus.

MARINETTE.
Ni moi.

GROS-RENÉ.
Ma foi, nous ferons mieux de quitter la grimace.
Touche, je te pardonne.

MARINETTE.
Et moi, je te fais grace.

GROS-RENÉ.
Mon Dieu, qu'à tes appas je suis accoquiné !

MARINETTE.
Que Marinette est sotte après son Gros-René !

ACTE V.

SCÈNE I.

MASCARILLE.

*D*ÈS *que l'obscurité régnera dans la ville* *,
Je me veux introduire au logis de Lucile ;
Va vite de ce pas préparer pour tantôt ,
Et la lanterne sourde , et les armes qu'il faut.
Quand il m'a dit ces mots, il m'a semblé d'entendre **,
Va vîtement chercher un licou pour te pendre.
Venez-çà, mon patron ; car, dans l'étonnement
Où m'a jeté d'abord un tel commandement,

---

* Cet acte commence par un monologue de Mascarille, que l'on trouve dans la cinquième scène du premier acte de l'*Interresse*. Cela peut donner l'idée du renversement qu'a fait Molière dans la machine du *Secchi*.

Il n'est point au théâtre de monologue aussi plaisant, aussi gai que celui-ci. C'est un modèle à proposer aux jeunes auteurs. Il ne falloit qu'une scène de cette espèce pour annoncer les plus grands talens comiques. Mascarille y cause avec son maître, comme s'il étoit là. Nous connoissons dans une pièce moderne, bien éloignée du genre de Molière, dans le *Philosophe sans le savoir*, une heureuse imitation de ce soliloque dialogué : c'est lorsque le jeune homme attend le bon Antoine qui doit lui ouvrir les portes ; il fait parler Antoine, il lui répond avec un feu, avec un naturel qui décèle dans M. Sedaine le talent même qu'il ne paroît pas toujours chercher.

On a cru devoir mettre en *italique* les choses que Mascarille fait dire à Valère.

** *Il m'a semblé d'entendre*, ne s'écriroit pas aujourd'hui ; l'usage est de dire : *il m'a semblé que j'entendois*, ou tout au plus , *il m'a semblé entendre*, comme on dit, *il me semble voir*.

Je n'ai pas eu le tems de vous pouvoir répondre ;
Mais je vous veux ici parler et vous confondre :
Défendez-vous donc bien, et raisonnons sans bruit.
Vous voulez, dites-vous, aller voir cette nuit
Lucile, *Oui, Mascarille.* Et que pensez-vous faire ?
Une action d'amant qui veut se satisfaire.
Une action d'un homme à fort petit cerveau,
Que d'aller sans besoin risquer ainsi sa peau.
Mais tu sais quel motif à ce dessein m'appelle ;
Lucile est irritée. Hé bien, tant pis pour elle.
Mais l'amour veut que j'aille apaiser son esprit.
Mais l'amour est un sot qui ne sait ce qu'il dit :
Nous garantira-t-il, cet amour, je vous prie,
D'un rival, ou d'un père, ou d'un frère en furie ?
Penses-tu qu'aucun d'eux songe à nous faire mal ?
Oui, vraiment je le pense ; et surtout, ce rival.
Mascarille, en tout cas, l'espoir où je me fonde,
Nous irons bien armés, et si quelqu'un nous gronde,
Nous nous chamaillerons. Oui ? Voilà justement
Ce que votre valet ne prétend nullement :
Moi, chamailler ! Bon Dieu ! suis-je un Roland, mon maître,
Ou quelque Ferragus * ? C'est fort mal me connoître.
Quand je viens à songer, moi, qui me suis si cher,
Qu'il ne faut que deux doigts d'un misérable fer
Dans le corps, pour vous mettre un humain dans la bière,
Je suis scandalisé d'une étrange manière.
Mais tu seras armé de pied en cap. Tant pis,
J'en serai moins léger à gagner le taillis,
Et de plus, il n'est point d'armure si bien jointe,
Où ne puisse glisser une vilaine pointe.
Oh, tu seras ainsi tenu pour un poltron !
Soit : pourvu que toujours je branle le menton.
A table comptez-moi, si vous voulez, pour quatre,
Mais comptez-moi pour rien, s'il s'agit de se battre :

* *Suis-je un Roland, mon maître, ou quelque Ferragus ?* Il n'y a que ceux qui ignorent absolument la littérature italienne, qui puissent ne pas savoir que *Roland* et *Ferragus* sont deux héros de l'*Orlando furioso* de l'Arioste.

ACTE V. SCÈNE II.

Enfin si l'autre monde a des charmes pour vous,
Pour moi, je trouve l'air de celui-ci fort doux.
Je n'ai pas grande faim de mort ni de blessure,
Et vous ferez le sot tout seul, je vous assure.

SCÈNE II.

VALÈRE, MASCARILLE.

VALÈRE.

Je n'ai jamais trouvé de jour plus ennuyeux.
Le soleil semble s'être oublié dans les cieux,
Et jusqu'au lit qui doit recevoir sa lumière,
Je vois rester encore une telle carrière,
Que je crois que jamais il ne l'achevera,
Et que de sa lenteur mon ame enragera.

MASCARILLE.

Et cet empressement pour s'en aller dans l'ombre,
Pêcher vite à tâtons quelque sinistre encombre.... *
Vous voyez que Lucile entière en ses rebuts...

VALÈRE.

Ne me fais point ici de contes superflus.
Quand j'y devrois trouver cent embûches mortelles,
Je sens de son courroux des gênes trop cruelles ;
Et je veux l'adoucir, ou terminer mon sort.
C'est un point résolu.

MASCARILLE.

J'approuve ce transport :

---

* *Pêcher vite à tâtons quelque sinistre encombre. Encombre*, dit l'Académie Française, dans son Dictionnaire, est vieux. Au rapport de Ménage, il nous vient du latin barbare *incombrare*, fait de *combri*, qui signifie *un abatis de bois*. Or on voit combien le mot de *pêcher* est ici mal placé. Pêcher un abatis de bois, ou un embarras.

Le célèbre académicien, M. d'Alembert, auquel je dois la plus grande partie de ces retours sur moi-même, croit que l'arrêt prononcé contre le mot *encombre* par le Dictionnaire de l'Académie Française, ne peut faire improuver ce vers de La Fontaine. *Perrette..... prétendoit arriver sans encombre à la ville.*

Mais le mal est, Monsieur, qu'il faudra s'introduire
En cachette.

VALÈRE.

Fort bien.

MASCARILLE.

Et j'ai peur de vous nuire.

VALÈRE.

Et comment?

MASCARILLE.

Une toux me tourmente à mourir,
Dont le bruit importun vous fera découvrir;

(*Il tousse.*)

De moment en moment... vous voyez le supplice.

VALÈRE,

Ce mal te passera, prends du jus de réglisse.

MASCARILLE.

Je ne crois pas, Monsieur, qu'il se veuille passer.
Je serois ravi, moi, de ne vous point laisser;
Mais j'aurois un regret mortel si j'étois cause
Qu'il fût à mon cher maître arrivé quelque chose.

SCÈNE III.

VALÈRE, LA RAPIÈRE, MASCARILLE.

LA RAPIERE.

Monsieur, de bonne part je viens d'être informé
Qu'Éraste est contre vous fortement animé,
Et qu'Albert parle aussi de faire pour sa fille
Rouer jambes et bras à votre Mascarille *.

---

* Cette scène où *la Rapière* vient offrir à Valère ses assassins à gages, et où il regrette la perte du *petit Gille*, mort en César sur la route, n'est point dans l'ouvrage du *Secchi*, et quand elle y seroit, cela ne justifieroit pas Molière de l'y avoir prise. Il est vrai que Valère rejette un pareil moyen; mais pourquoi le proposer? Dans la jeunesse de notre auteur, ou la profession de spadassin étoit une espèce d'état, ou la fureur des combats étoit une maladie épidémique, de semblables ressources étoient peut-être moins rares qu'aujourd'hui : il n'y a que cela qui ait pu présenter à Molière un si lâche tableau. Dans la suite il vit avec plaisir ses camarades faire le retranchement de huit vers où se trouve cette image dégoûtante du petit *Gille*.

ACTE V. SCÈNE III.
MASCARILLE.
Moi ? Je ne suis pour rien dans tout cet embarras.
Qu'ai-je fait pour me voir rouer jambes et bras ?
Suis-je donc gardien, pour employer ce style,
De la virginité des filles de la ville ?
Sur la tentation ai-je quelque crédit,
Et puis-je mais *, chétif, si le cœur leur en dit ?
VALÈRE.
Oh, qu'ils ne seront pas si méchans qu'ils le disent !
Et quelque belle ardeur que ses feux lui produisent,
Éraste n'aura pas si bon marché de nous.
LA RAPIÈRE.
S'il vous faisoit besoin, mon bras est tout à vous.
Vous savez de tout tems que je suis un bon frère.
VALÈRE.
Je vous suis obligé, monsieur de la Rapière.
LA RAPIÈRE.
J'ai deux amis aussi que je vous puis donner,
Qui contre tous venans sont gens à dégainer,
Et sur qui vous pourrez prendre toute assurance.
MASCARILLE.
Acceptez-les, monsieur.
VALÈRE.
C'est trop de complaisance.
LA RAPIÈRE.
Le petit Gille encor eût pu nous assister,
Sans le triste accident qui vient de nous l'ôter.
Monsieur, le grand dommage et l'homme de service !
Vous avez su le tour que lui fit la Justice ;
Il mourut en César, et, lui cassant les os,
Le bourreau ne lui put faire lâcher deux mots.
VALÈRE.
Monsieur de la Rapière, un homme de la sorte
Doit être regretté : mais, quant à votre escorte,
Je vous rends graces.

* *Et puis-je mais, chétif*, etc. Il y a une remarque de Scaliger sur ce mot de *mais*, dans cette signification : *il n'en peut mais*. Les Latins l'exprimoient par *non potest magis*,

LA RAPIÈRE.
Soit; mais soyez averti
Qu'il vous cherche, et vous peut faire un mauvais parti.
VALÈRE.
Et moi, pour vous montrer combien je l'appréhende,
Je lui veux, s'il me cherche, offrir ce qu'il demande,
Et par toute la ville aller présentement,
Sans être accompagné que de lui seulement.

SCÈNE IV.

VALÈRE, MASCARILLE.

MASCARILLE.
Quoi, monsieur, vous voulez tenter Dieu ? Quelle audace !
Las ! vous voyez tous deux comme l'on nous menace.
Combien de tous côtés....
VALÈRE.
Que regardes-tu là ?
MASCARILLE.
C'est qu'il sent le bâton du côté que voilà.
Enfin, si maintenant ma prudence en est crue,
Ne nous obstinons point à rester dans la rue,
Allons nous renfermer.
VALÈRE.
Nous renfermer ? Faquin,
Tu m'oses proposer un acte de coquin ?
Sus, sans plus de discours, résous-toi de me suivre.
MASCARILLE.
Hé ! monsieur, mon cher maître, il est si doux de vivre !
On ne meurt qu'une fois ; et c'est pour si long-tems....
VALÈRE.
Je m'en vais t'assommer de coups, si je t'entends.
Ascagne vient ici, laissons-le ; il faut attendre
Quel parti de lui-même il résoudra de prendre.
Cependant avec moi viens prendre à la maison
Pour nous frotter....
MASCARILLE.
Je n'ai nulle démangeaison.
Que maudit soit l'amour, et les filles maudites,
Qui veulent en tâter, puis font les chatemites !

ACTE V. SCÈNE V.

SCÈNE V.

ASCAGNE, FROSINE.

ASCAGNE.

Est-il bien vrai, Frosine, et ne rêvé-je point ?
De grace, comptez-moi bien tout de point en point.
FROSINE.
Vous en saurez assez le détail, laissez faire *.
Ces sortes d'incidens ne sont, pour l'ordinaire,
Que redits trop de fois de moment en moment.
Suffit que vous sachiez qu'après ce testament
Qui vouloit un garçon pour tenir sa promesse,
De la femme d'Albert la dernière grossesse
N'accoucha que de vous, et que lui, dessous main,
Ayant depuis long-tems concerté son dessein,
Fit son fils de celui d'Ignès la bouquetière,
Qui vous donna pour sienne à nourrir à ma mère.
La mort ayant ravi ce petit innocent
Quelques dix mois après, Albert étant absent,
La crainte d'un époux et l'amour maternelle
Firent l'événement d'une ruse nouvelle.
Sa femme en secret lors se rendit son vrai sang,
Vous devîntes celui qui tenoit votre rang,
Et la mort de ce fils mis dans votre famille,
Se couvrit pour Albert de celle de sa fille.
Voilà de votre sort un mystère éclairci,
Que votre feinte mère a caché jusqu'ici ;
Elle en dit des raisons, et peut en avoir d'autres,
Par qui ses intérêts n'étoient pas tous les vôtres.
Enfin, cette visite, où j'espérois si peu,
Plus qu'on ne pouvoit croire, a servi votre feu.
Cette Ignès vous relâche, et par votre autre affaire
L'éclat de son secret devenu nécessaire,

---

* Le récit que fait Frosine à Ascagne est d'un embarras, d'une obscurité et d'une incorrection a ne pas laisser concevoir qu'il soit de la main de Molière, qui depuis a dit naturellement les choses les plus difficiles.

Nous en avons nous deux votre père informé;
Un billet de sa femme a le tout confirmé :
Et poussant plus avant encore notre pointe,
Quelque peu de fortune à notre adresse jointe,
Aux intérêts d'Albert, de Polidore, après,
Nous avons ajusté si bien les intérêts,
Si doucement à lui déployé ces mystères,
Pour n'effaroucher pas d'abord trop les affaires;
Enfin, pour dire tout, mené si prudemment
Son esprit pas à pas à l'accommodement,
Qu'autant que votre père il montre de tendresse
A confirmer les nœuds qui font votre alégresse.
ASCAGNE.
Ah, Frosine, la joie où vous m'acheminez....
Hé! que ne dois-je point à vos soins fortunés!
FROSINE.
Au reste, le bon homme est en humeur de rire,
Et pour son fils encor nous défend de rien dire.

SCÈNE VI.
POLIDORE, ASCAGNE, FROSINE.
POLIDORE.
Approchez-vous, ma fille, un tel nom m'est permis,
Et j'ai su le secret que cachoient ces habits.
Vous avez fait un trait, qui, dans sa hardiesse,
Fait briller tant d'esprit et tant de gentillesse,
Que je vous en excuse, et tiens mon fils heureux
Quand il saura l'objet de ses soins amoureux.
Vous valez tout un monde; et c'est moi qui l'assure.
Mais le voici; prenons plaisir de l'aventure *.
Allez faire venir tous vos gens promptement.
ASCAGNE.
Vous obéir sera mon premier compliment.

---

* *Prenons plaisir de l'aventure.* Il faudroit, *prenons plaisir à l'aventure*, parce qu'on ne prend pas plaisir *de* quelque chose, mais *à* quelque chose.

SCÈNE VII.

POLIDORE, VALÈRE, MASCARILLE.

MASCARILLE à *Valère*.

Les disgraces souvent sont du ciel révélées.
J'ai songé cette nuit de perles défilées,
Et d'œufs cassés; monsieur, un tel songe m'abat.

VALÈRE.

Chien de poltron !

POLIDORE.

Valère, il s'apprête un combat
Où toute ta valeur te sera nécessaire.
Tu vas avoir en tête un puissant adversaire.

MASCARILLE.

Et personne, monsieur, qui se veuille bouger
Pour retenir des gens qui se vont égorger ?
Pour moi, je le veux bien ; mais au moins, s'il arrive
Qu'un funeste accident de votre fils vous prive,
Ne m'en accusez point.

POLIDORE.

Non, non, en cet endroit,
Je le pousse moi-même à faire ce qu'il doit.

MASCARILLE.

Père dénaturé !

VALÈRE.

Ce sentiment, mon père,
Est d'un homme de cœur, et je vous en révère.
J'ai dû vous offenser, et je suis criminel
D'avoir fait tout ceci sans l'aveu paternel ;
Mais, à quelque dépit que ma faute vous porte,
La nature toujours se montre la plus forte *,

---

* *Mais à quelque dépit que ma faute vous porte,*
La nature toujours se montre la plus forte.

Comment Valère peut-il dire à son père que la nature en lui montre la plus forte, lorsque ce père paroît l'engager à un combat ? Osera-t-on le dire ! c'est un contre-sens dans la bouche de Valère qui ne sait pas que son père ne lui propose qu'un combat peu dangereux.

Et votre honneur fait bien, quand il ne veut pas voir
Que le transport d'Éraste ait de quoi m'émouvoir.
POLIDORE.
On me faisoit tantôt redouter sa menace;
Mais les choses depuis ont bien changé de face;
Et sans le pouvoir fuir, d'un ennemi plus fort
Tu vas être attaqué.
MASCARILLE.
Point de moyen d'accord?
VALÈRE.
Moi, le fuir! Dieu m'en garde. Et qui donc pourroit-ce être!
POLIDORE.
Ascagne.
VALÈRE.
Ascagne?
POLIDORE.
Oui, tu le vas voir paroître *.
VALÈRE.
Lui, qui de me servir m'avoit donné sa foi.
POLIDORE.
Oui, c'est lui qui prétend avoir affaire à toi;
Et qui veut, dans le champ où l'honneur vous appelle,
Qu'un combat seul à seul vide votre querelle.
MASCARILLE.
C'est un brave homme, il sait que les cœurs généreux
Ne mettent point les gens en compromis pour eux.
POLIDORE.
Enfin, d'une imposture ils te rendent coupable,
Dont le ressentiment m'a paru raisonnable;
Si bien qu'Albert et moi sommes tombés d'accord
Que tu satisferois Ascagne sur ce tort;
Mais aux yeux d'un chacun, et sans nulles remises,
Dans les formalités en pareils cas requises.
VALÈRE.
Et Lucile, mon père, a d'un cœur endurci....

* *Ascagne. Ascagne? Oui, tu le vas voir paroître.*
Il faut donner une double valeur au monosyllabe *oui*, po
que ce vers soit de mesure. On a vu plus haut cette licence.

ACTE V. SCÈNE VIII.

POLIDORE.

Lucile épouse Éraste, et te condamne aussi :
Et, pour convaincre mieux tes discours d'injustice,
Veut qu'à tes propres yeux cet hymen s'accomplisse.

VALÈRE.

Ah! c'est une imprudence à me mettre en fureur :
Elle a donc perdu sens, foi, conscience, honneur.

SCÈNE VIII.

ALBERT, POLIDORE, LUCILE, ÉRASTE, VALÈRE, MASCARILLE.

ALBERT.

Hé bien, les combattans? On amène le nôtre.
Avez-vous disposé le courage du vôtre?

VALÈRE.

Oui, oui, me voilà prêt, puisqu'on m'y veut forcer,
Et si j'ai pu trouver sujet de balancer,
Un reste de respect en pouvoit être cause,
Et non pas la valeur du bras que l'on m'oppose;
Mais c'est trop me pousser, ce respect est à bout,
A toute extrémité mon esprit se résout,
Et l'on fait voir un trait de perfidie étrange
Dont il faut hautement que mon amour se venge.

(à Lucile.)

Non pas que cet amour prétende encore à vous,
Tout son feu se résout en ardeur de courroux;
Et quand j'aurai rendu votre honte publique,
Votre coupable hymen n'aura rien qui me pique.
Allez, ce procédé, Lucile, est odieux,
A peine en puis-je croire au rapport de mes yeux;
C'est de toute pudeur se montrer ennemie,
Et vous devriez * mourir d'une telle infamie.

---

* *Et vous devriez mourir...* Il falloit que l'usage du mot *devriez* en deux syllabes fût bien indifférent, puisqu'il n'en auroit ici coûté à Molière, pour l'éviter, que de retrancher la préposition *Et*.

LUCILE.

Un semblable discours me pourroit affliger,
Si je n'avois en main qui m'en saura venger.
Voici venir Ascagne *, il aura l'avantage
De vous faire changer bien vîte de langage,
Et sans beaucoup d'effort.

SCÈNE IX ET DERNIÈRE.

ALBERT, POLIDORE, ASCAGNE, LUCILE, ÉRASTE, VALÈRE, FROSINE, MARINETTE, GROS-RENÉ, MASCARILLE.

VALÈRE.

Il ne le fera pas,
Quand il joindroit au sien encor vingt autres bras.
Je le plains de défendre une sœur criminelle;
Mais puisque son erreur me veut faire querelle,
Nous le satisferons, et vous, mon brave aussi.

ÉRASTE.

Je prenois intérêt tantôt à tout ceci;
Mais enfin, comme Ascagne a pris sur lui l'affaire,
Je ne veux plus en prendre, et je le laisse faire.

VALÈRE.

C'est bien fait; la prudence est toujours de saison.
Mais....

ÉRASTE.

Il saura pour tous vous mettre à la raison.

VALÈRE.

Lui?

---

* *Voici venir Ascagne.* Le Dictionnaire de l'Académie Française au mot *Voici*, dit qu'il est quelquefois suivi d'un *que*, comme dans cette phrase : *Voici qu'il vient*; mais il ne peut être suivi d'un infinitif. Il étoit si naturel de dire : *je vois venir Ascagne*, qu'il est aisé de voir que cette négligence étoit familière au dialogue dramatique de ce tems-la. C'est un Italianisme, *Ecco venir*. Voyez la remarque de M. de Voltaire sur cette phrase, dans *Les Horaces*, acte II, scène III.

ACTE V. SCENE IX.
POLIDORE.
Ne t'y trompes pas, tu ne sais pas encore
Quel étrange garçon est Ascagne.
ALBERT.
Il l'ignore;
Mais il pourra dans peu le lui faire savoir.
VALÈRE.
Sus donc, que maintenant il me le fasse voir.
MARINETTE.
Aux yeux de tous?
GROS-RENÉ.
Cela ne seroit pas honnête.
VALÈRE.
Se moque-t-on de moi? Je casserai la tête
A quelqu'un des rieurs. Enfin voyons l'effet.
ASCAGNE.
Non, non, je ne suis pas si méchant qu'on me fait;
Et dans cette aventure où chacun m'intéresse,
Vous allez voir plutôt éclater ma foiblesse,
Connoître que le ciel qui dispose de nous,
Ne me fit pas un cœur pour tenir contre vous,
Et qu'il vous réservoit pour victoire facile,
De finir le destin du frère de Lucile.
Oui, bien loin de vanter le pouvoir de mon bras,
Ascagne va par vous recevoir le trépas :
Mais il veut bien mourir, si sa mort nécessaire
Peut avoir maintenant de quoi vous satisfaire,
En vous donnant pour femme, en présence de tous,
Celle qui justement ne peut être qu'à vous.
VALÈRE.
Non, quand toute la terre, après sa perfidie
Et les traits effrontés....
ASCAGNE.
Ah! souffrez que je die,
Valère, que le cœur qui vous est engagé,
D'aucun crime envers vous ne peut être chargé :
Sa flamme est toujours pure et sa constance extrême,
Et j'en prends à témoin votre père lui-même.

POLIDORE.

Oui, mon fils, c'est assez rire de ta fureur,
Et je vois qu'il est tems de te tirer d'erreur.
Celle à qui par serment ton ame est attachée,
Sous l'habit que tu vois à tes yeux est cachée ;
Un intérêt de bien, dès ses plus jeunes ans,
Fit ce déguisement qui trompe tant de gens,
Et depuis peu l'amour en a su faire un autre,
Qui t'abusa, joignant leur famille à la nôtre.
Ne va point regarder à tout le monde aux yeux ;
Je te fais maintenant un discours sérieux.
Oui, c'est elle, en un mot, dont l'adresse subtile
La nuit reçut ta foi sous le nom de Lucile,
Et qui, par ce ressort qu'on ne comprenoit pas,
A semé parmi vous un si grand embarras.
Mais puisqu'Ascagne ici fait place à Dorothée,
Il faut voir de vos feux toute imposture ôtée,
Et qu'un nœud plus sacré donne force au premier.

ALBERT.

Et c'est là justement ce combat singulier
Qui devoit envers nous réparer votre offense,
Et pour qui les édits n'ont point fait de défense.

POLIDORE.

Un tel événement rend tes esprits confus :
Mais en vain tu voudrois balancer là-dessus.

VALÈRE.

Non, non, je ne veux pas songer à m'en défendre ;
Et si cette aventure a lieu de me surprendre,
La surprise me flatte, et je me sens saisir
De merveille à la fois, d'amour et de plaisir :
Se peut-il que ces yeux ?...

ALBERT.

Cet habit, cher Valère,
Souffre mal les discours que vous lui pourriez faire.
Allons * lui faire en prendre un autre, et cependant
Vous saurez le détail de tout cet incident.

---

* *Allons lui faire en prendre un autre*, etc., pour *Allons lui en faire prendre*. Le déplacement du pronom relatif *en* est ici tout-à-fait hors d'usage.

ACTE V. SCÈNE IX.
VALÈRE.
Vous, Lucile, pardon si mon ame abusée... *
LUCILE.
L'oubli de cette injure est une chose aisée.
ALBERT.
Allons, ce compliment se fera bien chez nous,
Et nous aurons loisir de nous en faire tous.
ERASTE.
Mais vous ne songez pas, en tenant ce langage,
Qu'il reste encore ici des sujets de carnage.
Voilà bien à tous deux notre amour couronné ;
Mais de son Mascarille et de mon Gros-René,
Par qui doit Marinette être ici possédée ?
Il faut que par le sang l'affaire soit vidée.
MASCARILLE.
Nenni, nenni, mon sang dans mon corps sied trop bien ;
Qu'il l'épouse en repos, cela ne me fait rien.
De l'humeur que je sais la chère Marinette **,
L'hymen ne ferme pas la porte à la fleurette.
MARINETTE.
Et tu crois que de toi je ferois mon galant ?
Un mari passe encor, tel qu'il est on le prend,
On n'y va pas chercher tant de cérémonie :
Mais il faut qu'un galant soit fait à faire envie.
GROS-RENÉ.
Écoute, quand l'hymen aura joint nos deux peaux,
Je prétends qu'on soit sourde à tous les damoiseaux.
MASCARILLE.
Tu crois te marier pour toi tout seul, compère ?
GROS-RENÉ.
Bien entendu, je veux une femme sévère,
Ou je ferai beau bruit.
MASCARILLE.
Hé, mon Dieu, tu feras
Comme les autres font, et tu t'adouciras.

* Les éditeurs de 1682 marquent dans cette scène quatre vers à retrancher, commençant par *Vous, Lucile, pardon*, etc.

** *De l'humeur que je sais la chère Marinette.* Il falloit *de l'humeur dont je sais*, etc.

Ces gens, avant l'hymen, si fâcheux et critiques,
Dégénèrent souvent en maris pacifiques.
MARINETTE.
Va, va, petit mari, ne crains rien de ma foi,
Les douceurs ne feront que blanchir contre moi;
Et je te dirai tout.
MASCARILLE.
O la fine pratique,
Un mari confident!
MARINETTE.
Taisez-vous, as de pique.
ALBERT.
Pour la troisième fois, allons-nous-en chez nous,
Poursuivre en liberté des entretiens si doux *.

* *Poursuivre en liberté des entretiens si doux.* Ce qu'Albert dit ici d'*entretiens si doux*, se rapporte sans doute au dialogue qui précède les vingt-huit derniers vers, et cela est trop éloigné pour être entendu. Les mauvaises plaisanteries de Gros-René, de Marinette et de Mascarille, qui terminent cette scène, ne sont pas assurément des propos fort doux.

On ne sauroit le dissimuler; cette pièce a, quant au style, presque tous les défauts du tems. Embarras de construction, obscurité, impropriété d'expressions. Il est d'ailleurs étonnant que l'invraisemblance de la fable du *Secchi* n'ait pas détourné Molière de la porter sur notre théâtre.

Voici ce que le grand Rousseau écrivoit en 1731 sur les imitations de Molière : *Soyez surtout bien en garde contre ce que les Italiens, toujours admirateurs d'eux-mêmes, nous racontent des courses que Molière a faites sur leurs terres. Il n'y en a point au monde de plus désertes ni de plus stériles que les leurs.... la plus grande partie de leurs pièces que j'ai lues, n'est qu'un chaos de choses obscures, froides, indigestes et dépareillées, entassées les unes sur les autres sans choix, sans goût et sans discernement.... L'obligation qu'il a aux Italiens, et qui est véritablement fort grande, est d'avoir pris chez eux l'idée du jeu muet dont il a enrichi son théâtre*, etc.

On représenta en 1716, le 30 Mai, à ce que disent les Lettres historiques sur les spectacles de Paris, 1719, une comédie qui avoit pour titre *La Fille crue Garçon*, dont l'intrigue étoit celle du Dépit amoureux. Le Dictionnaire des Théâtres, par M. de Leris, ne fait pas mention de cette pièce jouée par les Italiens.

FIN.

LES PRÉCIEUSES

RIDICULES,

COMÉDIE,

AVERTISSEMENT

DE L'ÉDITEUR

SUR

LES PRÉCIEUSES RIDICULES.

Cette comédie fut représentée à Paris, sur le théâtre du petit Bourbon le 18 Novembre 1659. C'étoit alors une double nouveauté qu'une comédie en un acte et en prose. L'auteur de la vie de de Molière (1) est le seul qui croie que cette pièce a été jouée en province, comme les deux qui l'avoient précédée.

A peine la première année de l'établissement de Molière à Paris est-elle écoulée, que, par une satire la plus vive et la plus nécessaire, il opère dans les esprits de cette capitale une révolution qui depuis l'a rendu dans toute l'Europe l'arbitre du goût dans tous les arts. L'excès du mal auquel le génie de Molière osa s'opposer, fera sentir le prix du remède.

(1) M. Grimarest.

AVERTISSEMENT

L'épidémie du bel esprit avoit alors infecté la France. C'étoit ce que les Italiens de la suite de Catherine et de Marie de Médicis nous avoient apporté en échange de la fortune qu'ils étoient venu faire parmi nous. Cette fleur légère de l'esprit, cultivée avec tant de soin au-delà des Alpes, étoit bientôt devenue trop commune, et avoit dégénéré dans nos climats.

Un ton de galanterie, qui devint l'esprit à la mode, attira tous les écrivains faciles et frivoles. Voiture fut un des plus célèbres de ceux qui osèrent prétendre à la réputation par un moyen aussi petit, mais qui intéressoit les femmes à leur gloire. Avec quelque talent sans doute, mais avec peu de génie, Voiture put se croire le grand homme de son tems.

Une erreur si considérable, ouvrage du manège de quelques femmes enthousiastes, leur fit apercevoir de quelle influence elles pourroient être désormais pour les succès de l'esprit. Elles voulurent juger et la prose et les vers, et successivement elles arrivèrent jusqu'à disputer à leurs maîtres le prix des talens qui se trouvoient réduits à leur portée.

Cette prétention nouvelle, dont le danger ne fut pas senti dans son origine, confondit et la langue parlée, et la langue écrite, et le langage des poëtes, et le discours familier, qui nécessairement ont des bornes entr'eux. La conversation perdit son aisance et son naturel; tout eut l'air de l'apprêt et de la gêne, et les gens simples et vrais n'entendirent plus qu'avec peine ce que disoient les virtuoses des ruelles (1) de Paris.

Dès qu'elles étoient devenues, les unes les protectrices, les autres les rivales, et presque toutes les juges de nos écrivains, il falloit qu'elles donnassent le ton aux nouveautés, et que le jargon des coteries devînt celui du plus grand nombre des ouvrages d'esprit. De là ce déluge de romans éternels, de conversations fades, de lettres galantes, de portraits de fantaisie, et d'autres frivolités, dont la France fut inondée.

L'éducation du sexe ne lui fait voir en général dans l'amour, que le plus intéressant, le plus pur, et le plus élevé des sentimens. C'est ainsi qu'il est un Dieu pour les poëtes. Ce fut à cette idole que sacrifièrent nos beaux esprits; et leur culte alla jusqu'à la puérilité. La description du *Royaume de Tendre*, la *Carte du pays* (2), etc., etc., jouirent en naissant d'une considération qui fait pitié. Si depuis nous en avons rougi pour nos pères, nous sommes forcés de convenir qu'il est

(1) On appeloit du nom de *ruelles* les assemblées de ce tems-là. Le nom bizarre d'*alcoviste* doit faire penser que le cercle se tenoit autour du lit de la *Précieuse*, ou de la *Chère*. Les Précieuses, dit l'abbé Cotin, s'envoyoient visiter par un rondeau ou une énigme, et c'est par-là que commençoient toutes les conversations. En faveur de cet usage, le bon Abbé avoit donné un recueil d'énigmes en 1648, et donna un recueil de rondeaux l'année suivante.

(2) Voyez cette carte dans le roman de Clélie, par Scudéri, tome *I*, p. 399.

encore des gens où la tradition fatale a trop conservé l'empire de l'amour.

Le désordre principal étoit tombé sur la langue qui se dénaturoit chaque jour. On ne trouvoit pas plus de justesse dans les expressions que de vérité dans les idées de la plus grande partie des écrivains. Il sembloit qu'il y eût une espèce de victoire à ôter à chaque chose son véritable nom, pour substituer à sa place un galimatias inconcevable.

Ce fut alors qu'on appela le bonnet de nuit, *le complice innocent du mensonge*; le chapelet, *une chaîne spirituelle*; l'eau, *le miroir céleste*; les filous, *les braves incommodes* : et que, pour dire qu'il commençoit à faire jour, on écrivit que *le ciel étoit gros de lumière*; qu'un souris dédaigneux, étoit *un bouillon d'orgueil*; et que l'action de tuer plusieurs personnes, étoit *un meurtre épais*, etc.

Ce petit nombre d'exemples suffit pour faire connoître combien il étoit essentiel d'arrêter cette contagion. Sans doute ce fut un des motifs du cardinal de Richelieu, lorsqu'il fonda l'Académie Française; mais, il faut l'avouer, ce secours dogmatique ne pouvoit être par sa nature que successif et lent, et il étoit important de frapper les esprits par la terreur du ridicule, arme toujours sûre avec les Français : ce fut Molière qui eut le courage de s'en servir, et qui, par ses *Précieuses ridicules*, ouvrit les yeux de la nation. Ainsi le père de la poësie anglaise,

Chaucer, avoit porté le premier coup à la folie des mœurs gothiques et chevaleresques de son tems.

Il paroît par la préface de Molière qu'on distinguoit deux ordres de Précieuses, et les Mémoires du tems ne permettent pas de douter que cette apellation, toujours prise en mauvaise part aujourd'hui, ne fût alors moins injurieuse lorsqu'elle n'étoit pas accompagnée de l'épithète que lui donna le père de la scène française (1).

Le grand Dictionnaire des Précieuses, imprimé chez Ribou, en 1661, osa nommer ce que la France avoit de plus grand, de plus poli et de plus aimable. Les *Longueville*, *la Fayette*, *Sévigné*, *Deshoulières*, *Cornuel*, *Lenclos*, etc., ôtent l'idée d'injure à cette liste nombreuse et hardie, dès qu'on avoit pu les y comprendre.

La critique de Molière ne tomba donc que sur des femmes qui, par leur ridicule affectation, étoient devenues insoutenables; sur ces femelles docteurs, persuadées qu'une pensée ne valoit rien lorsqu'elle étoit entendue de tout le monde; qui croyoient qu'il étoit du bel usage de parler une autre langue que la multitude, et qui exigeoient de ceux qu'elles honoroient de leur estime, *des clartés au-dessus du vulgaire*; sur ces folles qui se faisoient un mérite et une

---

(1) Voyez Segrais, vers libres à madame la duchesse de Châtillon, où ce titre de *Précieuse* est employé comme éloge:

Obligeante, civile, et surtout *Précieuse*,
Qui seroit le brutal qui ne l'aimeroit pas?

gloire d'altérer, de changer, d'innover tout dans le langage; qui se piquoient d'avoir un *alcoviste* particulier, espèce d'être qui, par état, étoit toujours ou l'ami, ou le guide, ou l'amant (1) d'une *Chère* (2); et enfin qui se croyoient faites pour donner chaque jour le *droit de bourgeoisie* à quelque expression ou à quelque tournure ridicule, et pour *mettre au monde* quelques nouveaux auteurs, toujours pris malheureusement parmi ceux qui daignoient les consulter sur leurs productions.

De belles dames (dit Scarron, dans l'épître dédicatoire de son Bachelier de Salamanque, cinq ans avant les Précieuses de Molière) *qui sont en possession de faire la destinée des pauvres humains, ont voulu rendre malheureuse celle de ma pauvre comédie. Elles ont tenu ruelle pour l'étouffer dès sa naissance. Quelques-unes, plus partiales, ont porté contr'elle des factums par les maisons, et l'ont comparée d'une grace sans seconde,* A DE LA MOUTARDE MÊLÉE AVEC DE LA CRÊME : *mais les comparaisons nobles ne sont pas défendues, etc.*

Ce sont ces femmes de parti, ces petites pro-

(1) Si l'on en croit Saint-Evremond, cet amant n'étoit que pour la forme, puisqu'une Précieuse faisoit consister son principal mérite *à aimer tendrement son amant, sans jouissance; et à jouir solidement de son mari avec aversion.*

(2) *Chère,* nom que les Précieuses elles-mêmes s'étoient donné.

tectrices d'ouvrages nouveaux, dont voilà l'existence et le ridicule bien constatés, que Molière eut en vue et qu'il couvrit de honte. Il faut cependant observer que, pour éviter toute acception de personnes, il dessina son tableau de façon que ses Précieuses fussent deux Provinciales nouvellement débarquées à Paris, ce qui lui donnoit lieu de prononcer le trait un peu plus fortement, et ce qui rendoit en même tems plus vraisemblable la pièce sanglante qu'on leur jouoit.

Les tours forcés, les pointes, les équivoques, le faux bel-esprit enfin, n'osèrent plus se montrer qu'en secret dans le petit nombre de *ruelles*, qui ne rougirent pas de leur impertinence ; mais le public, que Molière venoit de remettre sur la bonne voie, commença dès-lors à s'égarer moins dans ses décisions et sur les objets dignes de son estime.

L'affluence et les acclamations avoient été si considérables à cette pièce que, dès la seconde représentation, les comédiens crurent pouvoir tiercer le prix, qui n'étoit alors que de dix sous au parterre. On n'ignore pas que tous les auteurs qui ont écrit sur le théâtre, ont dit que le prix avoit été doublé ; mais dès qu'il étoit de dix sous, c'est tiercer qu'il falloit dire, en se rappelant le vers de Boileau :

<small>Un Clerc pour quinze sous, sans craindre le hola, etc.</small>

Il ne manquoit à Molière dans son succès étonnant que les applaudissemens de la Cour.

Son ouvrage fut envoyé au bas des Pyrénées, où elle étoit alors occupée des plus grand objets; il y réussit autant qu'à Paris. Et la tradition nous apprend que Molière, enchanté de ces nouveaux suffrages, dit hautement que l'étude du monde alloit désormais remplacer celle qu'il faisoit de Plaute et de Térence.

Ce qu'il y eut de singulier à Paris, c'est que Ménage, qui ne contribuoit pas le moins à entretenir la folie des Précieuses, par la pédante galanterie de son esprit, eut, à la première représentation, le bon sens courageux de dire à son ami Chapelain, ce que disoit S. Remi au grand Clovis : *Il nous faudra brûler ce que nous avons adoré* (1).

Cet aveu modeste d'un bel esprit assez vain, étoit sans doute un grand éloge; mais moins naïf que le mot si connu du vieillard, qui s'écria du parterre : *Courage, Molière, voilà la bonne comédie*. Ce mot que le goût de la nature et du vrai arrachoit à ce spectateur, malheureusement inconnu, est peut être ce qui a le plus contribué à fixer les yeux de notre auteur sur les ridicules de son tems.

Une pièce jouée quatre mois de suite, dut

---

(1) Scarron s'étoit déjà moqué avant Molière du jargon précieux. Voici ce qu'il dit dans la dernière de ses nouvelles tragi-comiques, intitulée : *Plus d'effets que de paroles*. « Hyppolite.... lui fit des caresses capables d'attendrir ceux » des spectateurs qui eussent eu l'ame *du dernier dur*, tant » la sienne alors fut *du dernier tendre*, pour parler à la » mode. »

éveiller l'envie des esprits médiocres, et bientôt on les vit en foule protester contre la gloire de Molière. Il est vrai qu'il n'avoit pas redouté de se faire de pareils ennemis, en faisant dire à *Madelon*, dans la scène X, qu'*une de leurs amies leur devoit présenter tous ces Messieurs du Recueil des pièces choisies.*

Le sieur Bodeau de Somaise fit paroître, en 1660, trois pièces, dont la première avoit pour titre : *Les véritables Précieuses* ; la seconde : *le procès des Précieuses*; elles n'ont aucun rapport avec l'ouvrage de Molière. Cette pièce fut imprimée chez Guignard. L'auteur introduit dans cette farce un professeur de langues espagnole, italienne et française, un autre professeur de langue précieuse, avec une écolière qui veut apprendre à parler *précieux*. Il y a assez de naturel dans cette bagatelle, dont les caractères sont cependant un peu trop chargés.

Quant à la troisième, ce ne fut que la comédie même de notre auteur mise en vers détestables. L'impression de cette troisième pièce causa quelque débat entre le libraire de Molière et celui du sieur de Somaise : *Comme si jusqu'ici les versions avoient été défendues* (dit-il ingénieusement) *et qu'il ne fût pas permis de mettre le* Pater noster *français en vers.*

Pour donner un échantillon de la versification du sieur Bodeau, nous ne rapporterons que ce vers de Madelon, scène IX, pag. 49.

Nous vous aurons la dernière obligation,

AVERTISSEMENT

Les préfaces des trois ouvrages furent remplies d'injures. On y accusa Molière d'avoir copié les Précieuses de l'abbé de Pure, canevas joué aux Italiens, et parfaitement oublié; les grimaces de Trivelin et de Scaramouche (1), et de tirer enfin toute sa gloire des mémoires de Guillot Gorju, qu'on vouloit qu'il eût acheté de la veuve de ce farceur.

Le même de Somaise sut encore profiter de la sensation qu'avoit excitée la comédie de Molière, en donnant au public deux Dictionnaires des Précieuses, dont le second, beaucoup plus étendu et plus satirique, confond insolemment les Précieuses que respectoit Molière, avec celles qu'il avoit si justement livrées au mépris public : sans doute afin de lui faire des ennemies et des unes et des autres.

Parmi les diverses singularités de ce Dictionnaire, on trouve depuis la page 148 jusqu'à la page 170 du premier volume, un entretien de deux Précieuses, qui se défendent, avec un tiers, de la bisarrerie de leur néologisme par des exemples tirés du grand Corneille.

---

(1) Cette comparaison de Molière avec Scaramouche, se trouve encore plus fortement exprimée dans un quatrain qui est au bas du portrait de ce bouffon de la comédie italienne, dont une des gentillesses étoit de donner un soufflet avec le pied. Voici les vers :

> Cet illustre comédien
> De son art traça la carrière ;
> Il fut le maître de Molière,
> Et la nature fut le sien.

S'il étoit possible que la gloire de ce génie pût exciter encore quelque envie, on se feroit scrupule de tirer cette anecdote de l'oubli où elle étoit restée. Le sieur de Somaise manqua son objet, Corneille ne parut point à la tête des petits ennemis de Molière.

On apprend aussi dans ce même ouvrage, que c'étoit surtout au Marais, dans le quartier de la place Royale, que les Précieuses faisoient le plus de bruit. C'étoit là que les abbés de *Bellebat et Dubuisson* jouissoient du titre singulier de grands introducteurs des ruelles. C'étoit chez le premier surtout, que les jeunes gens alloient s'instruire des qualités nécessaires à un homme qui vouloit fréquenter les cercles des *Chères*, dans lesquels, comme le dit Saint-Evremond, *l'union de quelques personnes véritablement délicates avoit jeté les autres dans une affectation de délicatesse ridicule.*

C'est de ces dernières, comme on l'a déjà dit, que la comédie des Précieuses fit une justice éclatante ; elles disparurent tout-à-coup, *et l'ouvrage*, dit M. de Champfort (1), *survécut à l'ennemi qu'il combattoit* (2). Elles crurent

(1) Dans son éloge de Molière.

(2) Il paroît par une Epître en chansons, adressée à madame Deshoulières en 1677, quatre ans après la mort de Molière, qu'on donnoit encore le nom de *Précieuses* aux femmes de lettres de ce tems-là.

    Si l'on osoit aux époux
    Ecrire d'un style doux,
    Je pousserois des hélas ;
    Mais aux chères Précieuses
    Le bon air ne le veut pas.

entendre partout la véhémente apostrophe de *Gorgibus*, qui termine la pièce par ces mots foudroyans : *Allez vous cacher, vilaines, allez vous cacher.*

Molière joua le role de Mascarille avec un masque dans les premières représentations. C'est ce que nous apprend le comédien de Villier, dans sa pièce de *la Vengeance des Marquis*, lorsqu'il fait dire à un de ses acteurs, que *Molière n'osa d'abord le jouer autrement : mais qu'à la fin il a fait voir qu'il avoit un visage assez plaisant pour représenter sans masque un personnage ridicule.*

On trouve dans la dramaturgie de *Léon Allacci* un intermède comique et en musique, sous le titre de la *Précieuse ridicule*, représenté à Venise en 1719.

PRÉFACE.

C'est une chose étrange qu'on imprime les gens malgré eux. Je ne vois rien de si injuste, et je pardonnerois toute autre violence plutôt que celle-là.

Ce n'est pas que je veuille faire ici l'auteur modeste, et mépriser par honneur ma comédie. J'offenserois mal à propos tout Paris, si je l'accusois d'avoir pu applaudir à une sottise : comme le public est le juge absolu de ces sortes d'ouvrages, il y auroit de l'impertinence à moi de le démentir ; et quand j'aurois eu la plus mauvaise opinion du monde de mes PRÉCIEUSES RIDICULES, avant leur représentation, je dois croire maintenant qu'elles valent quelque chose, puisque tant de gens ensemble en ont dit du bien. Mais comme une grande partie des graces qu'on y a trouvées dépendent de l'action et du ton de voix, il m'importoit qu'on ne les dépouillât pas de ces ornemens, et je trouvois que le succès qu'elles avoient eu dans la représentation étoit assez beau pour en demeurer là. J'avois résolu, dis-je, de ne les faire voir qu'à la chandelle, pour ne point donner lieu à quelqu'un de dire le proverbe ; et je ne voulais pas qu'elles sautassent du théâtre de Bourbon, dans la galerie du Palais. Cependant je n'ai pu l'éviter, et je suis tombé dans la disgrace de voir une copie dérobée de ma pièce entre les mains des Libraires, accompagnée d'un privilège obtenu par surprise. J'ai eu beau crier, ô tems! ô mœurs! on m'a fait voir une nécessité pour moi d'être imprimé, ou d'avoir un procès; et le dernier mal est encore pire que le premier. Il faut donc se laisser aller à la destinée, et consentir à une chose qu'on ne laisseroit pas de faire sans moi.

Mon Dieu, l'étrange embarras qu'un livre à mettre au jour, et qu'un auteur est neuf la première fois qu'on l'imprime! Encore si l'on m'avoit donné du tems, j'aurois pu mieux songer à moi, et j'aurois pris toutes les précautions que Messieurs les Auteurs, à présent mes confrères, ont coutume de prendre en semblables occasions. Outre quelque grand Seigneur, que j'aurois été prendre malgré lui, pour protecteur de mon ouvrage, et dont j'aurois tenté la libéralité par une épître dédicatoire bien fleurie, j'aurois tâché de faire une belle et docte préface, et je ne manque point de livres qui m'auroient fourni tout ce qu'on peut dire de savant sur la tragédie et la comédie; l'étymologie de toutes deux, leur origine, leur définition, et le reste. J'aurois parlé aussi à mes amis, qui, pour la recommandation de ma pièce, ne m'auroient pas refusé, ou des vers français, ou des vers latins. J'en ai même qui m'auroient loué en grec; et l'on n'ignore pas qu'une louange en grec est d'une merveilleuse efficace à la tête d'un livre. Mais on me met au jour sans me donner le loisir de me reconnoître; et je ne puis même obtenir la liberté de dire deux mots, pour justifier mes intentions sur le sujet de cette comédie. J'aurois voulu faire voir qu'elle se tient partout dans les bornes de la satire honnête et permise; que les plus excellentes choses sont sujettes à être copiées par de mauvais singes, qui méritent d'être bernés; que ces vicieuses imitations de ce qu'il y a de plus parfait, ont été de tout tems la matière de la comédie; et que, par la même raison que les véritables savans et les vrais braves ne se sont point encore avisés de s'offenser du Docteur de la comédie, et du Capitan, non plus que les juges, les princes et les rois, de voir Trivelin, ou quelque autre sur le théâtre, faire ridiculement le juge, le prince, ou le roi; aussi les véritables Précieuses auroient tort de se piquer, lorsqu'on joue les ridicules, qui les imitent mal. Mais enfin, comme j'ai dit, on ne me laisse pas le tems de respirer, et Monsieur de Luynes veut m'aller faire relier de ce pas : à la bonne heure, puisque Dieu l'a voulu.

ACTEURS.

LA GRANGE, } amans rebutés.
DU CROISY,
GORGIBUS, bon bourgeois.
MADELON, fille de Gorgibus, précieuse ridicule.
CATHOS, nièce de Gorgibus, précieuse ridicule.
MAROTTE, servante des précieuses ridicules.
ALMANZOR, laquais des précieuses ridicules.
Le marquis DE MASCARILLE, valet de la Grange.
Le vicomte DE JODELET, valet de du Croisy.
LUCILE, voisine de Gorgibus.
CÉLIMÈNE, voisine de Gorgibus.
DEUX PORTEURS DE CHAISE.
VIOLONS.

La scène est à Paris, dans la maison de Gorgibus.

LES PRÉCIEUSES RIDICULES.

SCÈNE I.

LA GRANGE, DU CROISY.

DU CROISY.

Seigneur la Grange.

LA GRANGE.

Quoi ?

DU CROISY.

Regardez-moi un peu sans rire.

LA GRANGE.

Hé bien ?

DU CROISY.

Que dites-vous de notre visite ? En êtes-vous fort satisfait ?

LA GRANGE.

A votre avis, avons-nous sujet de l'être tous deux ?

DU CROISY.

Pas tout-à-fait, à dire vrai.

LA GRANGE.

Pour moi, je vous avoue que j'en suis tout scandalisé. A-t-on jamais vu, dites-moi, deux pecques * provinciales faire plus

---

* Il y a très-peu de défauts contre la langue dans cette pièce, et c'est par la sans doute qu'elle n'est pas du nombre de celles sur lesquelles on nous a communiqué des remarques grammaticales.

Lorsqu'on écrit en prose, dit M. de Voltaire, on est bien plus maître de son style; et Molière, ayant à critiquer le langage des beaux esprits du tems, châtia le sien davantage. Cependant on osera y observer quelques légères taches, qui aples renchéries que celles-là, et deux hommes traités avec plus de mépris que nous? A peine ont-elles pu se résoudre à nous faire donner des siéges. Je n'ai jamais vu tant parler à l'oreille qu'elles ont fait entr'elles, tant bâiller, tant se frotter les yeux, et demander tant de fois, quelle heure est-il? Ont-elles répondu que, oui, et non * à tout ce que nous avons pu leur dire? Et ne m'avouerez-vous pas enfin que, quand nous aurions été les dernières personnes du monde, on ne pouvoit nous faire pis qu'elles ont fait?

DU CROISY.

Il me semble que vous prenez la chose fort à cœur.

LA GRANGE.

Sans doute je l'y prends, et de telle façon, que je me veux venger de cette impertinence. Je connois ce qui nous a fait mépriser. L'air précieux n'a pas seulement infecté Paris, il s'est aussi répandu dans les provinces, et nos donzelles ridicules en ont humé leur bonne part. En un mot, c'est un ambigu de précieuse et de coquette que leur personne. Je vois ce qu'il faut être pour en être bien reçu; et, si vous m'en croyez, nous leur jouerons tous deux une pièce qui leur fera voir leur sottise, et pourra leur apprendre à connoître un peu mieux leur monde.

DU CROISY.

Et comment encore?

LA GRANGE.

J'ai un certain valet, nommé Mascarille, qui passe, au sentiment de beaucoup de gens, pour une manière de bel-esprit; car il n'y a rien à meilleur marché que le bel-esprit maintenant. C'est un extravagant qui s'est mis dans la tête de vouloir faire

partiennent plus au tems où notre auteur écrivit, qu'à lui-même.

Pecques. Ménage, dans son Dictionnaire Etymologique, se contente de dire, à ce mot, que Molière s'en est servi dans *les Précieuses ridicules.* Le Dictionnaire de l'Académie Française dit qu'il signifie *sotte et impertinente*, et qu'il est du style familier. Ne nous viendroit-il pas du mot italien *pecca*, vice, défaut, ou du mot latin *pecus* dont nous avons fait *pécore?*

* *Ont-elles répondu que oui et non?* Il faudroit aujourd'hui, ont-elles répondu autre chose que oui et non?

l'homme de condition. Il se pique ordinairement de galanterie et de vers, et dédaigne les autres valets, jusqu'à les appeler brutaux.

DU CROISY.

Hé bien, qu'en prétendez-vous faire?

LA GRANGE.

Ce que j'en prétends faire? Il faut.... Mais sortons d'ici auparavant.

SCÈNE II.
GORGIBUS, DU CROISY, LA GRANGE.

GORGIBUS.

Hé bien, vous avez vu ma nièce et ma fille? Les affaires iront-elles bien? Quel est le résultat de cette visite?

LA GRANGE.

C'est une chose que vous pourrez mieux apprendre d'elles que de nous. Tout ce que nous pouvons dire, c'est que nous vous rendons grace de la faveur que vous nous avez faite, et demeurons vos très-humbles serviteurs.

DU CROISY.

Vos très-humbles serviteurs.

GORGIBUS, *seul*.

Ouais, il semble qu'ils sortent mal satisfaits d'ici. D'où pourroit venir ce mécontentement? Il faut savoir un peu ce que c'est. Holà.

SCÈNE III.
GORGIBUS, MAROTTE.

MAROTTE.

Que desirez-vous, Monsieur?

GORGIBUS.

Où sont vos maîtresses?

MAROTTE.

Dans leur cabinet.

GORGIBUS.

Que font-elles?

MAROTTE.

De la pommade pour les lèvres.

GORGIBUS.

C'est trop pommadé : dites-leur qu'elles descendent.

SCÈNE IV.

GORGIBUS seul.

Ces pendardes là, avec leur pommade, ont, je pense, envie de me ruiner. Je ne vois partout que blancs d'œufs, lait virginal, et mille autres brimborions * que je ne connois point. Elles ont usé, depuis que nous sommes ici, le lard d'une douzaine de cochons **, pour le moins, et quatre valets vivroient tous les jours des pieds de mouton qu'elles employent.

SCÈNE V.

MADELON, CATHOS, GORGIBUS.

GORGIBUS.

Il est bien nécessaire, vraiment, de faire tant de dépense pour vous graisser le museau ***?! Dites-moi un peu ce que vous avez fait à ces Messieurs, que je les vois sortir avec tant de froi-

* Le mot de *brimborium*, dit Pasquier, dont nous usons lorsque nous disons que quelqu'un dit ses *brimborions*, est dérivé de *Breviarium*. On l'a appliqué dans le style familier à tout ce qui paroît de peu de valeur.

** *Elles ont usé, depuis que nous sommes ici, le lard d'une douzaine de cochons* Notre délicatesse actuelle s'offenseroit de l'expression du *lard* et des *cochons* ; mais notre délicatesse ne seroit-elle pas outrée ? Et ne faut-il pas, en copiant la nature, que Gorgibus dise ce qu'un bourgeois de son espèce et de son ignorance auroit dit sûrement en pareil cas ? Ce seroit rendre l'art de peindre impossible que de proscrire l'usage de certaines couleurs.

*** *Museau*, de *musellus*, diminutif de *musus*, fait de μύτις, nez._Ménage.

SCÈNE V.

deur ? Vous avois-je pas commandé * de les recevoir comme des personnes que je voulois vous donner pour maris ?

MADELON.

Et quelle estime, mon père, voulez-vous que nous fassions du procédé irrégulier de ces gens là ?

CATHOS.

Le moyen, mon oncle, qu'une fille un peu raisonnable se pût accommoder de leur personne ?

GORGIBUS.

Et qu'y trouvez-vous à redire ?

MADELON.

La belle galanterie que la leur ! Quoi ! débuter d'abord par le mariage ?

GORGIBUS.

Et par où veux-tu donc qu'ils débutent ? Par le concubinage ? N'est-ce pas un procédé dont vous avez sujet de vous louer toutes deux, aussi bien que moi ? Est-il rien de plus obligeant que cela ? Et ce lien sacré où ils aspirent, n'est-il pas un témoignage de l'honnêteté de leurs intentions ?

MADELON.

Ah, mon père, ce que vous dites là, est du dernier bourgeois ! Cela me fait honte, de vous ouïr parler de la sorte, et vous devriez un peu vous faire apprendre le bel air des choses.

GORGIBUS.

Je n'ai que faire ni d'air, ni de chanson. Je te dis que le mariage est une chose sacrée, et que c'est faire en honnêtes gens que de débuter par là.

MADELON.

Mon Dieu, que si tout le monde vous ressembloit, un roman seroit bientôt fini ! La belle chose que ce seroit, si d'abord Cyrus épousoit Mandane, et qu'Aronce de plain-pied fût marié à Clélie !

GORGIBUS.

Que me vient conter celle-ci ?

* *Vous avois-je pas commandé ?* On voit ici que dans la prose même on retranchoit du tems de Molière la particule négative, qui seroit aujourd'hui nécessaire dans cette phrase.

MADELON.

Mon père, voilà ma cousine qui vous dira aussi bien que moi, que le mariage ne doit jamais arriver qu'après les autres aventures. Il faut qu'un amant, pour être agréable, sache débiter les beaux sentimens, pousser le doux, le tendre et le passionné, et que sa recherche soit dans les formes. Premièrement, il doit voir au Temple, ou à la promenade, ou dans quelque cérémonie publique, la personne dont il devient amoureux : ou bien être conduit fatalement chez elle par un parent ou un ami, et sortir de là tout rêveur et mélancolique. Il cache un tems sa passion à l'objet aimé, et cependant lui rend plusieurs visites, où l'on ne manque jamais de mettre sur le tapis une question galante qui exerce les esprits de l'assemblée. Le jour de la déclaration arrive, qui se doit faire ordinairement dans une allée de quelque jardin, tandis que la compagnie s'est un peu éloignée : et cette déclaration est suivie d'un prompt courroux qui paroît à notre rougeur, et qui, pour un tems, bannit l'amant de notre présence. Ensuite il trouve moyen de nous apaiser, et de nous accoutumer insensiblement au discours de sa passion, et de tirer de nous cet aveu qui fait tant de peine. Après cela viennent les aventures, les rivaux qui se jettent à la traverse d'une inclination établie, les persécutions des pères, les jalousies conçues sur de fausses apparences, les plaintes, les désespoirs, les enlèvemens, et ce qui s'ensuit. Voilà comme les choses se traitent dans les belles manières, et ce sont des règles dont en bonne galanterie on ne sauroit se dispenser. Mais en venir de but en blanc à l'union conjugale, ne faire l'amour qu'en faisant le contrat de mariage, et prendre justement le roman par la queue ; encore un coup, mon père, il ne se peut rien de plus marchand que ce procédé ; et j'ai mal au cœur, de la seule vision que cela me fait.

GORGIBUS.

Quel diable de jargon entends-je ici ? Voici bien du haut style.

CATHOS.

En effet, mon oncle, ma cousine donne dans le vrai de la chose. Le moyen de bien recevoir des gens qui sont tout-à-fait incongrus en galanterie ! Je m'en vais gager qu'ils n'ont jamais vu la carte de Tendre, et que billets doux, petits soins, billets galans et jolis vers, sont des terres inconnues pour eux. Ne voyez-vous pas que toute leur personne marque cela, et qu'ils n'ont point cet air qui donne d'abord bonne opinion des gens ? Venir en visite amoureuse avec une jambe toute unie, un chapeau désarmé de plumes, une tête irrégulière en cheveux, et un habit qui souffre une indigence de rubans; mon Dieu, quels amans sont-ce là ! Quelle frugalité d'ajustement, et quelle sécheresse de conversation ! On n'y dure point, on n'y tient pas. J'ai remarqué encore que leurs rabats ne sont point de la bonne faiseuse, et qu'il s'en faut plus d'un grand demi-pied, que leurs hauts-de-chausses ne soient assez larges.

GORGIBUS.

Je pense qu'elles sont folles toutes deux, et je ne puis rien comprendre à ce baragouin. Cathos, et vous, Madelon.....

MADELON.

Hé ! de grace, mon père, défaites-vous de ces noms étranges, et nous appelez autrement.

GORGIBUS.

Comment, ces noms étranges ? Ne sont-ce pas vos noms de baptême ?

MADELON.

Mon Dieu, que vous êtes vulgaire ! Pour moi un de mes étonnemens, c'est que vous ayez pu faire une fille si spirituelle que moi. A-t-on jamais parlé dans le beau style de Cathos ni de Madelon ; et ne m'avouerez-vous pas que ce seroit assez d'un de ces noms, pour décrier le plus beau roman du monde?

CATHOS.

Il est vrai, mon oncle, qu'une oreille un peu délicate pâtit furieusement à entendre prononcer ces mots-là ; et le nom de Polixène que ma cousine a choisi, et celui d'Aminte que je me suis donné, ont une grace dont il faut que vous demeuriez d'accord.

GORGIBUS.

Écoutez : il n'y a qu'un mot qui serve. Je n'entends point que vous ayez d'autres noms que ceux qui vous ont été donnés par vos parains et vos maraines ; et pour ces Messieurs dont il est question, je connois leurs familles et leurs biens, et je veux résolument que vous vous disposiez à les recevoir pour maris. Je me lasse de vous avoir sur les bras, et la garde de deux filles est une charge un peu trop pesante pour un homme de mon âge.

CATHOS.

Pour moi, mon oncle, tout ce que je puis vous dire, c'est que je trouve le mariage une chose tout-à-fait choquante. Comment est-ce qu'on peut souffrir la pensée de coucher contre un homme vraiment nu ?

MADELON.

Souffrez que nous prenions un peu haleine parmi le beau monde de Paris, où nous ne faisons que d'arriver. Laissez-nous faire à loisir le tissu de notre roman, et n'en pressez point tant la conclusion.

GORGIBUS *à part*.

Il n'en faut point douter : elles sont achevées.

(. *haut*.)

Encore un coup, je n'entends rien à toutes ces balivernes : je veux être maître absolu ; et pour trancher toutes sortes de discours, ou vous serez mariées toutes deux avant qu'il soit peu, ou, ma foi, vous serez religieuses ; j'en fais un bon serment.

SCÈNE VI.

CATHOS, MADELON.

CATHOS.

Mon Dieu, ma chère, que ton père a la forme enfoncée dans la matière ! Que son intelligence est épaisse, et qu'il fait sombre dans son ame !

MADELON.

Que veux-tu, ma chère ? j'en suis en confusion pour lui. J'ai peine à me persuader que je puisse être véritablement sa fille, et je crois que quelque aventure un jour me viendra développer une naissance plus illustre.

CATHOS.

Je le croirois bien ; oui, il y a toutes les apparences du monde ; et pour moi, quand je me regarde aussi.....

SCÈNE VII.

CATHOS, MADELON, MAROTTE.

MAROTTE.

Voila un laquais qui demade si vous êtes au logis, et dit que son maître vous veut venir voir.

MADELON.

Apprenez, sotte, à vous énoncer moins vulgairement. Dites, voila un nécessaire qui demande si vous êtes en commodité d'être visibles.

MAROTTE.

Dame, je n'entends point le latin, et je n'ai pas appris, comme vous, la filophie dans le Cyre.

MADELON.

L'impertinente! le moyen de souffrir cela! Et qui est-il, le maître de ce laquais?

MAROTTE.

Il me l'a nommé le Marquis de Mascarille.

MADELON.

Ah, ma chère! Un Marquis! un Marquis! Oui, allez dire qu'on peut nous voir. C'est sans doute un bel-esprit qui a oui parler de nous.

CATHOS.

Assurément, ma chère.

MADELON.

Il faut le recevoir dans notre salle basse, plutôt qu'en notre chambre. Ajustons un peu nos cheveux au moins, et soutenons notre réputation. Vite, venez nous tendre ici dedans le conseiller des graces.

MAROTTE.

Par ma foi, je ne sais point quelle bête c'est là; il faut parler chrétien, si vous voulez que je vous entende.

CATHOS.

Apportez-nous le miroir, ignorante que vous êtes, et gardez-vous bien d'en salir la glace, par la communication de votre image.

(*Elles sortent.*)

SCÈNE VIII.

MASCARILLE, DEUX PORTEURS.

MASCARILLE.

Holà, porteurs, holà. Là, là, là, là, là, là. Je pense que ces marauds-là ont dessein de me briser à force de heurter contre les murailles et les pavés.

1. PORTEUR.

Dame, c'est que la porte est étroite. Vous avez voulu aussi que nous soyons entrés jusqu'ici.

MASCARILLE.

Je le crois bien. Voudriez-vous, faquins, que j'exposasse l'embonpoint de mes plumes aux inclémences de la saison pluvieuse, et que j'allasse imprimer mes souliers en boue ? Allez, ôtez votre chaise d'ici.

2. PORTEUR.

Payez-nous donc, s'il vous plaît, Monsieur.

MASCARILLE.

Hé ?

2. PORTEUR.

Je dis, Monsieur, que vous nous donniez de l'argent, s'il vous plaît.

MASCARILLE *lui donnant un soufflet*.

Comment ! coquin, demander de l'argent à une personne de ma qualité ?

2. PORTEUR.

Est-ce ainsi qu'on paye les pauvres gens ; et votre qualité nous donne-t-elle à dîner ?

MASCARILLE.

Ah, ah, je vous apprendrai à vous connoître ! Ces canailles-là s'osent jouer à moi.

1. PORTEUR *prenant un des bâtons de sa chaise*.

Ça, payez-nous vîtement.

MASCARILLE.

Quoi !

1. PORTEUR.

Je dis que je veux avoir de l'argent tout-à-l'heure.

MASCARILLE.
Il est raisonnable, celui-là.
1. PORTEUR.
Vite donc.
MASCARILLE.
Oui-dà, tu parles comme il faut, toi; mais l'autre est un coquin qui ne sait ce qu'il dit. Tiens, es-tu content?
1. PORTEUR.
Non, je ne suis pas content; vous avez donné un soufflet à mon camarade, et.... (*levant son bâton.*)
MASCARILLE.
Doucement; tiens, voilà pour le soufflet. On obtient tout de moi quand on s'y prend de la bonne façon. Allez, venez me reprendre tantôt pour aller au Louvre au petit coucher.

SCÈNE IX.

MAROTTE, MASCARILLE.

MAROTTE.
Monsieur, voilà mes maîtresses qui vont venir tout-à-l'heure.
MASCARILLE.
Qu'elles ne se pressent point; je suis ici posté commodément pour attendre.
MAROTTE.
Les voici.

SCÈNE X.

MADELON, CATHOS, MASCARILLE, ALMANZOR.

MASCARILLE, *après avoir salué.*
Mesdames, vous serez surprises, sans doute, de l'audace de ma visite: mais votre réputation vous attire cette méchante affaire; et le mérite a pour moi des charmes si puissans, que je cours partout après lui.

LES PRÉCIEUSES RIDICULES.

MADELON.

Si vous poursuivez le mérite, ce n'est pas sur nos terres que vous devez chasser.

CATHOS.

Pour voir chez nous le mérite, il a fallu que vous l'y ayez amené.

MASCARILLE.

Ah, je m'inscris en faux contre vos paroles. La renommée accuse juste en contant ce que vous valez; et vous allez faire pic, repic et capot tout ce qu'il y a de galant dans Paris.

MADELON.

Votre complaisance pousse un peu trop avant la libéralité de ses louanges; et nous n'avons garde, ma cousine et moi, de donner de notre sérieux dans le doux de votre flatterie.

CATHOS.

Ma chère, il faudroit faire donner des sièges.

MADELON.

Holà, Almanzor?

ALMANZOR.

Madame.

MADELON.

Vite, voiturez-nous ici les commodités de la conversation.

MASCARILLE.

Mais, au moins, y a-t-il sûreté ici pour moi?

(*Almanzor sort.*)

CATHOS.

Que craignez-vous?

MASCARILLE.

Quelque vol de mon cœur, quelque assassinat de ma franchise. Je vois ici deux yeux qui ont la mine d'être de fort mauvais garçons, de faire insulte aux libertés, et de traiter une ame de Turc à Maure. Comment diable! D'abord qu'on les approche, ils se mettent sur leur garde meurtrière. Ah, par ma foi, je m'en défie! et je m'en vais gagner au pied, ou je veux caution bourgeoise qu'ils ne me feront point de mal.

MADELON.

Ma chère, c'est le caractère enjoué.

SCÈNE X.
CATHOS.
Je vois bien que c'est un Amilcar*.
MADELON.
Ne craignez rien : nos yeux n'ont point de mauvais desseins, et votre cœur peut dormir en assurance sur leur prud'homie.
CATHOS.
Mais de grace, Monsieur, ne soyez pas inexorable à ce fauteuil qui vous tend les bras il y a un quart-d'heure ; contentez un peu l'envie qu'il a de vous embrasser.

MASCARILLE *après s'être peigné, et avoir ajusté ses canons.*
Hé bien, Mesdames, que dites-vous de Paris ?
MADELON.
Hélas ! qu'en pourrions-nous dire ? Il faudroit être l'antipode de la raison, pour ne pas confesser que Paris est le grand bureau des merveilles, le centre du bon goût, du bel-esprit et de la galanterie.

MASCARILLE.
Pour moi, je tiens que hors de Paris, il n'y a point de salut pour les honnêtes gens.
CATHOS.
C'est une vérité incontestable.
MASCARILLE.
Il y fait un peu crotté ; mais nous avons la chaise.
MADELON.
Il est vrai que la chaise est un retranchement merveilleux contre les insultes de la boue et du mauvais tems.
MASCARILLE.
Vous recevez beaucoup de visites ? Quel bel-esprit est des vôtres ?
MADELON.
Hélas ! nous ne sommes pas encore connues, mais nous sommes en passe de l'être ; et nous avons une amie particulière

---

* *Je vois bien que c'est un Amilcar.* Homme de qualité d'Afrique, attaché *au Prince de Carthage* dans le roman de *Clélie*, toujours annoncé par l'auteur comme plaisant, sans qu'on trouve de lui une bonne plaisanterie dans tout le roman. On le voit dans le second volume soupçonner Brutus d'être moins imbécille qu'il ne veut le paroître, parce qu'il l'a vu sourire à propos deux ou trois fois.

qui nous a promis d'amener ici tous ces Messieurs du Recueil des pièces choisies.

CATHOS.

Et certains autres qu'on nous a nommés aussi pour être les arbitres souverains des belles choses.

MASCARILLE.

C'est moi qui ferai votre affaire mieux que personne ; ils me rendent tous visite ; et je puis dire que je ne me lève jamais sans une demi-douzaine de beaux-esprits.

MADELON.

Hé, mon Dieu, nous vous serons obligées de la dernière obligation, si vous nous faites cette amitié; car enfin il faut avoir la connoissance de tous ces Messieurs-là, si on veut être du beau monde. Ce sont eux qui donnent le branle à la réputation dans Paris, et vous savez qu'il y en a tel dont il ne faut que la seule fréquentation pour vous donner bruit de connoisseuse, quand il n'y auroit rien autre chose que cela. Mais pour moi, ce que je considère particulièrement, c'est que par le moyen de ces visites spirituelles, on est instruit de cent choses qu'il faut savoir de nécessité, et qui sont de l'essence du bel-esprit. On apprend par là chaque jour les petites nouvelles galantes, les jolis commerces de prose ou de vers. On sait à point nommé, un tel a composé la plus jolie pièce du monde sur un tel sujet ; une telle a fait des paroles sur un tel air : celui-ci a fait un madrigal sur une jouissance; celui-là a composé des stances sur une infidélité : Monsieur un tel écrivit hier au soir un sixain à Mademoiselle une telle, dont elle lui a envoyé la réponse ce matin sur les huit heures ; un tel auteur a fait un tel dessein ; celui-là est à la troisième partie de son roman ; cet autre met ses ouvrages sous la presse. C'est là ce qui vous fait valoir dans les compagnies ; et si l'on ignore ces choses, je ne donnerois pas un clou de tout l'esprit qu'on peut avoir.

CATHOS.

En effet, je trouve que c'est renchérir sur le ridicule, qu'une personne se pique d'esprit, et ne sache pas jusqu'au moindre petit quatrain qui se fait chaque jour ; et pour moi, j'aurois toutes les hontes du monde, s'il falloit qu'on vînt à me demander si j'aurois vu quelque chose de nouveau que je n'aurois pas vu.

SCÈNE X.
MASCARILLE.

Il est vrai qu'il est honteux de n'avoir pas des premiers tout ce qui se fait; mais ne vous mettez pas en peine : je veux établir chez vous une académie de beaux-esprits, et je vous promets qu'il ne se fera pas un bout de vers dans Paris, que vous ne sachiez par cœur avant tous les autres. Pour moi, tel que vous me voyez, je m'en escrime un peu quand je veux; et vous verrez courir de ma façon, dans les belles ruelles de Paris, deux cents chansons, autant de sonnets, quatre cents épigrammes, et plus de mille madrigaux, sans compter les énigmes et les portraits.

MADELON.

Je vous avoue que je suis furieusement pour les portraits; je ne vois rien de si galant que cela.

MASCARILLE.

Les portraits sont difficiles, et demandent un esprit profond : vous en verrez de ma manière, qui ne vous déplairont pas.

CATHOS.

Pour moi, j'aime terriblement les énigmes.

MASCARILLE.

Cela exerce l'esprit, et j'en ai fait quatre encore ce matin que je vous donnerai à deviner.

MADELON.

Les madrigaux sont agréables quand ils sont bien tournés.

MASCARILLE.

C'est mon talent particulier; et je travaille à mettre en madrigaux toute l'Histoire Romaine.

MADELON.

Ah, certes cela sera du dernier beau; j'en retiens un exemplaire au moins, si vous les faites imprimer.

MASCARILLE.

Je vous en promets à chacune un, et des mieux reliés. Cela est au-dessous de ma condition; mais je le fais seulement pour donner à gagner aux libraires qui me persécutent.

MADELON.

Je m'imagine que le plaisir est grand de se voir imprimé!

MASCARILLE.

Sans doute : mais à propos, il faut que je vous die un impromptu que je fis hier chez une duchesse de mes amies que je fus visiter ; car je suis diablement fort sur les impromptus.

CATHOS.

L'impromptu est justement la pierre de touche de l'esprit.

MASCARILLE.

Ecoutez donc.

MADELON.

Nous y sommes de toutes nos oreilles.

MASCARILLE.

Oh, oh, je n'y prenois pas garde * ;
Tandis que, sans songer à mal, je vous regarde,
Votre œil en tapinois me dérobe mon cœur,
Au voleur, au voleur, au voleur, au voleur.

CATHOS.

Ah, mon Dieu! voilà qui est poussé dans le dernier galant.

MASCARILLE.

Tout ce que je fais a l'air cavalier ; cela ne sent point le pédant.

MADELON.

Il en est éloigné plus de deux mille lieues.

MASCARILLE.

Avez-vous remarqué ce commencement, *oh, oh !* voilà qui est extraordinaire, *oh, oh !* comme un homme qui s'avise tout d'un coup, *oh, oh !* La surprise, *oh, oh !*

MADELON.

Oui, je trouve ce *oh, oh !* admirable.

---

* *Oh, oh! je n'y prenois pas garde.* La chanson de Mascarille paroît imitée d'un madrigal du recueil de Serci, dont Molière se moquoit en faisant dire a Madelon, dans cette même scène, qu'une de leurs amies devoit leur présenter tous ces Messieurs du Recueil des pièces choisies. Voici le madrigal :

> Je sens une extrême douleur,
>   Et je souffre un cruel martyre,
> Depuis assez de tems je possédois un cœur
>   Que depuis peu je trouve à dire :
>   Soit dit sans vous mettre en courroux,
>   L'auriez-vous pas pris par mégarde ;
>   Faites du moins qu'on y regarde ;
> Je crois, sans y penser, l'avoir laissé chez vous:

SCÈNE X.

MASCARILLE.

Il semble que cela ne soit rien.

CATHOS.

Ah, mon Dieu ! que dites-vous ? Ce sont là de ces sortes de choses qui ne se peuvent payer.

MADELON.

Sans doute ; et j'aimerois mieux avoir fait ce *oh, oh !* qu'un poëme épique.

MASCARILLE.

Tudieu ! vous avez le goût bon.

MADELON.

Hé ! je ne l'ai pas tout-à-fait mauvais.

MASCARILLE.

Mais n'admirez-vous pas aussi, *je n'y prenois pas garde, je n'y prenois pas garde, je ne m'apercevois pas de cela ;* façon de parler naturelle, *je n'y prenois pas garde. Tandis que, sans songer à mal,* tandis qu'innocemment, sans malice, comme un pauvre mouton, *je vous regarde* ; c'est-à-dire, je m'amuse à vous considérer, je vous observe, je vous contemple ; *votre œil en tapinois...* Que vous semble de ce mot *tapinois* ? n'est-il pas bien choisi ?

CATHOS.

Tout-à-fait bien.

MASCARILLE.

Tapinois, en cachette ; il semble que ce soit un chat qui vienne de prendre une souris. *Tapinois.*

MADELON.

Il ne se peut rien de mieux.

MASCARILLE.

Me dérobe mon cœur, me l'emporte, me le ravit. *Au voleur, au voleur, au voleur, au voleur.* Ne diriez-vous pas que c'est un homme qui crie et court après un voleur pour le faire arrêter ? *Au voleur, au voleur, au voleur, au voleur.*

MADELON.

Il faut avouer que cela a un tour spirituel et galant.

MASCARILLE.

Je veux vous dire l'air que j'ai fait dessus.

CATHOS.

Vous avez appris la musique ?

MASCARILLE.
Moi? point du tout.
CATHOS.
Et comment donc cela se peut-il?
MASCARILLE.
Les gens de qualité savent tout sans avoir rien appris *.
MADELON.
Assurément, ma chère.
MASCARILLE.
Écoutez si vous trouverez l'air à votre goût : *hem, hem, la, la, la, la, la*. La brutalité de la saison a furieusement outragé la délicatesse de ma voix; mais il n'importe, c'est à la cavalière. (*Il chante.*)

Oh, oh! je n'y prenois pas, etc.
CATHOS.
Ah, que voilà un air qui est passionné! Est-ce qu'on n'en meurt point?
MADELON.
Il y a de la chromatique là-dedans.
MASCARILLE.
Ne trouvez-vous pas la pensée bien exprimée dans le chant? *Au voleur, au voleur*. Et puis comme si l'on crioit bien fort, *au, au, au, au, au, voleur*. Et tout d'un coup comme une personne essoufflée, *au voleur*.
MADELON.
C'est là savoir le fin des choses, le grand fin, le fin du fin. Tout est merveilleux, je vous assure; je suis enthousiasmée de l'air et des paroles.
CATHOS.
Je n'ai encore rien vu de cette force-là.
MASCARILLE.
Tout ce que je fais, me vient naturellement, c'est sans étude.

---

* *Les gens de qualité savent tout sans avoir rien appris.* On remarque ceci comme une preuve que Molière, même en prose, a fait de ces phrases dont la mémoire se charge, comme elle fait des maximes en vers.

SCÈNE X.
MADELON.
La nature vous a traité en vraie mère passionnée, et vous en êtes l'enfant gâté.
MASCARILLE.
A quoi donc passez-vous le tems, mesdames ?
CATHOS.
A rien du tout.
MADELON.
Nous avons été jusqu'ici dans un jeûne effroyable de divertissemens.
MASCARILLE.
Je m'offre à vous mener l'un de ces jours à la comédie, si vous voulez ; aussi-bien on en doit jouer une nouvelle que je serai bien aise que nous voyions ensemble.
MADELON.
Cela n'est pas de refus.
MASCARILLE.
Mais je vous demande d'applaudir comme il faut, quand nous serons là ; car je me suis engagé de faire valoir la pièce, et l'auteur m'en est venu prier encore ce matin. C'est la coutume ici, qu'à nous autres gens de condition, les auteurs viennent lire leurs pièces nouvelles, pour nous engager à les trouver belles, et leur donner de la réputation : et je vous laisse à penser si, quand nous disons quelque chose, le parterre ose nous contredire ! Pour moi, j'y suis fort exact ; et quand j'ai promis à quelque poëte, je crie toujours, voilà qui est beau, devant * que les chandelles soient allumées.
MADELON.
Ne m'en parlez point : c'est un admirable lieu que Paris ; il s'y passe cent choses tous les jours, qu'on ignore dans les provinces, quelque spirituelle qu'on puisse être.
CATHOS.
C'est assez : puisque nous sommes instruites, nous ferons notre devoir de nous écrier comme il faut sur tout ce qu'on dira.

* *Devant que les chandelles soient allumées.* Pour *avant que*.

MASCARILLE.

Je ne sais si je me trompe; mais vous avez toute la mine d'avoir fait quelque comédie.

MADELON.

Hé! il pourroit être quelque chose de ce que vous dites.

MASCARILLE.

Ah! ma foi, il faudra que nous la voyions. Entre nous, j'en ai composé une que je veux faire représenter.

CATHOS.

Hé, à quels comédiens la donnerez-vous ?

MASCARILLE.

Belle demande! Aux comédiens de l'hôtel de Bourgogne; il n'y a qu'eux qui soient capables de faire valoir les choses; les autres sont des ignorans qui récitent comme l'on parle *, ils ne savent pas faire ronfler les vers, et s'arrêter au bel endroit : et le moyen de connoître où est le beau vers, si le comédien ne s'y arrête, et ne vous avertit par là qu'il faut faire le brouhaha?

CATHOS.

En effet, il y a manière de faire sentir aux auditeurs les beautés d'un ouvrage, et les choses ne valent que ce qu'on les fait valoir.

MASCARILLE.

Que vous semble de ma petite oie ** ? La trouvez-vous congruante à l'habit ?

CATHOS.

Tout-à-fait.

MASCARILLE.

Le ruban en est bien choisi.

---

* Molière nous apprend que déjà la troupe à laquelle il présidoit, étudioit les tons de la nature dans la déclamation. *Il n'y a que les comédiens de l'hôtel de Bourgogne*, fait-il dire à Mascarille, *qui soient capables de faire valoir les choses, les autres sont des ignorans qui récitent comme l'on parle*, etc.

** *Que vous semble de ma petite oie ?* La petite oie se disoit alors des rubans, des plumes, et des différentes garnitures qui ornoient l'habit, le chapeau, le nœud d'épée, les gants, les bas et les souliers, sur lesquels on attachoit des rosettes de ruban.

SCÈNE X.

MADELON.

Furieusement bien. C'est perdrigeon tout pur *.

MASCARILLE.

Que dites-vous de mes canons ** ?

MADELON.

Ils ont tout-à-fait bon air.

MASCARILLE.

Je puis me vanter au moins, qu'ils ont un grand quartier plus que tous ceux qu'on fait.

MADELON.

Il faut avouer que je n'ai jamais vu porter si haut l'élégance de l'ajustement.

---

* *C'est perdrigeon tout pur.* On ne dit plus *perdrigeon*, mais *perdrigon*, couleur empruntée d'une prune de ce nom, et qui est violette ou blanche.

Dans la note sur le mot *perdrigeon*, je n'ai vu que la couleur du ruban. Mais il s'agit d'un marchand à la mode qui vécut long-tems sous le règne de Louis XIV, et qui s'appeloit *Perdrigeon*. Voyez les fables de le Noble. Le singe qui s'habille en cavalier, met à son épée :

Grosse dragone d'or par *Perdrigeon* vendue.

** *Que dites-vous de mes canons ?* Les canons, du tems de Moliere, étoient un cercle d'étoffe large, et souvent orné de dentelles, qu'on attachoit au-dessus du genou, et qui couvroit la moitié de la jambe. Le Dictionnaire de Trévoux dit que c'étoit un demi-bas depuis la moitié de la cuisse jusqu'a la moitié des jambes. *Tibialia longiora quæ femoribus astringuntur.* On en avoit porté même avec des bottes.

Les importans se rendoient ridicules par leurs canons, témoin M. de Candale, qui, au rapport du Cardinal de Retz, n'avoit de grand que ses canons. Voyez aussi ce qu'en dit Scarron, dans une épître à madame de Hautefort :

Ayant tous canon trop plissé,
Rond de botte trop compassé,
Souliers trop longs, grègue trop large,
Chapeaux à trop petite marge.

Ce mot *canon* ne se trouve pas dans le Vocabulaire de Monnet de 1630; ce qui est une preuve que la chose et le mot, sous cette acception, étoient nouveaux du tems de Moliere. On conte à l'occasion de ce mot, qu'un auteur allemand, en donnant sur un théâtre de son pays les Précieuses qu'il avoit traduites, faisoit mettre dans les poches de Mascarille des pistolets qu'il pût montrer en disant : *que dites-vous de mes canons ?*

MASCARILLE.

Attachez un peu sur ces gants la réflexion de votre odorat.

MADELON.

Ils sentent terriblement bon.

CATHOS.

Je n'ai jamais respiré une odeur mieux conditionnée.

MASCARILLE.

Et celle-là ? (*Il donne à sentir les cheveux poudrés de sa perruque.*)

MADELON.

Elle est tout-à-fait de qualité ; le sublime en est touché délicieusement.

MASCARILLE.

Vous ne me dites rien de mes plumes ! comment les trouvez-vous ?

CATHOS.

Effroyablement belles.

MASCARILLE.

Savez-vous que le brin me coûte un louis d'or ? Pour moi j'ai cette manie, de vouloir donner généralement sur tout ce qu'il y a de plus beau.

MADELON.

Je vous assure que nous sympathisons vous et moi. J'ai une délicatesse furieuse pour tout ce que je porte ; et jusqu'à mes chaussettes, je ne puis rien souffrir qui ne soit de la bonne faiseuse.

MASCARILLE *s'écriant brusquement.*

Ahi, ahi, ahi, doucement. Dieu me damne, Mesdames, c'est fort mal en user ; j'ai à me plaindre de votre procédé ; cela n'est pas honnête.

CATHOS.

Qu'est-ce donc ? qu'avez-vous ?

MASCARILLE.

Quoi ! toutes deux contre mon cœur, en même tems ? M'attaquer à droite et à gauche ? Ah ! c'est contre le droit des gens : la partie n'est pas égale ; et je m'en vais crier au meurtre.

CATHOS.

Il faut avouer qu'il dit les choses d'une manière particulière.

MADELON.

Il a un tour admirable dans l'esprit.

SCÈNE XI.
CATHOS.
Vous avez plus de peur que de mal, et votre cœur crie avant qu'on l'écorche.
MASCARILLE.
Comment diable! Il est écorché depuis la tête jusqu'aux pieds*.

SCÈNE XI.
CATHOS, MADELON, MASCARILLE, MAROTTE.
MAROTTE.
Madame, on demande à vous voir.
MADELON.
Qui?
MAROTTE.
Le vicomte de Jodelet.
MASCARILLE.
Le vicomte de Jodelet?
MAROTTE.
Oui, Monsieur.
CATHOS.
Le connoissez-vous?
MASCARILLE.
C'est mon meilleur ami.
MADELON.
Faites entrer vîtement.
MASCARILLE.
Il y a quelque tems que nous ne nous sommes vus; et je suis ravi de cette aventure.
CATHOS.
Le voici.

* *Le cœur de Mascarille écorché de la tête aux pieds.* Cela rappelle ce qu'a dit de nos jours un écrivain (M. de Marivaux): *Frappez fort, mon cœur a bon dos.* Il n'a pas tenu à cet auteur, qui d'ailleurs étoit plein d'esprit et de vues fines, que notre langue ne retombât dans le chaos d'où Molière l'avoit tirée.

SCÈNE XII.

CATHOS, MADELON, JODELET, MASCARILLE, MAROTTE, ALMANZOR.

MASCARILLE.

Ah, Vicomte !

JODELET, *s'embrassant l'un l'autre.*

Ah, Marquis !

MASCARILLE.

Que je suis aise de te rencontrer !

JODELET.

Que j'ai de joie de te voir ici !

MASCARILLE.

Baise-moi donc encore un peu, je te prie.

MADELON *à Cathos.*

Ma toute bonne, nous commençons d'être connues : voilà le beau monde qui prend le chemin de nous venir voir.

MASCARILLE.

Mesdames, agréez que je vous présente ce gentilhomme-ci ; sur ma parole, il est digne d'être connu de vous.

JODELET.

Il est juste de venir vous rendre ce qu'on vous doit ; et vos attraits exigent leurs droits seigneuriaux sur * toutes sortes de personnes.

MADELON.

C'est pousser vos civilités jusqu'aux derniers confins de la flatterie.

CATHOS.

Cette journée doit être marquée dans notre almanach comme une journée bienheureuse.

---

* *Exigent leurs droits seigneuriaux sur*, etc. On n'exige pas un droit sur quelqu'un ; on l'exerce. Peut-être est-ce une faute d'impression.

M. d'Alembert, auquel je me fais l'honneur de déférer, croit que la particule *sur* se rapportant au mot *droits* qui précède, j'ai mal à propos cru que Molière avoit peut-être écrit *exercent*.

SCENE XII.
MADELON à *Almanzor*.

Allons, petit garçon, faut-il toujours vous répéter les choses ? Voyez-vous pas * qu'il faut le surcroît d'un fauteuil ?

MASCARILLE.

Ne vous étonnez pas de voir le Vicomte de la sorte ; il ne fait que sortir d'une maladie qui lui a rendu le visage pâle, comme vous le voyez.

JODELET.

Ce sont fruits des veilles de la cour, et des fatigues de la guerre.

MASCARILLE.

Savez-vous, Mesdames, que vous voyez dans le Vicomte un des vaillans hommes du siècle ? C'est un brave à trois poils.

JODELET.

Vous ne m'en devez rien, Marquis ; et nous savons ce que vous savez faire aussi.

MASCARILLE.

Il est vrai que nous nous sommes vus tous deux dans l'occasion.

JODELET.

Et dans des lieux où il faisoit fort chaud.

MASCARILLE *regardant Cathos et Madelon*.

Oui ; mais non pas si chaud qu'ici. Hi, hi, hi.

JODELET.

Notre connoissance s'est faite à l'armée ; et la première fois que nous nous vîmes, il commandoit un régiment de cavalerie sur les galères de Malte.

MASCARILLE.

Il est vrai ; mais vous étiez pourtant dans l'emploi avant que j'y fusse ; et je me souviens que je n'étois que petit officier encore, que vous commandiez deux mille chevaux.

JODELET.

La guerre est une belle chose ; mais, ma foi, la cour récompense bien mal aujourd'hui les gens de service comme nous.

MASCARILLE.

C'est ce qui fait que je veux pendre l'épée au croc.

---

* *Voyez-vous pas ?* pour *Ne voyez-vous pas ?*

CATHOS.

Pour moi, j'ai un furieux tendre pour les hommes d'épée.

MADELON.

Je les aime aussi; mais je veux que l'esprit assaisonne la bravoure.

MASCARILLE.

Te souvient-il, Vicomte, de cette demi-lune que nous emportâmes sur les ennemis au siège d'Arras?

JODELET.

Que veux-tu dire avec ta demi-lune? C'étoit bien une lune toute entière.

MASCARILLE.

Je pense que tu as raison.

JODELET.

Il m'en doit bien souvenir, ma foi: j'y fus blessé à la jambe d'un coup de grenade, dont je porte encore les marques. Tâtez un peu, de grace! vous sentirez quel coup c'étoit là.

CATHOS, *après avoir touché l'endroit.*

Il est vrai que la cicatrice est grande.

MASCARILLE.

Donnez-moi un peu votre main, et tâtez celui-ci; là, justement au derrière de la tête. Y êtes-vous?

MADELON.

Oui: je sens quelque chose.

MASCARILLE.

C'est un coup de mousquet * que je reçus la dernière campagne que j'ai faite.

JODELET *découvrant sa poitrine.*

Voici un coup qui me perça de part en part à l'attaque de Gravelines.

MASCARILLE *mettant la main sur le bouton de son haut-de-chausse.*

Je vais vous montrer une furieuse plaie.

---

* *C'est un coup de mousquet.* On a vu plus d'une fois l'acteur, qui joue le rôle de Mascarille, dire, comme par une espèce d'erreur, c'est *un coup de cotret.* Comment peut-il entrer dans la tête d'un homme qu'il sera plus plaisant que Molière?

SCÈNE XII.

MADELON.

Il n'est pas nécessaire : nous le croyons sans y regarder.

MASCARILLE.

Ce sont des marques honorables qui font voir ce qu'on est.

CATHOS.

Nous ne doutons pas de ce que vous êtes.

MASCARILLE.

Vicomte, as-tu là ton carosse ?

JODELET.

Pourquoi ?

MASCARILLE.

Nous menerions promener ces dames hors des portes, et leur donnerions un cadeau.

MADELON.

Nous ne saurions sortir aujourd'hui.

MASCARILLE.

Ayons donc les violons pour danser.

JODELET.

Ma foi, c'est bien avisé.

MADELON.

Pour cela, nous y consentons : mais il faut donc quelque surcroît de compagnie.

MASCARILLE.

Holà, Champagne, Picard, Bourguignon, Cascaret, Basque, la Verdure, Lorrain, Provençal, la Violette. Au diable soient tous les laquais. Je ne pense pas qu'il y ait gentilhomme en France plus mal servi que moi. Ces canailles me laissent toujours seul.

MADELON.

Almanzor, dites aux gens de Monsieur le Marquis qu'ils aillent querir des violons, et nous faites venir ces messieurs et ces dames d'ici près, pour peupler la solitude de notre bal.

(*Almanzor sort.*)

MASCARILLE.

Vicomte, que dis-tu de ces yeux ?

JODELET.

Mais toi-même, Marquis, que t'en semble ?

MASCARILLE.

Moi, je dis que nos libertés auront peine à sortir d'ici les braies nettes *. Au moins, pour moi, je reçois d'étranges secousses, et mon cœur ne tient qu'à un filet.

MADELON.

Que tout ce qu'il dit est naturel! Il tourne les choses le plus agréablement du monde.

CATHOS.

Il est vrai qu'il fait une furieuse dépense en esprit.

MASCARILLE.

Pour vous montrer que je suis véritable, je veux faire un impromptu là-dessus.

(*Il médite.*)

CATHOS.

Hé, je vous en conjure de toute la dévotion de mon cœur, que nous oyons ** quelque chose qu'on ait fait pour nous.

JODELET.

J'aurois envie d'en faire autant; mais je me trouve un peu incommodé de la veine poétique, pour *** la quantité de saignées que j'y ai faites ces jours passés.

MASCARILLE.

Que diable est-ce là! Je fais toujours bien le premier vers : mais j'ai peine à faire les autres. Ma foi, ceci est un peu trop pressé; je vous ferai un impromptu à loisir, que vous trouverez le plus beau du monde.

JODELET.

Il a de l'esprit comme un démon.

MADELON.

Et du galant, et du bien tourné.

* *Nos libertés auront peine à sortir d'ici les braies nettes.* Le mot de braie a vieilli, et ne se trouve plus dans nos Dictionnaires que comme terme d'imprimerie et de marine. Du tems de Molière il signifioit le linge du corps.

J'ai dit que ce mot ne se trouvoit plus dans nos Dictionnaires. Il se voit encore dans celui de l'Académie, dernière édition, comme mot populaire et bas.

** *Que nous oyons quelque chose*, pour *que nous entendions.*

*** *Incommodé... pour la quantité.* Il faudroit par.

SCÈNE XIII.

MASCARILLE.

Vicomte, dis-moi un peu, y a-t-il long-tems que tu n'as vu la comtesse?

JODELET.

Il y a plus de trois semaines que je ne lui ai rendu visite.

MASCARILLE.

Sais-tu bien que le Duc m'est venu voir ce matin, et m'a voulu mener à la campagne courir un cerf avec lui?

MADELON.

Voici nos amies qui viennent.

SCÈNE XIII.

LUCILE, CÉLIMÈNE, CATHOS, MADELON, MASCARILLE, JODELET, MAROTTE, ALMANZOR, VIOLONS.

MADELON.

Mon Dieu! mes chères, nous vous demandons pardon. Ces messieurs ont eu fantaisie de nous donner les ames des pieds; et nous vous avons envoyé querir, pour remplir les vides de notre assemblée.

LUCILE.

Vous nous avez obligées, sans doute.

MASCARILLE.

Ce n'est ici qu'un bal à la hâte; mais l'un de ces jours nous vous en donnerons un dans les formes. Les violons sont-ils venus?

ALMANZOR.

Oui, monsieur: ils sont ici.

CATHOS.

Allons donc, mes chères, prenez place.

MASCARILLE *dansant lui seul comme par prélude*.

La, la, la, la, la, la, la, la.

MADELON.

Il a la taille tout-à-fait élégante.

CATHOS.

Et a la mine de danser proprement.

MASCARILLE *ayant pris Madelon pour danser.*

Ma franchise va danser la courante aussi bien que mes pieds. En cadence, violons, en cadence. O quels ignorans ! Il n'y a pas moyen de danser avec eux. Le diable vous emporte ! ne sauriez-vous jouer en mesure ? La, la, la, la, la, la, la, la. Ferme. O violons de village !

JODELET *dansant ensuite.*

Holà, ne pressez pas si fort la cadence : je ne fais que sortir de maladie.

SCÈNE XIV.

DU CROISY, LA GRANGE, CATHOS, MADELON, LUCILE, CÉLIMÈNE, JODELET, MASCARILLE, MAROTTE, VIOLONS.

LA GRANGE *un bâton à la main.*

Ah, ah, coquins ! que faites-vous ici ? Il y a trois heures que nous vous cherchons.

MASCARILLE *se sentant battre.*

Ahi, ahi, ahi, vous ne m'aviez pas dit que les coups en seroient aussi.

JODELET.

Ahi, ahi, ahi.

LA GRANGE.

C'est bien à vous, infâme que vous êtes, à vouloir faire l'homme d'importance !

DU CROISY.

Voilà qui vous apprendra à vous connoître.

SCÈNE XV.

CATHOS, MADELON, LUCILE, CÉLIMÈNE, MASCARILLE, JODELET, MAROTTE, VIOLONS.

MADELON.

Que veut donc dire ceci ?

SCÈNE XVI.
JODELET.
C'est une gageure.
CATHOS.
Quoi! vous laisser battre de la sorte?
MASCARILLE.
Mon Dieu, je n'ai pas voulu faire semblant de rien : car je suis violent, et je me serois emporté.
MADELON.
Endurer un affront comme celui-là, en notre présence?
MASCARILLE.
Ce n'est rien : ne laissons pas d'achever. Nous nous connoissons il y a long-tems; et entre amis on ne va pas se piquer pour si peu de chose.

SCÈNE XVI.
DU CROISY, LA GRANGE, MADELON, CATHOS, CÉLIMENE, LUCILE, MASCARILLE, JODELET, MAROTTE, VIOLONS.
LA GRANGE.
Ma foi, marauds, vous ne vous rirez pas de nous, je vous promets. Entrez vous autres.
(Trois ou quatre spadassins entrent.)
MADELON.
Quelle est donc cette audace, de venir nous troubler de la sorte dans notre maison?
DU CROISY.
Comment? mesdames, nous endurerons que nos laquais soient mieux reçus que nous; qu'ils viennent vous faire l'amour à nos dépens, et vous donner le bal?
MADELON.
Vos laquais?
LA GRANGE.
Oui, nos laquais : et cela n'est ni beau ni honnête, de nous les débaucher comme vous faites.
MADELON.
O ciel! quelle insolence!

LA GRANGE.

Mais ils n'auront pas l'avantage de se servir de nos habits pour vous donner dans la vue ; et si vous les voulez aimer, ce sera, ma foi, pour leurs beaux yeux. Vite, qu'on les dépouille sur-le-champ.

JODELET.

Adieu notre braverie.

MASCARILLE.

Voilà le marquisat et la vicomté à bas.

DU CROISY.

Ah, ah, coquins, vous avez l'audace d'aller sur nos brisées ! Vous irez chercher autre part de quoi vous rendre agréables aux yeux de vos belles, je vous en assure.

LA GRANGE.

C'est trop de nous supplanter, et de nous supplanter avec nos propres habits.

MASCARILLE.

O fortune, quelle est ton inconstance !

DU CROISY.

Vite, qu'on leur ôte jusqu'à la moindre chose.

LA GRANGE.

Qu'on emporte toutes ces hardes, dépêchez. Maintenant, mesdames, en l'état qu'ils sont, vous pouvez continuer vos amours avec eux tant qu'il vous plaira ; nous vous laisserons toute sorte de liberté pour cela, et nous vous protestons, monsieur et moi, que nous n'en serons aucunement jaloux.

SCÈNE XVII.

MADELON, CATHOS, JODELET, MASCARILLE, VIOLONS.

CATHOS.

Ah, quelle confusion !

MADELON.

Je crève de dépit.

UN DES VIOLONS à *Mascarille*.

Qu'est-ce donc que ceci ? Qui nous paiera nous autres ?

SCÈNE XVIII.

MASCARILLE.

Demandez à monsieur le Vicomte.

UN DES VIOLONS à *Jodelet*.

Qui est-ce qui nous donnera de l'argent?

JODELET.

Demandez à monsieur le Marquis.

SCÈNE XVIII.

GORGIBUS, MADELON, CATHOS, JODELET, MASCARILLE, VIOLONS.

GORGIBUS.

Ah, coquines que vous êtes, vous nous mettez dans de beaux draps blancs, à ce que je vois, et je viens d'apprendre de belles affaires vraiment, de ces messieurs et de ces dames qui sortent!

MADELON.

Ah, mon père, c'est une pièce sanglante qu'ils nous ont faite!

GORGIBUS.

Oui, c'est une pièce sanglante, mais qui est un effet de votre impertinence, infâmes. Ils se sont ressentis du traitement que vous leur avez fait; et cependant, malheureux que je suis, il faut que je boive l'affront.

MADELON.

Ah, je jure que nous en serons vengées, ou que je mourrai en la peine! Et vous, marauds, osez-vous vous tenir ici après votre insolence?

MASCARILLE.

Traiter comme cela un Marquis! Voilà ce que c'est que du monde *, la moindre disgrace nous fait mépriser de ceux qui nous chérissent. Allons, camarade, allons chercher fortune autre part, je vois bien qu'on n'aime ici que la vaine apparence, et qu'on n'y considère point la vertu toute nue.

* *Voilà ce que c'est que du monde.* On diroit aujourd'hui : *voilà ce que c'est que le monde.*

SCÈNE XIX ET DERNIÈRE.

GORGIBUS, MADELON, CATHOS, VIOLONS.

UN DES VIOLONS.

Monsieur, nous entendons que vous nous contentiez à leur défaut, pour ce que nous avons joué ici.

GORGIBUS *les battant.*

Oui, oui, je vous vais contenter, et voici la monnaie dont je vous veux payer. Et vous, pendardes, je ne sais qui me tient que je ne vous en fasse autant, nous allons servir de fable et de risée à tout le monde, et voilà ce que vous vous êtes attiré par vos extravagances. Allez vous cacher, vilaines, allez vous cacher pour jamais. (*seul.*) Et vous, qui êtes cause de leur folie, sottes billevesées, pernicieux amusemens des esprits oisifs, romans, vers, chansons, sonnets et sonnettes *? puissiez-vous être à tous les diables.

---

* *Romans, vers, chansons, sonnets et sonnettes.* Ce dernier mot, qui révolteroit aujourd'hui, et que nous renverrions au plus à la parade, est un trait de maître; il peint la franche ignorance de *Gorgibus*, qui entend bien moins le mot *sonnet* que celui de *sonnette* qui lui vient à l'esprit, et par là il augmente le contraste de ce père avec sa ridicule fille, bien convaincue d'avoir pris un mauvais ton, sans qu'on puisse soupçonner qu'il y ait eu la moindre part.

Malherbe, dit-on, s'étoit permis de faire un sonnet, sans observer la regle des rimes; et sur ce qu'on lui dit qu'on ne le recevroit pas : hé bien, dit-il, ce sera une sonnette.

FIN DU PREMIER TOME.

TABLE DES PIÈCES

CONTENUES

DANS LE PREMIER TOME.

Discours préliminaire.	Page 1
Vie de Molière, par M. de Voltaire.	24
Supplément à la vie de Molière.	41
Avertissement de l'éditeur sur l'*Étourdi*.	69
L'Étourdi, ou les Contre-Tems.	79
Avertissement de l'éditeur sur *le Dépit amoureux*.	177
Le Dépit amoureux.	183
Avertissement de l'éditeur sur *les Précieuses ridicules*.	273
Préface *des Précieuses ridicules*.	285
Les Précieuses ridicules.	289

FIN DE LA TABLE.

www.ingramcontent.com/pod-product-compliance
Lightning Source LLC
Chambersburg PA
CBHW060404170426
43199CB00013B/1993